朱棣—

朱高熾—仁宗

朱瞻基—宣宗

朱祁鎮—英宗正統帝，土木堡之變被瓦剌俘，10年，後回

明代的女人

蔡石山——著

For my daughter Dr. Shirley S. Tsai 蔡雪楓,
who inspires me to write this book.

引言

明朝統治中國，歷時將近三百年，其間所留下的史籍墨稿，大大地超過漢代簡策與唐人卷軸，可說是汗牛充棟、浩瀚繁雜。明朝史料有國史實錄、有野史稗乘、有家史刻本，不僅如此，還有成千上萬的奏牘卷帙以及墓銘文物，堆積如山，不可勝數！令人惋嘆的是，在這些清一色由男人撰寫的故紙堆中，有關明代女人的記載，要不是寥寥數語，就是語焉不詳，不可徵信。一般說來，翰林修撰，因見忌於皇室威權，又牢抱著「士不為君用則死」的教條，大都謹慎將事，有時還得徇隱曲筆，不敢據事直書，後來又經過幾次的鈔傳，導致《實錄》中，有很多舛錯。還有，在熹宗天啟以前的各朝《實錄》也可能有缺失。

除此之外，中國知識分子特別重視禮教、門戶、名節，再加上官場中的朝陽鳴鳳傳統，因此士大夫所寫的奏牘辭令，雖然文字工整、頭頭是道，卻時常失之激揚，不切實際！讓現代的人想略窺五、六百年前明代女人的真相，難上加難。譬如說，我們就很難從官方的文牘或皇帝的詔令來解讀和了解一般婦女真正的日常生活，包括農家耕田的民女，採茶女，從征、歸附、謫發軍戶的女眷，牧馬的女人，織戶、機戶、桑、棉、麻等匠戶的女性工藝生產者，嫁給靠煮鹽、晒鹽維生的婦人，船戶女子以及漁戶人家；更不用說有關教坊學藝的女子，和在青樓討生活的鶯燕賤女。

不過對於皇帝宮闈裡的女人，明朝的正史倒是有比較詳實的記載。也因為這樣，

第一章和第二章才有足夠的資料描繪明代各朝的后妃，包括從貧賤出身的馬皇后，雍容好學的徐皇后，一直到給萬曆寵壞的鄭皇妃，以及末代皇后周氏的悲劇。不僅如此，作者還藉這個機會評論明朝皇后的節操，以及嘉靖皇帝所娶的眾多嬪妃，包括三夫人、九嬪、二十七世婦，及八十一御妻，加起來總共一百二十位。此外，第三章還介紹了相當多位公主、郡主和環繞在勳臣貴戚身邊的各色各樣嬪嬙，還有桂王太妃烈納（Helena）等天主教女信徒。

明代女人大部分從小就得纏足。纏足起於何時，到現在還沒有定論，楊用修說，纏足開始於六朝，並以樂府雙行纏為依據。不過，明末胡元瑞卻不遺餘力地駁斥此說，而且引用晉人男方頭履，女圓頭履為證。而且又說，宋齊之後，題詠婦人足腳者很多，但這些詩詞卻沒提到婦女的纖小足踝。雖然如此，史載南唐李後主有位善舞的宮嬪名叫窅娘，李後主在宮中作樂時，要求窅娘用布帛層層地緊扎著她的纖足，一直到狀似彎弓。從此在宮中遊戲的女子，為了自炫新奇，都穿繡履弓鞋，來討男人的歡心；沒料想到，這種傷害女孩健康、負面影響女人正常發育的陋俗竟然傳到民間。等到明朝時，女子纏足已經變成了一種積非成是的潮流。在明人的詩句中，經常出現諸如「纖纖春筍香」、「纖纖白玉」、「纖纖月」、「纖小弓彎」等用語。

明朝理學興盛，統治階級認真地提倡「三綱五常」、「男尊女卑」、「臣不二君」、「女不二夫」等儒家傳統思想。一三六八年春，明朝開國皇帝朱元璋命朱升等翰林學士重修《女誡》，在內府刻印之後頒布全國。因此，生為明代的女人不僅要奉行「婦德、婦言、婦容、婦功」的訓語格言，而且還得切記：「在家從父，莫違雙親；出嫁從夫，聽夫遵行；夫死從子，訓子端身。」一般所謂的「閨房讀本」包括東漢班昭所著的《女誡》，教婦女要「幽閒貞靜，守節整齊」；唐代宋若華的《女論語》，強調「女處閨門，少令出戶」、「內外各處，男女異群」、「第一守節、第二清貞，有女在室，莫出閨庭」；永樂元配徐皇后的《內訓》，訓示女人要「端莊誠一……，美玉無瑕，可為至寶，貞女純德，可配京室」；以及吏部尚書趙南星所編、可朗朗上口的《女兒經》。此外，呂坤在一五九〇年出版一本四卷的《閨範圖說》，用圖畫與故事來灌輸「女子無才便是德」的思想。

雖然如此，在士大夫閨房長大的才女寫出的文章和所吟詠的詩詞，也有很多是風流儒雅、不讓鬚眉的佳作。有才華而且能以文藝突出表現的婦女應該不可勝計，然而真正被傳統史家立傳或掇選表揚者，卻是微乎其微。所以第四章全部用來介紹並導讀明代名媛所作的文詞詩歌，其中包括解縉妻子徐愛玉的一首淒怨感人〈寄衣〉詩，楊繼盛妻張氏的〈代夫罪疏〉，顧炎武母親求她兒子終生不得為滿清効勞的一封信，瞿式耜妻子邵氏獻給丈夫的〈兵機書〉，和著名女將軍秦良玉的〈石柱檄文〉等。

明代最有才華的女詩人，一般認為是四川的黃娥（號秀眉）。此外，王鳳嫻寫的蒼勁有內蘊的詩，以及其他三十多位優秀女詩人的作品也都呈獻給讀者品評。葉紹袁一家有四位女詩人——包括奇慧豔冶的夫人沈宜修，大女兒紈紈，二女兒蕙綢，和三女兒小鸞——全都是蘭心蕙質，天仙般的美女。她們的詩文作品值得我們細細的嚼咀享受；還有瞿式耜的媳婦陳結璘所寫的精采妙句也抄錄在這一章。

明代的賦役《黃冊》將中國人口歸劃為民戶、軍戶、匠戶、及鹽戶四大類，但是制度訂定百年之後，隨著人口的增長及遷移，中國的社會階級產生了很大的變化。正德皇帝（一五〇六－一五二一）之後，社會開始腐敗，階級的劃分隨之混亂，甚至衍生出五十七種職業。由於明代法律的弊端百出，撫卹救濟的不健全，以及政治的腐化，造成職業戶四處流離，賦役制度次第遭受到破壞。到了明末，謝肇淛的《五雜俎》說：「燕雲只有四種人多：奄豎多於縉紳，婦女多於男子，娼妓多於良家，乞丐多於商賈。」

依常理推之，除了宦官、閹人、和尚之外，每種職業的背後都需要女人。作者博採眾籍、考異諸書、去取筆削，努力從棼錯的明代社會中，揣摩出明代各色各樣女人的心理，勾劃出當時女性的一般生活。因此，第五章將羅列具有代表性的女性人物，其中有高有低、有貴有賤，用「放諸四海皆準」的平常心，去敘述她們的出身遭遇，描繪她們的喜樂悲愁與愛慾情仇。此外，第六章還討論明代民間宗教的女性教首唐賽兒、女教徒、女尼與「妖女」。最後介紹西南諸省（貴州、雲南、四川、廣西）具有特色的女土官，包括苗族狼兵女指揮官瓦氏。

明代的女人從小就不斷地受到「夫死守節」以及「餓死事小，失節事大」的灌輸說教。明朝開國初年，朝廷就明文規定：「民間寡婦三十以前夫亡守制，五十以後不改節者，旌表門閭，除免本家差役。」對於守節的寡婦，不但本人可得到表揚，全家人皆可沾光。有些人家為了免除徭役，竟然虛填或者更改家中寡婦的年齡。這種例子，到處都發生過，事情惡化到不可收拾的地步。於是朱見深即位（憲宗皇帝，年號成化）後不久（一四六五年），便下詔進行嚴格整飭，並申明說，如果勘查出有造假虛報寡婦年齡者，連地方的官吏、里老通通都要治罪。依《明史·列女傳》所載的三百零八名貞烈節婦，明代女子結婚的年齡一般都在十七、十八歲左右，其中最年輕的是蔡本澄的妻子，她嫁時才十四歲，最年長的是玉亭縣君，成婚時是二十四歲。第七章和第八章特地挑選了幾十位具有代表性的孝女、孝婦、貞女、節婦、烈女，個別加以評介。

有趣的是，明代幾位流傳人口、馳名後世的女人，卻出自遺聞軼事與戲曲小說：諸如俗傳《三笑姻緣》的婢女秋香，馮夢龍所寫《警世通言》的玉堂春，湯顯祖《牡丹亭》的杜麗娘，以及孔尚任《桃花扇》的李香君等男女私媟傳奇劇本。固然傳奇演義或雜記戲曲，在描述女性的故事時，比較能夠反映出社會風俗與民間生活；不過，野史遺聞，言人人殊，況且歷年久遠，也不能盡信其真。民間放蕩文人，在抑揚軒輊之間，在狎妓飯酒之後寫出的作品，很多屬於吟風弄月，作為茶餘飯後清閒解悶的小品。其中有的作風縱恣、有的信口雌黃、有的淫穢惑世、有的諱莫如深，並不見得能真正合乎時代的精神，也不能全盤反映出明代女人的心思。這些問題都是第九章所要討論的，其中包括禮部設立的教坊司以及編「樂戶」或者「營妓」來統屬管理流離失所的女人和政治罪犯的女眷，也要討論鶯燕優娼最繁盛的南京、北京、揚州和大同等地。

那些在教坊學藝的女子、在青樓討生活的鶯鶯燕燕，反而能反映出明代女人的情與慾。既然已經被社會認為是沒「貞」、沒「德」的薄倖花草，她們反倒可以自由自在地跟著她們的才子嫖客吟風弄月，學習翰墨，做一點學問。所以在廉恥分明、注重聲教名節的明朝社會，不少女畫家、女詩人、奇女子反而出身於情色場所。清人王昶作《明詞綜》，其中所載錄的女詩人，就有二十六位曾經當過妓女，包括才貌雙全的王微、江夏「俠妓」一呼文如以及文武兼具的薛素素等。

第十章（最後一章）要討論的是明代一般人的娛樂方式，明代傳奇戲場腳色，演戲的場合，和靠演戲過活的女人。明人主要的娛樂是靠固定的戲班和職業性的梨園俳優來承奉。陸容在《菽園雜記》第十卷寫說：「嘉興之海鹽、紹興之餘姚、寧波之慈谿、台州之黃巖、溫州之永嘉，皆有習倡優者，名曰戲文子弟，雖良家子亦不恥為之。」在這些戲文子弟背後，懂演技、能唱歌、會跳舞、靠耍武術謀生的女人，更是無法統計。明代的戲子雖然專業化，但戲曲演員多由娼妓兼任，所謂的勾闌名伶也大部分出自倡門；此外還有私人蓄養的優伶稱為「家樂」、「家僮」、「侍兒」、「家伶」或者「家優」。

第十章最後則是要檢視一下明末清初四位出名的女伶名姬，她們分別是：畫家兼詩人馬湘蘭、多情善感的李香君、充滿神秘的董小宛，以及能傾國傾城的陳圓圓。因詩詞可淋漓紙上，藏納人之性情心思，於是作者參考了一些犬馬聲色之類的書，但虛心斟酌，努力從明代幾百年的書裡找出蛛絲馬跡，來刻畫人物性格、熟悉地方風俗。雖然時空相隔遙遠，但希望在精神感受方面，能讓讀者覺得逼真，有如在同室握手，達到會心唱和的效果。

完稿的幾句話：這十幾年來有幸能陸續出版（中英文）有關明朝皇帝與宦官方面的專書，現在應聯經出版公司之邀，終於完成了《明代的女人》一書，一方面覺得如釋重負，但另方面卻意識到歷史知識的無涯，的確不是有涯的史家生命可真正追逐得到的！

所以書中難免會有錯誤和遺漏的地方，還請方家讀者指正包涵。

目次

第三章 皇帝的女兒、孫女、姊妹、媳婦與孫媳婦

第四章 才女、閨婦留下的詩文墨筆

第五章 一般婦女的生活狀況

第六章 女尼與少數民族婦女

第七章 為禮教而生、為名節而死的婦女

第八章 孝婦、貞婦、孝女、貞女、義婢

第九章 妓院與妓女

第十章　女伶與名姬

明代的女人

宮闈的女人・一

皇帝的後宮

古人立婚姻之禮是用來防淫亂的，黃宗羲（號黎洲先生，一六一〇—一六九五）在其政論專著《明夷待訪錄》的第一篇〈原君〉中，痛批中國君主制度的為害，為了一己之私慾，「離散天下之子女，以奉我一人之淫樂。」事實上，明朝皇帝後宮備有那麼多孤獨哀怨的美貌女子，如水仙一樣的清雅，但卻又似屏風的金絲雀，沒有自己的生命。很多只能魂牽夢縈地空守等待，渴望想見「天顏」的一夜臨幸，享受一點人間情愛，這是皇帝「產業之花息也」。然而帝王也有時會嫁禍給他自己的妻子女兒，傳載明朝末代皇帝崇禎在李自成攻進北京後，揮劍砍殺他的女兒長平公主時，一邊掉淚地喃喃說道：「汝奈何生我家！」

可是中國歷代帝王為了獨享那麼多豔美的后妃嬪嬙（給以賢、淑、莊、敬、惠、順、康、寧不同位號），又生怕這些女人在後宮惹出淫亂，因此除了利用閹割過的男子（太監）來照料這些宮闈婦女的宮寢日常生活之外，還雇用各形各類的女官來嚴控監視皇帝妻妾侍女的一舉一動。譬如說，周朝時在後宮就設立了所謂的「內官」來贊治宮女，漢朝增設十四等級，召任數百位職事女官，唐朝改設六局二十四司，任命一百九十位女官以及五十多位女史。到了明朝時，朱元璋因鑑於前代女禍——不少后妃驕恣犯法，上下失序——於是重加裁定，折衷彙制，設立六局女官，包括尚宮局、尚儀局、尚服局、尚食局、尚寢局，以及尚功局。官秩都是正六品，各自管領四司，而由尚宮行六局之事。因此明朝的內宮共設置有二十四司，再加上一個專管「戒令責罰」的特別司叫做宮正司，總共有七十五位女官，以及十八名女史。

任職於宮廷六宮的女職，大多取自於良家寡婦以及能識字的年輕女子，如果宮女還年幼不懂書文，但表現聰慧者，就把她們先送到內書館學習。宮人能讀書寫字者，先授以女秀才，表現優異者，以次升為女史，再高一等就是掌印的女宮正。一三九〇年，朱元璋詔令，准許在六尚局服務勤勞五、六年以後，可以回家跟父母居住團圓，或者婚嫁。年紀大的老宮女，也准許她們回故里老家，以終天命。如果不願回家，想繼續留下服務者也可以。主事者會按照她們在宮闈的職位與年資，以俸祿照料。凡是太后、皇后、嬪妃禮儀等事，全部用女秀才為引禮贊禮官。六尚局所需要的大小衣食、金銀、幣帛、器用百物的供給（上自后妃，下到嬪御女史），全部要經由尚宮取旨，再署牒由宦官拿到尚寶司蓋印，經過宦官控制的內使監覆奏後，才能到各部會去領取。如果尚宮不按時上奏，或者內使太監沒照程序覆奏，私自到各部領取東西的嬪妃都會被論罪處死。

以嚴厲猜疑聞名的朱元璋，同時又命令工部製造所謂的「紅牌」，鐫刻戒諭后妃的言辭，懸掛在宮中；雖然牌是鐵做的，但是牌上刻的字則飾之以金。不僅如此，出身貧賤的朱元璋又著令典，如果宮女沒經允許私自跟宮外的人寫信，也是死罪。還有，宮嬪以下，如果生病，外面的男性醫生也不准進入內宮。在這情況之下，太監只能憑藉病情向太醫報告，然後拿取藥物。朱元璋訂定這一連串內宮家法，不但縝密，而且苛厲。難怪明朝從創建以來（一三六八）一直到滅亡（一六四四）的兩百七十多年間，雖然所選的后妃不盡整齊，但一般說來，可說是宮壼肅清，鮮有女禍淫亂的事情發生。

貧賤出身的馬皇后（一三三二—一三八二）

明代的第一位皇后，只知道她姓馬，但卻不知她的名字。明朝所有文獻中，都形容她最仁慈、最仁厚、有智謀、具判斷鑒察力，而且精力充沛，記憶力超強。她父母過逝很早，為紅巾軍首領郭子興收為養女，郭子興看他麾下部將朱元璋是位奇人，於是將馬氏許了這位曾經當過乞丐與和尚的年輕人；馬氏終究成為既是叛軍領袖、也是開國皇帝朱元璋的賢內助及不可或缺的左右手。據載，她不管在流離貧賤、或貴為皇后時，皆經常穿著粗劣的絲織衣物或補了又補的破磨棉衣。而且每逢饑荒瘟疫，她會拒絕吃葷，並向上蒼祈禱。她至始至終保持著傳統的婦女美德之外，還屢次告誡她的子女、媳婦要摒

絲織如何粗劣

棄享受奢侈，養成節儉和自律的生活方式。

馬皇后也經常抽空，替六宮的嬪妃講解古代的內官規矩訓典，要求女官解讀《列女傳》，並加以討論，以當世範。據《明史》，馬皇后認為：「孝慈就是仁義，」因此曾公開朗誦《小學》，並請求朱元璋表彰宣揚這部書。凡讀過《明史》的人，都知道朱元璋是個性子暴虐、脾氣很壞的皇帝。例如在一三八〇年二月因受胡惟庸案牽連的，就有一萬五千餘人被處死。又如一三九三年三月底在整肅藍玉謀反一案，大約有兩萬跟藍玉有牽連的文武官員，要不是被誅被磔、就是遭受流放的命運，而且翦除異己的血腥動作以後還是持續進行。不過馬皇后的仁慈與及時地委婉勸諫，卻也救了不少人命。譬如說，和州參軍郭景祥的獨子，宋濂以及他的孫子宋慎，吳興的大富翁沈秀以及無數的官人，都因她的諫阻，才能多活好幾年。

有一天，馬皇后得知太學有數千個學生，因怕學生的妻子兒女無法供養，因此建議朝廷設立「紅板倉」，俾便積蓄糧食在乾旱歲月時，賜給太學生的家庭當補貼。相反地，當馬皇后聽到朱元璋打算派人尋訪她的族人親戚，以便賜給他們官職時，馬皇后立刻辭謝，並理直氣壯地說，這是枉私違法的事。

一三八二年秋天，馬皇后臥病不起，朝廷上下諸臣，奏請皇帝祈禱祭神，可是皇后卻說：「死生，命也，禱祀何益？」後來病情更加嚴重時，朱元璋問他的元配夫人想要交代什麼話，馬皇后回覆：「願陛下求賢納諫，慎終如始，子孫皆賢，臣民得所而已。」一九月間，剛滿五十歲的馬皇后就過世了，依照守喪禮俗，每一位皇族成員都要穿喪服三年，有些還要求自己吃素。據說當時朱元璋慟哭不能自已，可能因此，朱元璋以天下之尊力斬《儀禮》喪服傳統，改變父尊母卑的象徵意涵，將母喪也提到斬衰三年。此舉透過全國頒行的法律統一實行，對於父母地位的重新認識與調整，有極重大的意義。除母親以外，明代也對中國傳統禮法制度的性別規範重新釐定。

在此情況下，等馬皇后死後的四十四天（即十月三十一日），一輛精巧裝飾的馬車載著她的靈柩到林木矗立的鍾山，將她的屍體埋在孝陵。朱元璋悲慟之餘，決定不再冊立皇后，而且命常駐皇后墓陵的太監，每天輪流點燃香火和蠟燭，確保陵墓中的香火持續不斷。在皇后過世的週年紀念儀式上，太監還得穿著特製的麻布套衫，哀悼祈禱四十九天。

一四〇二年當馬皇后的四子朱棣登上皇帝寶座後，他隨即下令追謚他的母親為「孝慈高皇后」，並敕令博學善文的翰林學士解縉（一三六九—一四一五）為馬皇后寫了一篇熱情洋溢的傳文。等到一五三九年，嘉靖皇帝又加上一大堆尊稱謚號，從此稱她為：孝慈貞化哲順仁徽成天育盛至德高皇后。

值得注意的是，一三九八年六月二十四日，朱元璋死了。六天之後，這位大明的開國皇帝也安葬在鍾山的孝陵，但是朱元璋的四十位嬪妃之中，有三十八位遵循元朝制定的蒙古陪葬（英文immolation）習俗和榮譽傳統，結束了她們的生命。但據大明陵墓史家魏玉清所說的，陪葬洪武皇帝的嬪妃人數超過一百人，她們不是被活埋，就是被割喉或被逼上吊。朱元璋的孫子建文嗣位以後，為了補償這些「西宮殉葬宮人」，她們的父兄都稱為「朝天女戶」，而且可以世襲當錦衣衛的百戶或千戶，擔任散騎帶刀舍人之類的職務。

雍容好學的徐皇后（一三六二—一四〇七）

朱元璋的四子朱棣在一四〇二年夏天掌握了皇室，建元永樂，下令將建文五年改成洪武三十五年（一四〇二），使建文（朱允炆）成為不合法的篡位者；有關建文內宮的真實面貌，已無法窺其一斑。相反地，明代官方文獻記載了不少有關永樂妻子徐皇后的功德，極力地提升明朝第二位皇后的形象，塑造她為中國傳統的仁慈、孝順和寬厚的典範。

徐皇后是朱元璋親密戰友徐達的長女。被封為「中山武寧王」的徐達，享有歲祿五千石，又兼太子少傅，在明朝開國軍事指揮官中排名第一。顯然地，這是一樁政治聯姻，意在進一步鞏固朱、徐兩家的結盟，因為徐達的另外兩個女兒，後來又分別許配給朱元璋的第十三子（代王朱桂）與第二十二子（安王朱楹）。還不滿十五歲的徐家大女兒，在一三七六年年初跟大她兩歲的朱棣成親，隨即被冊封為燕王妃。一年半之後（一三七八年八月十六日），燕王妃生下了長子朱高熾（也是後來的仁宗洪熙皇帝），一三八〇年次子高煦隨後出生。燕王妃後來又生了一個兒子朱高燧以及四個女兒。長女永安公主嫁給靖難內戰立功的袁容，次女跟另一位傑出將軍李讓結婚，而其他的兩個小女兒，分別許配給宋琥將軍和宋瑛將軍兩兄弟。所有的記載顯示，燕王妃是位溫良純明並博通載籍的少婦，而且最得洪武皇帝與馬皇后的寵愛，每次朱元璋召見朱棣時，都一再地詢問燕王妃以及朱高熾的生活起居狀況。可是燕王妃的ＤＮＡ中，還兼具有她父親堅強剛毅的性格。

靖難內戰在一三九九年八月六日燃點兵燹。十一月中旬，李景隆率領的三十幾萬朝廷軍隊緊緊地包圍了北平（北京）城，並且開始以砲石攻打城南的麗正門（後改名正陽門）。在此危急之際，燕王妃動員軍人妻女來協助城門守將唐雲與李讓將軍，依照燕王訂的教戰手冊，用硝灰瓦石向敵軍投擲。同時在夜間用水潑灑城牆，讓零度以下的氣溫把城牆的水凍結成冰，使敵人無法攀登，北京城終能保全。

西元一四〇二年十二月五日是冊立徐皇后的好日子。冊封的三天前，徐皇后（燕王妃）齋戒沐浴，並遣官祭告天地、宗廟。加冕典禮的前一天，侍儀司在奉天殿御座前擺設了冊寶案。冊命禮儀開始時，穿著衛甲的儀隊以及女樂官都整齊地排列在丹陛。這時皇帝（朱棣）在華蓋殿換穿衣服，翰林院官用皇帝的寶印在冊封詔書蓋好了印章，樂鼓敲了三響，皇帝袞冕御奉天殿。所有的執事官，跟觀禮的百官，就殿上位立，音樂興作，停了以後，承制官傳制皇后受冊。正副使跪在皇帝面前，奏稱，「冊燕王妃徐氏為皇后，命卿等持節展禮。」之後，內史監令雙手端著寶冊，說聲：「有制」，向皇后拜跪，然後大聲一字一字地宣讀冊封詔書。這時候年紀還不到四十一歲的徐皇后從內使監令手中接過了冊寶和詔書，在皇帝面前跪拜行禮。只聽到正副使宣稱：「皇后受冊禮畢」，音樂馬上又吹奏起來。徐皇后受了冊封之後，接受皇帝、郡王（朱棣的兒子）、百官、內侍、宮人的祝賀。禮部則立刻派人到承天門開讀詔書，向全國的老百姓公告新皇后的冊立消息。第二天徐皇后又受賀宴會。這樣足足忙了五、六天。

通曉中國傳統文學的徐皇后，適時地協助她丈夫做一些綱常名教的宣揚，藉以倡導中國保守思想與傳統道德的觀念。以她的名義發表的明朝內府刊本包括有三卷的《古今列女傳》（一四〇二年農曆九月），二十篇《內訓》（一四〇五年農曆元月）以及另二十篇的《勸善書》（一四〇五年農曆二月）。《勸善書》的目的在使「天下之民，咸趨於至善之地。興於忠，興於孝，惇信友弟，篤厚其性，而不為媟薄之行。」因為徐皇后認為：「仁者善之所由生也，善者福之所由基也。是故，求福莫大於為善，省己莫嚴於知戒，用是輔仁，其或庶幾。……修善蒙福，積惡蒙禍；善惡之報，理有必然。」而《古今列女傳》則是中國歷代婦女傳略的合輯，由內閣大學士解縉作編輯和潤飾，所收錄的婦女以其成就、謙遜、奉獻、忠孝和貞烈守節而聞名，其中包括十位明朝初期的列女典範，將在第七章介紹。

除此之外，徐皇后還出版了一部有關佛教大功德的佛經，描寫她跟慈悲的觀世音菩薩之間的神靈溝通。她甚至以神意的語調證實說，觀世音允諾，過了十年會再跟她相見一次。的確，虔誠信佛的徐皇后要教導她的宮女如何在佛像前行香、唸經、做佛事。而且遇上萬壽聖節、元旦、中元等節日，她也經常邀請高僧尼姑主持宮內誦經、揚旛、掛榜等佛教的禮儀。

徐皇后於一四〇七年夏天（農曆七月四日）病卒於南京，享年四十五歲，永樂皇帝為她加殮納梓宮，並薦大齋於京師的靈谷、天禧二寺，也從此誓言不再冊立新的皇后。後來古剎天禧寺被人放火燒到寸木不存，永樂皇帝因此命令將原來天禧寺僧侶一齊收容在附近的報恩寺，然後重新修建一座由二十餘座殿堂組成的龐大建築群，命名為「大報恩寺」。而且在大寺院的中間，建造一座五色的琉璃寶塔，作為紀念徐皇后的永久塔寺。徐皇后的紀念寶塔共有九層、八面，通高三十二丈九尺五寸；八面塔壁全部用白石和五色琉璃瓷磚砌成，檐角懸以風鐸，塔頂置有金球，真是一座規模雄偉、金碧輝煌的報恩寶塔。（這座寶塔在一八五四年太平天國的軍隊佔領南京時，被洪秀全給全部燒毀了。）

不過早在一四〇七年的夏天，永樂就下定決心要把大明帝國的國都遷到北京，而且已經選擇了離北京北方約五十公里的天壽山南麓，作為他自己與妻子、和世世代代繼承者的墓地，這就是後世通稱的明十三陵。徐皇后陵寢的營建工程，在一四〇九年開始動工，而四年後完工時，永樂皇帝將她的棺柩從南京移靈到北京。永樂帝本人在一四二四年八月十二日駕崩於內蒙古的榆木川，他的陵寢，稱之為長陵，是位於天壽山的最中央。一四二七年長陵建造完成之後，永樂跟他的妻子徐皇后就一起埋葬在此地的寶城（意即「墳墓」），後者從此被尊諡為「仁孝慈懿誠明莊獻配天齊聖文皇后」。

值得一提的是，永樂皇帝死訊發布之後的幾天內，三十幾位宮女，包括永樂的十六位嬪妃，在禮教無理的要求之下，追隨皇帝的腳步，上吊自盡身亡。她們埋葬的地點，反而不為世人所知！這些陪葬的嬪妃宮女中，也包括了朝鮮籍的女子。早在一四〇二年朱棣登基時，南京已經有姓金和姓崔的朝鮮籍太監。在元朝跟明朝時候，朝鮮國王特別設立了「進獻色館」，專門選擇白皙美貌又「不痔不瘍」的處女當作貢品，送給中國的皇帝當禮物。大明開國十三年後（一三八一年），朝鮮國王派遣周誼到京師朝貢。朱元璋當時命令禮部調查周誼的底細，結果發現元朝皇族庚申君曾經納周誼的女兒於宮中。後來庚申君出奔逃到漠北，這位標緻的高麗女孩子被朱元璋的太監俘虜到，此後繼續留在新朝的內宮。

明代學者沈德符（一五七七—一六四二）在《萬曆野獲編》提到，朱元璋始終懷疑高麗女子在宮中的動機，並且吩咐屬下要特別嚴防外國女子，才能避免褒女驪姬之類的禍亂！沈德符的這種說法，其實跟明朝官方文獻有所出入，因為在朱元璋登基時（一三六八年），朝鮮國王已經進貢了閹人到南京。其中一名叫金麗淵的內侍還深得朱元璋的信任，甚至於有很多傳說，認為朱元璋的第四子朱棣是朝鮮女子碽妃所生的。此外，可以肯定的是，朱元璋第十四女含山公主的母妃韓氏是高麗人，還有第十五子遼王朱植的母親也是高麗人。不過不管怎樣，等到朱棣當上永樂皇帝後，明朝的後宮已經有了相當多的朝鮮宦官與嬪妃。永樂皇帝信賴的朝鮮太監包括金興、鄭同、崔安、黃儼；這些閹人起初是在大明後宮照料朝鮮嬪妃的內侍。舉例來說，五名出身朝鮮兩班（貴族）階級的標緻女孩，在一四〇八年被送進大明內廷，而且一年後，一位豔麗無雙的朝鮮貴妃權氏，變成永樂的寵妃。權賢妃善吹玉簫，曾於一四一〇年隨軍侍奉永樂第一次的漠北親征。永樂愛屋及烏，於是任命權賢妃的父親權永均為光祿卿（從三品）。權賢妃死於臨城（在今日河北省），永樂賜皇家禮儀埋葬她。

女中堯舜張皇后（死於一四四二年）

明代的第三位皇后張氏是河南永城人張麒的女兒，一三九五年嫁給十七歲的朱高熾（永樂皇帝長子）時，旋即被冊封為燕世子妃。朱高熾生性仁孝，喜愛詩詞，可是身體肥碩，腰腹徑數圍，不善騎射，因此常使永樂皇帝不高興。恰好永樂的次子高煦又是身高體壯，而且在靖難內戰中，有幾次傑出的表現，於是永樂曾經有立高煦為皇儲的念頭。幸好張氏在結婚不到三年就替高熾生下了一位永樂最寵愛的長孫朱瞻基，也就是後來的宣德皇帝；後來張氏又生了越王朱瞻墉與襄王朱瞻墡。

一四〇四年夏天，雖然永樂立了高熾為東宮太子，不過高煦依然野心勃勃，經常在背後中傷他的長兄。每當東宮瀕臨危機，悒悒不樂時，操婦道至謹的張氏一定會譬喻歷史故事，來寬慰她的丈夫，而且勉以孝謹，親自替高熾調理每日餐食，希望能幫他減肥。一四二四年八月十二日，在榆木川得到重病，奄奄一息的永樂，召喚英國公張輔到皇帝行營帳篷，起草遺詔說：「傳位皇太子。……喪服禮儀，一遵太祖皇帝遺制。」可是高熾即位（洪熙仁宗皇帝）不到八個月，卻因體胖多病，也晏駕歸天（一四二五年五月二十九日）。

朱高熾洪熙皇帝的死因，除了身體太胖以外，另外一個原因可能是房事過多，造成內虛。據《明史》所載，洪熙帝還在守喪的期間，就已經派遣太監遠到福建去搜尋美貌的處女，以備後宮之用。當時一位名叫李時勉的翰林侍讀，還因此事諫批皇帝。老羞成怒的洪熙皇帝竟然在一四二五年五月二十二日召李時勉入殿，然後命衛士以金瓜抽打他十七次，李時勉總共折斷了三支肋骨，然後還被送入牢獄監禁。在《明實錄》中還有一則記載，在一四二四年間，朝鮮李氏王室又進貢了二十八名資質濃粹的美女，以及不少烹飪女廚師來服侍朱高熾。在所有明朝的皇帝中，朱元璋最為多產、子女最多，總共生了二十六個兒子和十五個女兒，朱見深成化帝生有十四個兒子與五個女兒是第二名，朱高熾算是第三名，總共生了十個兒子以及七個女兒。

當了寡婦的張氏，雖然中外政事莫不周知，還是得讓出皇后的位子給她的媳婦胡氏，而依傳統當上了皇太后。不過以後的日子，張皇太后還是日夜擔心她的兒子朱瞻基，深怕這位二十六歲的新皇帝還不能穩如泰山地繼承朱氏帝業。一四二六年九月初，眼見他的父親（朱棣）與長兄（高熾）都已駕崩，朱高煦終於公開挑戰他的侄子朱瞻基。這時皇太后張氏仰仗有德行、有才幹又老成幹練的楊士奇（一三六五—

一四四四）、楊溥（一三七二—一四四六）、楊榮（一三七一—一四四〇）（均以大臣兼內閣大學士的所謂「三楊」）與吏部尚書蹇義（一三六三—一四三五），來對付高煦。僅僅三個星期的行動之後，從一四二六年八月二十八日到九月十七日，高煦的叛變就被平定。高煦和他的兒子被貶為庶人，從此監禁在北京的西安門裡一直到過世。

高煦事件之後，海內寧泰，朱氏諸王的權力再次被大幅削減，從此只能向中央政府支領俸祿，明朝宮廷的氣氛也自然變得比較安詳平靜。在整個明朝歷史中，宣德皇帝在位的十年（一四二五—一四三五）算是天下歸心、最好的太平盛世；在很多方面，的確要歸功於這位「女中堯舜」皇太后張氏的知人善用與辨別邪正。可是朱瞻基宣德帝跟他的祖父和父親一樣，也是個色胚子，也最喜愛朝鮮美女。又因為他知道母親張太皇后愛吃朝鮮尚膳宮（李氏王朝也全部抄襲明朝的內宮制度與名稱）煮的嫩豆腐，因此三番兩次派太監到朝鮮去挑選美麗的年輕處女，充掖後庭。宣德因為怕留下記載，便交代他派遣到朝鮮的宦官，凡事只能用口頭提出，絕對不可以用文書要求。沒料想到，李氏王朝竟然把宗主國所有的交往事件，全部筆錄存檔。

依據《朝鮮王朝實錄》一四二六年四月的一則記載，朝鮮李氏王朝第三任國王世宗大王（一四一八—一四五〇）在宣德登基的第一年，就送給大明皇帝一批處女、太監、女廚師以及很多稀奇珍貴的鳥類及動物。另外一則記載說，世宗大王親自挑選七位貌美的處女、十位廚師、十六名女僕，加上十位年紀輕輕的男性閹人，一四二九年八月從漢城出發，在同年的十月抵達北京。此外，宣德皇帝派遣的官員還在隔年（一四二八年）的十一月強索一名號稱是全朝鮮最漂亮的女孩。此後，從一四二九年一直到宣德去世時，朝鮮國王不曾間斷地給北京進貢廚師、乾魚、醃菜、豆食品等等。這些廚師與食物應該是要侍候宣德的朝鮮嬪妃日常生活之用的。

宣德在位第三年（一四二八），皇太后遊西苑，宣德跟皇后、皇妃都一齊奉陪到萬壽山賞景野宴。隔年的清明節，皇太后因篤念祖宗功德，要求親自到天壽山謁拜永樂皇帝與洪熙皇帝（長陵與獻陵），並加以掃墓。當皇帝的朱瞻基馬上答允，並以五軍嚴備供具，浩蕩地陪他母親出紫禁城，一直到清同橋，親自扶輦皇太后過橋後，才高呼萬歲地分手道別。沿途中，居民夾道迎拜，皇太后隨性吃蔬食野味，並賜鈔帛。回到內宮之後，皇太后還命她兒子宣德皇帝作〈賞春賦〉，敘述她途中所看到的景物及農家作業之狀況。

可是才三十六歲的宣德帝在一四三五年一月三十一日（春節過後的第三天），突然病死於乾清宮，留下才只有八歲的兒子朱祁鎮繼承皇位，是為英宗正統皇帝。這時有些獻媚大臣奏請太后，垂簾視事。張氏顧及明朝祖宗家法，沒有同意，但願意擔任正統皇帝的監護人。以後凡事委用三楊票擬，雖然如此，重要的政策及詔令仍然必先由太皇太后首肯，然後才能全部交給內閣議決。同時為了駕馭外戚，張氏正式以書信告誡她的哥哥（當時是彭城伯兼任都督）要循禮法、修恭儉，不能干預政事，而且每個月只能在初一跟十五進朝問安。除此以外，太皇太后張氏還下令要求子孫認真讀書求學，日夙勤恪敬事，凡宮中一切玩好以及不急之務，全部罷禁。

雖然太皇太后要求她的子孫相當嚴厲，要他們行仁政、秉忠勤，可是長得很奇異，又是幼沖的正統皇帝，還是整天跟著他最寵幸的太監王振玩耍。據《明實錄》記載，一四三七年元宵節期間，太皇太后召英國公張輔，大學士楊士奇、楊榮、楊溥，還有禮部尚書胡濙五位元老級的重臣入朝，當五人面前，命令王振伏俯階下。這時太皇太后左右的女官雜佩刀劍，儀衛森然，用尖銳的劍刃加壓在王振的頸子上。五十六歲的太皇太后張氏當場向坐在她西側的正統皇帝（孫子）說，以後的國家大事，如果沒有這五位先朝簡任重臣贊成的話，絕對不可實施。同時聲色疾厲地斥責王振，如果閹人宦官敢干預朝政的話，都一律要格殺不留。這次戲劇性威嚇王振的五年又十個月之後，太皇太后張氏就崩逝，跟她的丈夫朱高熾（即正統皇帝的祖父）合葬於獻陵。不久被尊諡為「誠孝恭肅明德弘仁順天啟聖昭皇后。」然而等到三楊及一些前朝重臣，一一凋零去世之後，正統皇帝就擢升他的「老師」王振為明朝宦官系統最有權勢的「司禮監太監」。

機警端慎的孫皇后（死於一四六二年）

朱瞻基宣德皇帝的元配夫人姓胡名善祥，是山東濟甯州胡榮的第三女，一四二五年夏天立為皇后。不過這位皇后，雖然生性貞靜恬澹，卻因經常生病而無子。只怨自己肚子不爭氣的胡氏，在一四二七年的春天上表搬出坤寧宮，到長安宮閑居，賜號靜慈仙師。雖然服食侍從照舊，胡氏從此過著寂寞寡歡的日子，一直到一四四三年底才過世，死後也沒跟宣德皇帝葬在一起，只以嬪禮葬在金山。

當宣德才十二歲時（永樂八年），他的祖父朱棣聽說永城縣主簿孫忠有一女長得很姣皙，又很賢淑，於是就把這位才十餘歲的女孩召進內宮，由張皇后養育。宣德當太子的時候，封胡氏為孝妃，而以孫氏為嬪，雖然當貴妃只有冊，但沒有寶（只有皇后才有金冊又有金寶），可是因為宣德特別寵愛孫氏，於是太后特地製了金寶賜給她，此後在明朝嬪妃制度，便成了定例。等宣德繼承他父親為皇帝時，則封胡氏為后，孫氏為貴妃。雖然孫貴妃也生不出兒子，不過生性機警的她私下收養了一位貼身宮女跟宣德所生的男孩，命名朱祁鎮。宣德皇帝高興之餘，在一四二八年二月二十日當朱祁鎮才滿三個月時，就冊立這位嬰孩為「東宮太子」。接著宣德皇帝廢皇后胡氏後，以子為貴的孫氏隨即被冊封為皇后。然而孫氏當皇后不到八年，宣德皇帝就崩薨（一四三五年元月三十一），於是她的兒子（才八歲）就當上了皇帝（英宗正統帝）。依傳統體制，這位依然是姿質殊色的少婦孫氏便又被尊為了皇太后。

十四年匆匆地過去了，這時正統皇帝聽信他「先生」王振的話，不顧家臣的諫阻，在一四四九年八月親自率領五十萬大軍，北狩進駐大同，想威懾一下蒙古瓦剌部隊首領也先。萬萬沒想到，大明軍隊竟在現今河北省懷來縣的土木堡，被也先的蒙古騎兵包圍擊潰。更糟的是，正統皇帝也成了敵人的戰俘。消息傳到北京時，人情洶洶，宮中朝廷一片混亂，甚至有人建議遷都南京。這時孫太后採用侍郎余謙（一三九八—一四五七）的策略，決定死守北京城，並勒令正統皇帝同父異母的弟弟朱祁鈺（郕王）為監國以安撫天下。郕王為吳賢妃所生，就是後來的景宗景泰帝（在位，一四四九—一四五七）。

在正統皇帝被俘期間，孫太后常常寄貂裘等物給她兒子，並時時派遣太監到漠北探問消息。正當此時，蒙古高原的韃靼部族與瓦剌部族互相攻擊，致使瓦剌內部對立傾軋。在此有利情況下，也先終於無條件地釋放正統皇帝。可是回到北京以後，景泰帝卻把自己的兄弟幽禁在京城一角的南宮中（就是紫禁城東南方的普度寺）。這種軟禁（相當於House Arrest）長達七年之久。正統皇帝在危疑之際，大部分仍是依賴他母親孫皇太后保護他，替他想主意。平素體弱的景泰帝，後來病情加劇惡化，讓正統皇帝的人馬在一四五七年二月十一日找到了機會，發動沒有流血的政變，幫正統復辟，後來改元天順。心滿意足的孫太后又活了五年才撒手西歸，跟她的丈夫宣德皇帝一起葬在天壽山的景陵，謚號為：孝恭懿憲慈仁莊烈齊天配聖章皇后。

景帝朱祁鈺在「奪門之變」一個多月後（一四五七年三月十四日）就歸陰。他唯一的兒子朱見濟這時已先去世，僅留下一個女兒固安公主，在一四六九年嫁給王憲。景帝所有的嬪妃都被命令殉節；景帝的元配汪皇后是順天（北京）人，被廢遷到宮外居住。傳聞汪皇后佩戴著一條價值連城的玉玲瓏，因此，有一天正統皇帝突然命令衛士到她住處搜查，並拿走二十萬兩銀子跟很多貴重的珠寶財物。在此情況下，汪皇后竟能活到八十歲，於一五〇七年一月過世，謚為貞惠景皇后。可是景帝不但沒埋葬在明十三陵，也沒有特定的實錄，唯一能找到他在位七年的紀錄是《廢帝郕戾王附錄》（戾是叛逆的意思）。在明朝專制政治下，真是唯我獨尊，六親不認呢！

瞎了一眼的錢皇后（一四二八—一四六八）

明代第六位皇帝朱祁鎮（正統皇帝）的皇后錢氏，係直隸海州人，她的祖先都以軍功進爵。錢氏十五歲就被冊立為皇后，正統北狩被蒙古人俘虜期間，錢氏每夜哀泣籲天，哭累時則臥地蹲跪，有一次不小心，折損了一條大腿。後來又因為哀哭得太厲害，又損傷了一個眼睛，成了半個瞎子。正統皇帝被幽禁在南宮的七年間，錢氏常以歌曲慰解她的丈夫。不過，上蒼作梗，錢氏始終沒有孩子。因此在一四五〇年九月，蒙古首領遣還正統帝的時候，正統的母親孫太后就決定冊立她的長孫朱見深（後來的憲宗成化帝）為東宮太子。從小就犯有口吃毛病的朱見深的生母是周貴妃，但是成化帝對待錢氏依然是必恭必敬，原因是正統帝臨終時（一四六四年二月二十三日）特別交代：「錢皇后千秋萬歲以後，與朕同葬。」不僅如此，正統還留有遺詔說，以後皇帝死時，內宮的嬪妃不須殉節陪葬。從此以後，可憐的宮闈美女可多活了幾年。

正統死了以後，按照明朝的體制，錢皇后就得升為「皇太后」。可是成化皇帝的親生母親周氏，堅持她才應該是名正言順的「皇太后」。為了這件事，朝廷內外爭議相當激烈。最後成化皇帝決定「兩宮並尊」，而且稱錢氏為「慈懿皇太后」。在明朝歷史上，這是第一次出現同時有兩位「皇太后」的情形。但是四年後，錢氏病逝了，成化的生母周太后為了不要跟錢太后一起合葬在正統的裕陵，又鬧得雞犬不寧。經過九十九位廷臣協商合議後，決定將錢太后的梓棺埋在距正統皇帝玄堂數丈遠的地方，而在裕陵的右邊，也同時先準備了一個虛壙，用以將來埋葬周太后的屍體。但事實上，成化還是不敢忤逆他自己的母親，因為一五〇四年周太后死時，才發現原來錢太后是被埋葬在另一處完全密封的，不顯眼的地點。儘管軟弱的成化皇帝讓這一樁「兩宮」爭吵的家內事，演變得極不好看，一般說來，成化在位的二十三年間，算是明朝比較昇平穩定的一段時期。

當了四十年未亡人的周太后（一四三〇—一五〇四）

朱見深成化皇帝的親生母親周氏，是直隸昌平人。她丈夫正統皇帝在位時，只能當貴妃，可是等她親生兒子坐上龍椅皇位時（一四六四年二月二十八日），就即刻被尊為皇太后。這又是一樁母以子貴的好故事。成化對母親非常孝順，每隔五天一定要向周氏請安，而且供奉饗宴。周氏想要的，成化唯恐來不及博她的歡心。舉例來說，周太后生日時，成化會命令僧道建造齋所祭天，為太后祈福。周太后每次外出遊玩時，皇帝一定親自引導車馬寶輿。

成化皇帝死於一四八七年九月九日，他的十七歲兒子朱祐樘，在十三天後，繼承為孝宗弘治皇帝。這時，周氏更獲朝廷的優寵隆厚，原因是朱祐樘從五歲以後，一直由周太后在她的清寧宮養育長大。這其中的曲折情節，的確可搬上現在的電視連續劇。因為，朱祐樘的生母係來自廣西的瑤族。一四六〇年代中葉，明朝軍隊掃蕩平定廣西叛亂期間，一名隨軍太監俘虜了一位清秀可愛的瑤族女孩，在一四六七年將她帶到皇宮儲藏室當侍女，以後就給她一個姓叫紀氏。這個時候的成化皇帝由於過度寵愛比他大十七歲的萬貴妃（另篇敘述），廢了才冊立三十二天的吳皇后（一四六四年八月二十三日到九月二十三日），而且在萬氏一手掌控的後宮，她不准任何后嬪，包括新任皇后王氏，圓滿地懷孕生產。萬氏自己在一四六六年生了一個男孩，但一年後就夭折，此後她用非常手段逼迫所有身懷六甲的嬪妃墮胎，而且還害死一位才兩歲大的悼恭太子（一四六九—一四七一，由柏賢妃所生）。

絕望之餘的成化皇帝在一四七五年的夏天，公開向文武百官怨嘆自己「無後」是最大的不孝。不久之後，一位老太監出面告訴成化，說這位姓紀的廣西瑤女，已經替皇上生下一位五歲的龍子。原來因宮內上上下下都懼怕萬貴妃（現已晉升為萬皇妃，僅比皇后低一品），所以紀氏生下嬰孩之後，馬上將他藏在廢后吳氏的冷宮。講話吱吱吧吧的成化聽到這消息之後，異常的興奮，因他自己知道，六年前的確有一段時期跟紀氏侍女發生過幾次「關係」。其實明朝的內宮，訂有一套相當嚴格的制度與方法，很可靠地可以驗證出紀氏所生的這男孩是不是百分之一百的「龍種」。等到一切檢驗覆查都萬無一失之後，成化皇帝正式命名這孩子為朱祐樘，並冊立他為東宮太子，交由他的母親周太后親自照料生活起居。值得一提的是，朱祐樘的生母一年後也死亡（據說也是被萬妃所害），不過在往後的十一年間，成化卻連續生了十一個兒子加上七個女兒。庶出的朱祐樘當上皇帝之後（孝宗弘治），對自己的老祖母更是孝順有加。譬如說，周太后有一次患了一場大病瘍，拖了相當久才癒痊。這期間，她的孫子弘治皇帝不僅春郊罷宴，問視惟勤，甚至在夜間也向上蒼請命，祈求他的祖母早日獲得康泰。周太后最後在一五〇四年的初夏崩逝，享年七十四歲，與正統合葬在裕陵，尊謚：孝肅貞順康懿光烈輔天承聖睿皇后。

憲宗成化帝四個后妃的愛恨情仇

當朱見深還是東宮太子的時候，他的祖母孫太后（朱祁鎮正統帝的生母），為了傳宗接代，替他擇配了十二位絕世佳人，包括上述的：順天人吳氏、直隸上元人王氏、山東諸城人萬氏、以及柏賢妃。其中萬氏在不滿四歲的時候就被選入掖庭，先是充當孫太后的宮女，及笄之年已長得絕世姿色，開始服侍皇太子朱見深於青宮。朱見深十五歲承繼為大明憲宗成化皇帝時，萬氏已經三十四歲了。這時成熟又性譎的萬氏完全能摸透成化的內心性情，知道如何獻媚討好這位年輕皇帝的歡心。在此爭寵互攻心計的宮廷女人叢中，剛剛才冊立為皇后的吳氏，找到了一個藉口，把情敵萬氏當眾大大地鞭打羞辱一番。

可是這一次杖鞭，卻把成化的心也打痛了。因此在盛怒之下，成化下詔說，吳皇后舉動輕佻、禮度率略，她的品德操行不適合當天朝的皇后。這一次廢后的行動還牽連到不少朝廷官員。吳皇后的父親吳俊被除掉都督同知的官銜，而且下獄戍邊。早先極力推薦吳氏當皇后的太監牛玉就被貶謫到南京明孝陵種菜。牛玉的親戚如懷寧侯孫鏜、吏部員外郎楊琮都受到不同輕重的處罰。真是一人得罪，百人遭殃。

廢了吳氏以後，成化隨即冊立柔順純合的王氏為皇后。這位沒有心機的新皇后對宮內的爭寵毀譽毫不在意，因此儘管萬氏貴寵冠後宮，她卻厚德優容，處之淡如。雖然王皇后總是無法替成化生個兒子，卻能活過三朝（即憲宗成化、孝宗弘治與武宗正德），在一五一八年的春天病逝，並與成化帝合葬在茂陵，明人尊稱她為孝貞純皇后。

吳氏被廢不久，萬氏就懷了孕，而且替成化帝生下第一個兒子。這時皇帝大喜，不僅派遣太監到處祈佑於山川，而且還冊封萬氏為皇妃（僅低於皇后的頭銜）。此後，其他六宮的妃嬪便很少有機會能獲得皇帝的進御臨幸。但人在做，天在看，萬妃生的這位男嬰很快就夭折，而且從此狡黠的萬氏再也無法妊娠生育了！在此心理銳變中，萬妃卻更加的驕恣。每次成化帝遊幸時，她一定全身戎裝打扮，當前驅嚮導，而且一聽到掖庭中有宮女懷孕時，馬上會強逼這些「假政敵」飲藥墮胎。《明史》記載，受她傷墜者無以計數，包括上述柏賢妃所生的悼恭太子（成化的第二個夭折兒子）。

因為成化皇帝如此地寵幸萬皇妃，佞倖機會主義者如錢能、覃勤、汪直、梁芳與韋興之輩，自然地要巴結萬氏，利用萬妃來升官發財，並鞏固自己的地位權力。其中太監汪直是掌控西廠的特務頭子，梁芳是主管御用監的肥缺位置。經由這一批人的奇技淫巧，萬氏不僅可以廣收四方所進奇貨、經營廣東的珍珠、掌控食鹽的專賣，而且還可抽取佛教寺觀以及道教禱祠修建所收的專利執照稅。這裡讀者需要了解的是，明代中葉以後，宮廷的消費開支不斷地升高，而且由於用白銀當貨幣的經濟政策，使得農民的生計日趨艱難，於是盜賊、流民的叛亂愈來愈嚴重。在此情況下，成化皇帝所領導的大明財政也就愈來愈艱困。因此皇帝利用萬妃和宦官括搜苛斂來的錢財，多少可以用來支應內宮的無數糜費。

萬皇妃除了能裡通宮廷府庫之外，她的父兄親戚也雞犬升天，以她為貴。萬妃的兄弟都任職世襲的錦衣衛武官，其中萬通還做到都督指揮。萬通利用他的妻子王氏經常走訪內宮，直接帶信給萬皇妃，並且使用各種手段、管道收受賄賂。萬通死於一四八二年四月，埋葬在北京的西郊。一九六九年中國大陸考古學家挖掘他的墳墓之後，發現墓中有一個金杯，一具金酒壺（上面刻有一條龍），兩條鑲有寶石的金帶子，以及其他很多貴重的珍寶。這些陪葬的器物跟明朝第十三位皇帝朱翊鈞（萬曆皇帝，另篇交代）所埋葬的遺物非常相似。巴黎的Musée Cernuschi博物館，收藏了一個用青銅做的香爐，這個祭祀祖先用的香爐四周鑲有白銀以及用金字寫的梵文佛經。香爐的底面全部是純銀，而且刻了「大明成化年萬家造」八個大字。從這裡，讀者可以想像十五世紀中葉，萬家是何等的權勢富貴，窮極奢華。

玉體豐肥的萬皇妃因暴疾死於一四八七年，早她的丈夫八個月（成化皇帝死於一四八七年九月九日）。萬妃死後，成化還輟朝七天，以示哀悼，並謚為：恭肅端慎榮靖皇貴妃，埋葬在天壽山。等成化的第三子朱祐樘（弘治皇帝）坐上皇位後，一位名叫曹璘的御史奏請弘治削除萬氏的謚號，又有魚臺縣縣丞徐頊，也敦促新皇帝逮捕萬氏家屬問罪。但是剛滿十七歲的新皇帝，為了不違背先帝的旨意，都沒有應允。

飛上枝頭變皇妃的「番女」紀氏（死於一四七六年）

朱祐樘弘治皇帝雖不願懲治萬氏全家，也不想清算替萬貴妃搞錢搆禍的一幫人，可是他倒非常堅持要替他自己生母的家族申冤補償。前面稍稍提到朱祐樘的母親紀氏原籍廣西賀縣，是一個蠻族土官的女兒。一四六七年被俘入掖庭，因生性警敏，又諳通文字，於是被派到內藏室當「女史」。兩年後的一個夏天，憲宗成化帝偶然間來到內藏地方，看到這位與眾不同的「番女」，便問了她一些問題，紀氏對答如流，頭頭是道，於是成化對紀氏發生了興（性）趣。幾度臨幸雲雨之後，紀氏就身懷六甲。可是善妒的萬貴妃獲知這個消息後，非常地恚慮，於是命令婢女用鉤器要將胎兒墮掉。這位婢女因不敢做這種喪天害理的事，於是向萬貴妃慌報說，紀氏沒有懷孕，只是患有病痞，才會有嘔吐害喜的症狀。最後決定將紀氏送到收容病人的安樂堂療養。

幾個月後，紀氏順利地生下了朱祐樘（一四七〇年七月三十日）。這時候，守門太監張敏急得如熱鍋上的螞蟻，驚怕之餘，想到成化皇帝還沒有兒子，怎麼忍心遺棄這位龍子呢！於是把嬰孩藏起來，用粉餌飴蜜來餵養他，而且一直都不敢剪剃小嬰孩的胎髮。張敏後來把這件事密告廢后吳氏，因吳廢后居住的地方跟安樂堂很靠近，於是就親自領男嬰來哺養，並吩咐下人，對此事要絕對的保密。

上面提到，成化皇帝因即位十載，還沒有子嗣，全國上下都為此事擔憂。一四七五年有一天，成化皇帝召張敏進宮幫他整理頭髮，自己照著鏡子，嘆著說：「我活得這麼老了。到現在還沒有兒子。」張敏一聽到這句話，立刻伏地回答說：「死罪，萬歲已有子也！」成化頓時愕然。這時站在皇帝身邊的太監懷恩向成化蓋了一個響頭，然後證實張敏所說的話。懷恩是成化最親信的太監，接著告訴成化，皇帝的親生兒子潛養在西內，而且已經五歲了！

知道紀氏已經幫他傳宗接代的消息之後，成化大喜，立刻親自駕幸到西內。緊接著是宮廷的驗證，查詢程序都合乎家法祖訓之後，皇帝就遣使往迎皇子。等到特使抵達時，紀氏抱著兒子哭泣地說：「兒子你去了，我就活不下了。我兒你見到穿著黃袍而且留有鬍鬚的人，就是你的父親。」朱祐樘當時穿著一小緋袍，乘著小轎輿，一到奉天殿時，就被一群太監擁至丹陛階下，披著五年來都沒剪剃的長髮，小皇子馬上走投到皇帝的懷抱。這時，成化皇帝將這位可愛的孩子放置在他的膝上，看了又看，摸撫了好久，然後悲喜淚泣地喃喃自語：「我的兒子，長得還真像我呢！」成化皇帝隨即令太監懷恩到朝廷內閣六部宣布這樁好消息，很快地，一傳十、十傳百，全國群臣皆大歡喜。第二天，文武百官進朝恭賀。成化除了頒詔天下，還命令紀氏移居永壽宮，並數度召見。

可是萬貴妃卻日夜怨泣說，宮內大家都對她欺紿，於是想盡辦法報復。果然紀妃竟在一年內暴薨，有人說是被萬貴妃所害，有人說她總是覺得不自在，才決定自縊。紀妃死後，太監張敏驚懼自危，於是也吞金自殺。至於朱祐樘這位小孩子呢？成化皇帝在一四七五年十二月五日就冊封他為東宮太子，一方面搬進仁壽宮跟祖母周太后居住，一方面開始在文華殿跟很有學問的老宦官覃吉讀書習字。朱祐樘是位很用功的學生，幾年後，把四書五經學習得滾瓜爛熟，當皇帝期間（年號弘治，一四八七年九月二十二日—一五〇五年六月八日在位），大多以禮義善待他的臣下，而且在明朝十六位皇帝中，可能是唯一「不二色」的天子。因為朱祐樘自一四八七年二月（當時實歲是十六歲半）跟興濟張氏結婚以後，在在地顯示，他再也沒跟其他女人同床睡覺（另篇敘述）。

朱祐樘為了尋找他生母的根源背景，不遺餘力。首先他當上皇帝後，馬上追諡他的母親為：孝穆慈慧恭恪莊僖崇天承聖純皇后，而且將她的梓棺遷葬在茂陵，跟憲宗成化帝埋在一起。因為紀氏年幼就進宮，對自己的家鄉與親族知道不多，所以弘治在悲念往生的母親之餘，特遣太監蔡用到紀氏的廣西老家去調查，結果聽說紀氏的兄弟紀貴與紀旺還健在活著。當是時，弘治很高興，於是不分青紅皂白，就在一四七八年十月授封兩位「舅舅」為錦衣衛指揮同知和僉事，並賜給他們不可勝計的房屋、金帛、莊田以及奴婢。除此之外，這位明朝第九任皇帝還追贈他的外祖父為中軍都督府左都督，對外祖母、曾祖父也都依禮儀追贈名號，並派人修建紀氏在賀縣的祖塋，並置守墳戶人家，照料塋墓。

不過，在廣西的少數民族部落中，「紀」跟「李」是同音，因此有一位廣西籍的太監叫陸愷（原本姓李），竟妄稱他是紀太后的親哥哥，而且還找了一位叫韋父成的親戚到北京冒充，要求皇帝封賞。這時主管宗室的負責機關，無法辨識真假，於是請一位熟悉紀氏內情的太監郭鏞，來處理這樁無頭公案。郭鏞讓紀貴、紀旺與韋父成對質之後，認為韋父成是冒牌的假貨，於是將他逐出京城。不過後來弘治派人到廣西修治紀后祖塋時，又聽說蠻族之中，有好幾家都自稱是紀太后的家人。更糟糕的是，使者又查出原先自稱是紀氏兄弟的紀貴與紀旺也是假冒人物，根本跟紀太后毫無血緣瓜葛。氣惱的弘治皇帝又派遣了給事中孫珪和御史滕祐，深入廣西的連縣與賀縣，輕裝微服，到處訪查瑤族與僮族人家。回京之後，孫珪跟滕祐將他們探查訪尋的細節實況，一五一十的稟奏皇帝，才更進一步地證實，原先他自認為是「親舅舅」的紀貴與紀旺都是騙徒。弘治當然異常地懊惱失望，於是謫罰太監郭鏞等人，並勒令紀貴、紀旺到海邊當兵。

從此以後，弘治皇帝還是好幾次要對自己母親的身世「尋根」，但全都失敗，沒有結果。經常因思念母親而唏噓流涕的朱祐樘在一四八〇年七月決定在廣西桂林府，為他母親建立祠廟，賜名奉慈殿，並命有司歲時祭祀；同時也再替他死去了好幾年而且從來不認識的外祖父、外祖母追贈了一大堆封號。

以孫為貴的邵妃（死於一五五二年）

朱見深成化皇帝除了朱祐樘之外，還生了十一個兒子和六個女兒。其中之一是宸妃邵氏所生的朱祐杬。朱祐杬生於一四七六年七月二十一日，比祐樘恰恰少了六歲。邵氏父親邵林是昌化人，因家境貧困，把女兒賣給杭州鎮守太監。邵氏從此有機會讀書識字，而且因為是一個美人胎，具有相當容色，因此被選入宮中。當她的兒子朱祐杬滿十歲後（一四八七年），就被冊封為興王（就是後來的興獻帝，也是世宗嘉靖皇帝的父親）。依照《明皇祖訓》規定，興王在一四九四年搬離京師，而定居在湖廣的安陸皇莊。可是興王的生母邵氏卻不能從行，還得留在紫禁城侍奉成化皇帝。難怪邵氏常歎說，女人進了皇宮，就沒有人生樂趣，連飲食起居都不得自如。

話分兩頭，興王朱祐杬的哥哥朱祐樘當了皇帝之後，不願「臨幸」其他的嬪妃，結果只跟皇后張氏生下兩男三女。兩個兒子當中，長男朱厚照生於一四九一年十一月十四日，次男在一四九五年出生的一年後就夭折死亡，因此朱厚照等於是弘治皇帝的獨子。這裡請讀者注意，前此三朝所設立的皇儲，都不是出自嫡系，這朱厚照不僅是出自當時的唯一皇后，而且生辰又是農曆干支的「申酉戌亥」，一般算命仙認為將有連若貫珠的好命。而且他出生後，粹質如冰玉，神采煥發，弘治皇帝非常喜愛他，因此還不到兩歲，就冊立朱厚照為皇太子。一五〇五年六月十九日朱厚照登基為武宗正德皇帝時，他才十四歲。在位的十六年期間，正德終日耽於嬉樂，雖然廣徵全國美女，經常在宮中豹房密淫，但自身卻是「無種」。僅活了三十歲（死於一五二一年四月二十日）的正德皇帝，死時既無兄弟，也無子嗣。因此皇太后張氏和內閣大學士楊廷和決定擁戴興王的兒子朱厚熜（等於是正德的堂弟）繼承大統（另篇敘說）。

一五二一年五月二十七日，朱厚熜到北京登基，就是明朝第十一位皇帝的世宗嘉靖。這時他的祖母邵貴妃，已經老邁而且眼睛失明，可是興奮的老祖母依然替自己的孫兒欣喜萬分，用手指從頭到腳，摸撫這位還不到十四歲的新皇帝。嘉靖隨即尊封邵氏為皇太后，並封邵氏的弟弟邵喜（嘉靖的舅公）為昌化伯。可是在一五二二年的冬天，邵氏就過世，三個月以後，嘉靖想把他祖母的靈棺遷到茂陵，跟他的祖父成化帝葬在一起，可是內閣大學士楊廷和（一四五九—一五二九）極力反對，理由是祖陵不可隨便常常挖掘，因大興土木工程，將會驚動神靈。生性固執，從年輕就有主見的嘉靖帝雖然猶豫，但還是不聽。一五二九年的夏天，改封邵氏為「太皇太后」，一五三七年工部人員終於將邵氏的棺柩遷葬在茂陵，而且別祀奉慈殿。

宮闈的女人·二

號稱「聖母」的張皇后（死於一五四一年）

前面提到，朱祐樘孝宗弘治皇帝可能是明朝唯一「不二色」的天子，他獨一無二篤愛的張氏，是來自位於京師南邊兩百里的興濟城，那裡當時是大運河與陸運的一個交聚點。張氏父親叫張巒，是個讀書人，以鄉貢入太學，母親金氏，傳說夢到月亮跑進了她的肚子裡，才生出一位當上皇后的女兒。總之，張氏在一四八七年二月被選為太子妃，七個月以後，朱祐樘登基，馬上冊立她為皇后，並相當優禮皇后的外家，包括追封她去世的父親為巒昌國公，封她兩位弟弟為侯、為伯。不僅如此，皇帝還為張皇后在她興濟老家建立一個規模壯麗的家廟。雖然張皇后的兩位弟弟張鶴齡、張延齡名聲不好，放縱家人作奸圖利，引起很多朝臣的批評，但弘治皇帝因為疼愛皇后的關係，也不聞不問。

等到她的獨子朱厚照登基為武宗正德皇帝時，張氏依照禮法，退居為皇太后，五年以後，她的兒子又送給她另外一個尊號叫「慈壽皇太后」。朱厚照的堂弟朱厚熜承繼大統（世宗嘉靖皇帝）後，在公開場合稱張氏為「聖母」，但私底下叫她「伯母」。可是這種親暱的稱呼不久就變調了，原因是嘉靖自己的母親蔣氏來到皇宮時，張「聖母」以倨傲態度對待她。不僅如此，嘉靖好幾次都想逮殺「聖母」的弟弟張延齡與張鶴齡，可是都為「伯母」所阻擋。這一大堆窘困的事件，使得嘉靖皇帝與張皇太后的關係，漸行漸遠，以後甚至連「聖母」的生日，嘉靖也不來拜賀。張皇太后死於一五四一年的秋天，不久之後，嘉靖就以謀逆之罪，殺了建昌伯張延齡。不過因為張氏是弘治皇帝的法定皇后，死後還是跟弘治合葬於泰陵。

雖然明朝正史一再地肯定「聖母」張氏是朱厚照正德帝的生母，可是民間卻有傳聞說，正德是弘治皇帝跟一位叫鄭金蓮的宮女所生。鄭金蓮的父親鄭旺是一位軍人，曾經公開宣稱他才是正德的血緣外祖父。為了阻止這樁謠言，鄭旺被逮捕下獄，跟他共謀的太監劉山被千刀萬剮。後來鄭旺因特赦出獄，但還是到處宣稱宣德的生母是鄭金蓮而不是「聖母」張皇后。鄭旺在一五〇九年十二月又被逮捕，這次很快地被判極刑處死，可是鄭金蓮無罪。這個惡毒的謠言恰巧給安化王朱寘鐇（朱元璋第四代後人）當藉口，以誅除太監首腦劉瑾為號召，一五一〇年在寧夏起事。不過朱寘鐇造反十八天以後就被平定誅滅。

嫁給「沒種」皇帝的夏皇后（死於一五三五年）

夏氏是大興人，父親夏儒本來是錦衣衛指揮，後來也因女而貴，陞為都督同知，並在過世前被封為慶陽伯。夏氏的丈夫朱厚照可能是明朝歷任皇帝中，最頹廢、最有爭議性的人物。他父親弘治選嬪女時，注重知書且諳詩文的「女學士」，反之，正德卻喜愛麗色妖豔的嬪女。朱厚照登基為正德皇帝時（一五〇五年六月十九日），還不滿十四歲，可是這位青少年已經染有玩世不恭的怪癖。他喜愛射箭、騎馬，狩獵、摔角、體操，同時也偏好作曲、歌唱和放煙火。雖然他聰穎無比，但總是靜不下來好好苦讀聖賢經典、八股之類的詩文。因是之故，他看不起冬烘先生，文官儒士；也不愛被束縛、規規矩矩地上朝下朝當皇帝。他在一五〇六年大婚時，除了冊立夏氏為皇后外，同時選了沈賢妃與吳德妃一齊陪婚。皇后具禮服陞座，女官引導兩妃詣前行禮。當晚曲中儀法完畢之後，大家依照矩度，各自回宮，夏皇后住坤寧宮，沈賢妃與吳德妃居東西兩宮。當時是，宮中上下都稱讚年紀尚輕的皇帝、皇后以及兩位妃子。

前面提到，明代後宮設立六局女官，其中尚寢局負責皇帝睡覺的事務，而主管文書房的太監則是負責記錄所有皇帝上幸住宿過的地方，更重要的是寫下皇帝跟任何妃嬪做愛、發生性關係的年、月、日，俾便日後稽考。可是正德皇帝不但撤去尚寢女史的差事，而且命令文書房太監不要記注他所臨幸的女人以及有關他「房事」的一切記載。果真，正德做了沒幾天正經的皇帝之後，馬上看上了富有才色的順天人王氏。王氏陪正德到薊州洗溫泉浴，她還親自寫了一首詩刻在石柱上：「塞外風霜凍異常，水池何事暖如湯。溶溶一派流古今，不為人間洗冷腸。」此後，正德只聽信號稱「八虎」的八名宦官，並在宮中建造類似伊斯蘭教寺院的豹房，用以招待喇嘛僧侶及狎愛劈腿之類的遊樂。因為正德經常在豹房與美豔的女人廝混，因此把夏皇后一人丟在坤寧宮，讓她獨賞空懸的明月，以及指算飛來的春燕。

據《明史》所載，正德最喜愛一位名叫馬昂妹的維吾爾女人。這位標緻的馬氏當時已是有夫之婦，而且已有了娠。正德明知馬氏的底細，卻依然命令太監將馬昂妹召到豹房。馬氏很會騎馬射箭，能說西域番語，又會唱歌，正德相見甚歡，當天就與馬氏「敦倫絕幸」。馬氏家人因此獲賜蟒衣，蒙皇帝寵納。從此以後，正德只要看到他喜歡的女人，不管她是已婚未婚、有娠無娠，他都一定會要到手。有一次錦衣衛副指揮于永帶來十二位來自西域的色目舞女，把皇帝搞得心癢難熬。正德酒過幾酌後，突然命擅長陰陽秘術的于永帶他自己的女兒到豹房來。于永嚇得不知如何應付，後來總算找到一位鄰居的維吾爾女子，充當自己的女兒來豹房陪正德過夜。于永不久便因畏罪而將職位轉讓給自己的兒子。此外，其他不少指揮官的姊妹妻妾，正德也都想染指。

這時宣府人江彬（死於一五二一年七月十一日）因武術高強，又立了戰功而深獲正德的寵信，江彬也從此變成正德的「皮條客」或「同志」。一五一八年正德來到大同，駐蹕偏頭關，派人到太原遍索會唱歌跳舞的女人。在一大堆雜妓中，正德看上了太原劉良的女兒劉美人，原來劉美人是晉王府樂戶楊騰名下的歌妓。不久，江彬就把劉美人帶到北京的豹房；之後，劉美人還住進了西面內宮，跟正德一同進出，形同一對野鴛鴦。一五〇二年一月，正德循大運河遊江南時，特地命劉美人到潞河陪同，並且還親自到張家灣迎接劉美人。遊玩江南完畢返回北京途中，正德自己駕駛的小龍船在清江浦（今淮陰縣）翻船，雖然正德溺水後很快就被救，可是從此一病不起。一五二一年歲末，當正德在京城南郊祭祀天地時，突然吐血暈倒在地。外強中乾、酒色過多的正德在一五二一年四月二十日死於豹房，了結他荒唐的一生。

朱厚照正德的故事令歷史家撲朔迷離，難以論斷。既然他精力那麼充沛，又跟那麼多女人發生性關係，為何死而無子，徒讓夏皇后孤獨地當了「皇太后未亡人」。如果以現代性生理學來分析判斷，正德可能根本是個性無能的偽君子（主）。因為他性無能，可是又好強、要當猛男，於是便故意惹禍製造事端，以豹房當煙幕彈來掩飾他的性無能缺陷。聰明的正德因此自己統領一營善騎射的太監閹人，稱之為中軍，並在豹房設立教場，命太監張忠鎮領東廳署，以宦官許泰統御西廳署，而且晨夕下操，呼譟火砲之聲，遠在九門之外，都還可以聽到。由此可知，所有的美女、妓婦，一切的淫亂行為，只不過是演戲而已。明朝、清朝的士大夫、大學士、衛道者，完全被他蒙在鼓裡，壓根兒，正德是個可憐「不舉」的窩囊貨色！

另外一種可能，就是因他十來歲就開始跟女性雜交，也有可能因此染上了性病，或導致性弱精液不足，無法使他的后妃懷孕。最後的一種解釋是，他可能是身為同性戀的「同志」，因為跟他一起在豹房廝混的人，絕大多數都是男性，要不是閹人就是軍人。明朝文獻透露正德跟江彬「同臥起」，意思是一起上床睡覺，一起起床。總之，這個第十位的明朝皇帝犯了大不孝之罪（無後為大），而且讓那麼多苦守宮闈的后妃、嬪人空悲切地當了活寡婦。據載，西宮有妙齡宮嬪表達出想削髮當尼姑者，正德聽到這則消息，竟然自己當起剃度法師，而且還親自念經說法，將宮女送到尼姑庵去。因此在明朝這一群皇后中，最可憐的莫過於夏皇后。依常理推論，雖然她死時被追封為孝靜莊惠安肅毅皇后，並跟正德皇帝合葬在康陵，但這位皇后過世之時，可能仍是處子之身！

嘉靖的三位皇后：

孝潔皇后陳氏、廢后張氏，與孝烈皇后方氏

朱厚熜（世宗嘉靖）是明朝十六任皇帝當中，在位第二長的天子（僅次於他的孫子萬曆，另篇敘說），從一五二一年五月二十七日到一五六七年一月二十三日，總共有四十五年又八個月之久。穿上黃袍的初期，嘉靖為了他應該是誰的繼嗣問題（所謂的「大禮議」），跟楊廷和等內外朝臣爭論了三年半。最後，嘉靖稱自己的父親興獻王（朱祐杬，死於一五一九年）為皇考（以後稱興獻大帝），封自己的母親蔣氏（原籍徐州）為興獻太后，然後尊稱他的伯父弘治皇帝（朱祐樘）為皇伯父，而稱弘治的未亡人張太后為伯母。筆者按：嘉靖即位後的第四天，派人迎接母妃蔣氏於安陸，而且動用了四千艘船隻，數千名水手以及四十萬人力。此後，嘉靖熱衷道教，沉迷於追求長生不老之術，因此無心國事，信任嚴嵩（一四八〇－一五六五）之類的貪污官吏，以致軍事外交方面，受困於北方的韃靼蒙古人，社會上出現極端的貧富懸殊。的確，在十六世紀的下半葉，明朝的國本已經開始動搖。

嘉靖的第一任皇后是北直隸元城人陳萬言的女兒。有好名聲又有佳氣質的陳氏在一五二二年被冊封為皇后，但一直無法適應嘉靖嚴厲的脾氣。一五二八年的秋天，有一次跟皇帝吃茶時，皇后因沒把茶杯放置好，嘉靖突然咆哮大怒。陳皇后驚悸之餘，竟然流產墮娠身殂。事情發生之後，嘉靖更是不原諒陳氏，不僅不給她好好的安葬（葬在天壽山的襖兒山谷），皇帝自己還懶得玄冠素衣，去表示哀悼一番。最後因禮部尚書夏言（一四八二－一五四八）的奏請，嘉靖方肯諡陳氏為孝潔皇后。

廢了陳氏以後，嘉靖的生母蔣太后與伯母張太后都催促嘉靖趕緊再物色一位新皇后，這時錦衣衛張楫的女兒在桂殿朝昏侍奉嘉靖起居已久，而且她性情婉娩，也能克盡禮道，於是便被選中為皇后繼承人。張氏剛當皇后時，曾帶領嬪女到京城北郊去養蠶，並且率領六宮在宮中聆聽蔣太后的「女訓」。這時，嘉靖在位已經十年，但是仍然沒有「龍種龍子」。蔣太后為了促使她的兒子能枝葉茂盛、以廣儲嗣，便要求嘉靖選九嬪。先前提到，明朝開國皇帝朱元璋為了管束宮女，防範女禍於未然，規定他的「紫微星」繼承人要慎重選妃，嚴守綱紀。可是經歷百年之後，他的子孫再也不把這些祖訓令典當作一回事。雖然諸妃的位號大致還是取自「賢、淑、麗、莊、敬、惠、順、康、寧」品秩，可是自后妃以下，諸嬪宮雜置其間，而且常常以婕妤、昭儀、貴人、美人稱位號。還未滿十五歲的嘉靖於是聽從他生母以及大學士張孚敬（一四七五—一五三九）的話，除了皇后與六宮之外，還博求全國淑女，住進西內，前後加在一起，總共有三夫人、九嬪、二十七世婦，以及八十一御妻一百二十位。在一五三二年的初夏，嘉靖同時冊立張氏、鄭氏、王氏、閻氏、韋氏、沈氏，盧氏、沈氏與杜氏為「九嬪」（其中沈氏為宸妃，閻氏為麗妃）。每一個嬪都戴九翟冠、穿大采鞠衣，同時還可圭用次玉、穀文與黃金塗色文具。為了讓全國人民知道這件事，嘉靖皇帝在華蓋殿舉行冊封儀式，接受百官恭賀而且還率她們一齊拜謁太廟與世廟，並頒詔天下。

張皇后與張皇太后（嘉靖的伯母，正德的母親）相處得很好，走得很近。可是無端事變起宮闈，或許因為嘉靖厭惡了張皇太后（伯母）的娘家親戚，竟然禍及年紀輕輕的張皇后。張皇后在一五三四年初被廢，遷居別宮，她所有的天下箋賀全部停掉，也不再有機會教宮女歌詠翰林所撰的新詩。張氏憂恨兩年之後病薨（一五三六年），嘉靖給他第二位廢后的葬禮，比照宣德帝的胡廢后辦理。

當嘉靖冊封「九嬪」之時，出身江寧（南京）的方氏被冊封為「德嬪」。方氏的父親是泰和伯方銳，她算是比較「幸運」的女子，一五三一年進宮，隔年就入選為「九嬪」之一。張皇后被廢之後，嘉靖想立方氏為后，先試探大學士夏言的看法。詩文並茂的夏言隨即恭賀嘉靖做了很好的選擇並且說：「夫天圓而地方者也。」意思是說，嘉靖像天一樣的圓，而未來的皇后會像地一樣的四四方方。九天之後，嘉靖就冊立方氏為他的第三任皇后。這個預言果然應驗，因為在一五四二年時，方皇后救了嘉靖皇帝一命。

事情起於宮中女婢楊金英等人謀逆計畫弒殺嘉靖，這當然跟嘉靖的暴虐，使宮人受不了嘉靖的淫威，心懷懼恨有關。楊金英在有娥眉之稱的曹端妃處當婢女；一五四二年的一個晚上，嘉靖幸臨曹氏，在端妃宮裡過夜，等嘉靖熟睡時，楊金英會同另外宮女相結行弒，用麻繩套在嘉靖頸項，用布塞入他的口中，想將他縊死，同時數人以釵股亂刺皇帝的上胯。可是女流之輩沒有經驗，不懂綰結之法，忘記在麻繩上打個死結，結果繩股遲遲不緊縮，嘉靖的氣就沒斷絕。在這千鈞一髮的時候，另一位楊金英的同事張金蓮知道事已敗，便跑到皇后處告急。就這樣，方皇后馳迅趕至現場，把繩結解開，才讓嘉靖慢慢甦醒。

謀殺嘉靖失敗之後，方皇后命令內監張佐等人捕捉共謀的宮人，結果查出王寧嬪是首謀。雖然曹端妃沒有親自參與弒君行動，但據張佐報告，她事先知曉這項陰謀而不報。方皇后趁嘉靖仍然病悸得不能說話的時候，代傳聖旨，把曹端妃、王寧嬪、以及楊金英一夥共十六人全部捉起來，依法凌遲處死，磔剮於市，而且誅殺她們親屬十餘人。事情過後很久，嘉靖最後得知，原來他的麗人曹端妃（這時已經替皇帝生了第一女），其實不知道這項縊殺皇帝的陰謀，但是皇帝寵愛的娥眉已經血灑蒼梧，再也不能復活。反之，方氏的生父方銳晉爵一級，被賜封為侯。

儘管禍機已過，嘉靖對方皇后處理曹端妃事件或許仍然存有幾分疑惑。根據明朝進士何喬遠（一五五八—一六三二，福建晉江人）所著的《名山藏》（又稱《十三朝遺史》），方皇后是死於一五四八年臘月的西宮大火。當熊熊的烈焰正在吞食方皇后的宮寢時，有一位像熱鍋上螞蟻的太監催促嘉靖派人進屋內拯救皇后，可是在驚喧之際，嘉靖竟然沉吟不發一語，讓金枝玉葉的皇后被活活燒成灰燼！事後嘉靖才慢條斯理地喃喃說道：「后救我，而我不能救后。」於是謚方氏為孝烈皇后，素服素冠，親自隆重舉行謚禮，同時命令百官都穿制服，送方氏的梓棺到思善門外。這個時候，嘉靖已經開始預先設計自己死後的墳地叫永陵，可是方孝烈皇后卻先葬在睿皇后的旁側。筆者按：何喬遠甚至暗喻，因蒙古俺答汗佔據河套，而能從中直驅北京，內閣大學士夏言被嚴嵩參奏害死（一五四八年十月三十一日），也是源淵於曹端妃事件，因為夏言是原先推薦方氏當皇后的關鍵人物。

平平庸庸的嘉靖在位四十五年，他擁有的一大批后妃、嬪御，總共替他生了八個兒子和五個女兒，其中僅有兩個兒子和兩個女兒活到成年。嘉靖的長子很小就夭折，次男朱載壑生下還不到三歲時（一五三九年二月），嘉靖就冊立他為東宮太子，可是事違人願，載壑才行冠禮的兩天後就歸陰去世。嘉靖的第三個兒子朱載垕生於一五三七年三月四日時，比第四子朱載圳只大一個月而已。雖然兩位「龍子」都還剛學會走路，嘉靖又迫不及待地封載垕為裕王，載圳為景王。兩個女兒之中，寧安公主（朱祿媜）嫁給李和，嘉善公主（朱素媜）適許從誠。

朱載垕（後來的穆宗隆慶皇帝）的生母是北京慶都伯杜林的女兒。杜氏於一五三二年被封為康嬪，再五年後，皇帝璽書晉陞杜氏為康妃，果然第二年就生下朱載垕。可能因為載垕與載圳年紀太接近，嘉靖始終不願在兩個兒子當中，選擇一個冊立為東宮太子。一五五二年的三月，兩個兒子一齊行冠禮，等到九月時，一起啟蒙上學讀書。再隔兩月，嘉靖又同時替兩個兒子選擇了賢淑端麗的嬪女，帶到大內，在一五五三年二月一起舉行婚禮。兩個兒子的母親當中，嘉靖似乎比較不喜歡載垕的生母，因為杜氏康妃在一五五四年年初去世時，嘉靖不願意親自主持喪事，而且給康妃的「榮淑」謚號，也跟傳統禮制大大地縮水。最後，朱載垕以裕王的身分，來辦理母親的喪儀。

朱載垕斬衰三年，先葬母親於金山，等到他登基為隆慶皇帝之後，才把杜氏康妃的棺柩遷葬於永陵（跟嘉靖在一塊），而且謚生母為：孝恪淵純慈懿恭順贊天開聖皇太后。當了二十一年裕王的朱載垕，總算於一五六〇年的年底，被嘉靖冊立為東宮太子，晚他一個月出生的同父異母弟弟朱載圳，則被封到湖廣的德安去當景王。不過當皇太子期間，載垕並沒得到真正的父愛。嘉靖對他不僅冷淡，也很刻薄。有時候東宮經費不夠時，太子還須靠嚴嵩父子幫他向皇帝要錢。

十六世紀中葉的大明江山歷經兩百年漫長的歲月，已經產生了很大的量變與質變，也因為朱氏皇族人數，居於「多選淑媛以侍左右」的原則，以幾何級數不斷的增加，造成內宮嚴重的經濟壓力，這也是朱載垕當皇太子時，常常沒錢支應東宮費用的理由。根據皇明玉牒的資料，在一五四九年時，中國人血液中流有朱元璋ＤＮＡ的朱氏男性——包括祖先曾被封為「王」，後來被降到庶人的身分者——已經有一萬九千八百三十九名；而流有朱元璋ＤＮＡ血液的女性，共有九千七百八十二名所謂郡主（親王的女兒）、縣主（郡王的女兒）、郡君（皇帝的孫女）和縣君（皇帝的曾孫女）等；另外至少還有一千零四名朱氏皇族沒併入。這三類朱氏皇族後代加起來總共有三萬六百二十五人。如果把朱元璋後人娶的妻妾，以及嫁的女婿全部加進去的話，那麼隆慶皇帝就將近有五萬位皇親國戚了。

朱載垕登基為穆宗隆慶皇帝時，已經三十歲了，可是因小時缺乏父親的關懷與訓練，他對國事並不諳熟。加上他個性內向，也沒太大的野心與願景，因此他上朝時很少講話或跟朝臣溝通；大部分的政事都委任太監去處理。可是跟固執又苛嚴的嘉靖相比，隆慶顯得異常地良善溫和，同時也不像他父親過度傾向道教，鄙視佛教、詆毀佛學。

朱載垕的元配是直隸昌平人李氏，在一五五三年二月跟當時當裕王的朱載垕行大禮。一五五五年十月，李氏生下朱翊釴（即憲懷太子），可是翊釴在一五五八年四月就夭折，李（裕王）妃也在一五五九年的初夏死亡，先葬在金山，等朱翊鈞（隆慶第三子，後來的神宗萬曆皇帝）登基後，改遷葬於昭陵，並諡李氏為：孝懿貞惠順哲恭仁儷天襄聖莊皇后。

萬曆的「母親」：

「仁聖」陳皇太后與「慈聖」李皇太后

隆慶皇帝在位的五年五個月期間（一五六七年二月四日至一五七二年七月四日），北虜（蒙古人）南倭（日本倭寇）交相環伺的局面已經解除。他遵照先帝遺詔，革除前朝弊政，處罰了一些道士與「奸臣」，同時將曾冒死進諫的海瑞（一五一三—一五八七）從監獄裡放出來，而且還用了如王崇古、徐階之類的名臣。隆慶總共有四個兒子，除了四歲不到就殤亡的長子朱翊釴以外，二兒子也夭折，還有三兒子朱翊鈞（生於一五六三年九月四日，是後來的神宗萬曆皇帝），以及第四子潞王朱翊鏐（一五六八—一六四一）。其中翊鈞、翊鏐都出自一位姓李的宮嬪（漷縣人）。隆慶在上述李氏（昌平人）死後，選通州陳景行的女兒為繼妃。隆慶繼位當年（一五六七）冊陳氏為皇后，可是陳皇后也是多病無子，因此決定先搬出坤寧宮，移居別殿，希望稍稍安適一些時候，可以把身體養好。朱翊鈞還是東宮太子的時候，每早在謁奉先殿、隆慶皇帝以及自己生母李貴妃之後，即馬上去向陳皇后問安，以解除娘娘的寂寞。有時，陳皇后還會拿經書考問太子，朱翊鈞登基為神宗萬曆（一五七二年七月十九日）後，九歲的小皇帝直稱陳氏為「仁聖」，而稱自己的母親為「慈聖」。一般說來，「仁聖」與「慈聖」相處得很好，兩位隆慶的未亡人都互相沒有猜嫌。

萬曆對「兩宮並尊」的孝行，使得陳氏的病情大大的改進，以後的二十五年，竟不再生病，而且可優游於「慈聖宮」之間。萬曆時常會在乾清宮擺設四齊宴，由近侍兩百人演戲來歡娛兩位「母親」，即「仁聖」與「慈聖」。這時萬曆會親自拿酒獻饌，恭恭敬敬地服侍兩位太后。陳氏在一五九六年（萬曆二十四年）的仲夏過世，萬曆諡她為孝安貞懿恭純溫惠佐天弘聖皇后。

「仁聖」陳太后住在慈慶宮，「慈聖」李太后住在慈寧宮。因為張居正（一五二五—一五八二）的請求，所以，「慈聖」李太后搬到乾清宮跟她十歲的兒子萬曆住在一塊，朝夕可以照料這位明朝的第十三代皇帝。「慈聖」對萬曆的管教極其嚴切，有時小皇帝不愛讀書，李太后會召使他長跪。每次家庭教師講課後，李太后一定會設筵宴請老師，而且自己扮演「助教」的角色，考驗她兒子是否完全了解老師所講授的內容。不僅如此，從清早五更起，一直到晚間上寢所，「慈聖」太后一定要關照兒子的起居。有時萬曆貪睡起得晚一點，李太后便會敕令內宮上下趕緊把小皇帝掖上坐好，然後取水洗臉，再擁天子坐車上朝。在所有明代的皇帝當中，萬曆與他母親李太后的關係最為密切，直可用古希臘人所說的 Oedipus Complex（戀母情結）來形容他們母子。在當時的宮廷情況下，李太后不僅是萬曆的慈母，同時也是他的嚴父。萬曆對母親產生了一種又愛、又懼、又想依賴、又覺得母親早晚太囉唆的繁雜感情，所以萬曆六年後結婚，挑選的對象，都要先跟自己的母親比一比，要是不能符合「母親模型」的女孩，他就不要。

萬曆大婚之後，「慈聖」李太后要搬回慈寧宮以前，敕諭各位閣臣，提醒他們，要持恆地教誨保護年輕的萬曆，使他一直向學勤政，為社稷蒼生盡心盡力。甚至等萬曆快十八歲時，李氏對兒子的Oedipus Complex還會暴露無遺。一五八〇年的歲末時，當萬曆在西苑曲宴，有兩位宮人服侍著喝酒作樂的皇帝。這時萬曆醉醺醺的要求宮人唱新歌，但宮人堅辭不會唱時，萬曆突然拿出利劍痛擊宮人。當時在場的大小監史勸解皇帝住手才沒鬧出人命，可是皇帝竟然用他的寶劍割掉宮人的頭髮當遊戲。事情發生過後的第二天，「慈聖」李太后知道了消息，憤怒得不可形容，立刻穿著青布袍，傳話給萬曆的老師張居正，叫張居正（當時的職位相當於首相）馬上具疏切諫，還敕令萬曆用皇帝的御札自己寫悔過書。不僅如此，「慈聖」又召見萬曆，命令她的皇帝兒子長跪，而且還要逐一地坦承自己所犯的過錯。一直等到萬曆涕泣而且請母后給他悔改的機會後，李太后才饒恕了他的心肝寶貝兒子。萬曆之所以那樣怕母親，其實還有一個理由。當時宮中喧傳說，李太后命太監馮保到圖書館拿取漢朝〈霍光傳〉，言下之意，太后有廢萬曆皇帝，然後冊立萬曆的弟弟潞王的暗示。經過這次的一大堆眼淚與情緒化的肢體表現，這些謠言也自然地消失了。

李太后的嚴明識大體，以及能放手讓張居正大刀闊斧地改革內政，致使萬曆初期的大明有安定和繁榮的好現象，諸如：內閣權力的強化、冗官廢員的裁撤、黃河與大運河的濬治、京都糧食的改善、國防的鞏固以及土地、人口、財稅的革新。可是張居正在職十年，於一五八二年去世之後，明朝的政府又即刻陷入混亂，朝臣與官僚再度形成黨派，以及受到銀貨經濟的負面影響。雖然一般農民在困苦中掙扎，市儈商賈卻過著浮華鋪張的生活，因為帶頭過著豪奢日子的典範是來自萬曆的後宮。據載，萬曆的母親李太后是位非常虔誠的佛教徒，而且又是最慷慨的施主，凡是天下名勝，不管在京師內外，她都想要建築梵剎，裝設佛祖菩薩。可是這樣一來，內庫儲存的鉅萬兩銀子，很快就被挪用耗費掉。這時萬曆又開始在天壽山南麓的十三陵建立一座相當壯麗的壽宮（就是埋葬他自己的定陵），因此張居正苦心積慮存下來的財源，很快就被萬曆母子給花光了！

李皇太后為了施捨佛寺事，連她當皇帝的兒子也要伺意奉承。譬如說，有一次萬曆替他母親祝壽時，他突然命令太監到內藏室，拿出唐朝名畫家吳道子所畫的觀音像。為了替李太后祈福，萬曆叫石刻匠工臨摹複製一千份吳道子的畫，然後捐贈給天下每座大小梵剎佛寺，好讓全國佛教徒都能膜拜瞻仰到觀音的慈容。又有一次，李太皇后告訴她兒子說，浙江南海的普陀山，曾有大士現身過，是佛家聖地，不過因普陀山的佛寺被祝融所燒毀，因而想發願修復。這一次萬曆雖沒花費官錢，可是還是自捐帑銀，把佛院在原地址蓋造完工，並請有學問的大臣撰文製碑，頌聖他母親的功德。

前面提到萬曆對李氏太后有戀母情結，這個情形一直到李太后晚年時還是忽隱忽現。有一年的秋天，萬曆陪母親在慈寧宮花園賞花，看到有一個銅盆長出了紅蓮，而且蓮心抽蕊，開了九朵攢簇四向的花，真是清新可愛、漂亮無比。皇帝因此心血來潮，吩咐文書官宋紳趕緊叫大小廷臣到花園來欣賞，而且準備文房四寶，親自賦詩一章，然後連同紅蓮一起送進慈寧宮，讓母親慢慢咀嚼享受花香及詩文。另外是玉熙宮有一位女伎，能載燈舞，宮中每逢慶典都少不了要她表演。不過這位女伎稟告李太后，說她已經許配了故鄉的一位儒生，李太后聽了心軟，幫她向皇帝說情，結果讓這位女伎返回鄉里，完成終生大事。

慈聖李皇太后晚年眼睛經常有毛病，而且屢治屢發，到一六一三年時，有位名叫彭金花的女醫，到內宮替慈聖太后看眼疾，果然頗奏微効。這位彭女醫師善談詼諧，常常告訴慈聖一些市井故事，讓皇太后愜意開心，因此，慈聖把彭氏留在宮中。可是彭婦這時已經懷有身孕，而且她的丈夫不是贅婿而歸寧者。一些宮婢看到大腹便便的彭婦，都勸她趕緊離開禁宮。可是彭氏貪戀帝宅的華麗，遲遲不願離去。有一天，彭婦果然生下了一個男嬰，聽到這消息的萬曆皇帝大怒，立刻命人去殺死彭金花，不過慈聖皇太后再三婉轉替彭婦向自己的兒子求情。萬曆又再一次無法違背慈母的意旨，免彭氏死罪，但發她到禮儀房打三十大板，然後將彭女驅逐出宮。這件事發生後的第二年，慈聖皇太后即崩逝身亡。

自從漢武帝（死於西元前八十七年）以來，萬曆是在位最久的中國皇帝（四十八年），也因此，他不斷地給他的母親加進新的封號。譬如說，一五八二年，萬曆封她為「明肅太后」，一六〇一年進為「貞壽端獻」；五年以後（一六〇六年）再加封為「慈聖宣文明肅貞壽端獻恭熹」。一六一四年春天，李太后奄奄一息、彌留之際，還不斷地稱讚兒子萬曆的孝行，叫他不可太過哀慟，要順變節哀，親賢圖治，永保鴻基。她的靈柩自然地跟萬曆的父親隆慶皇帝一起葬在昭陵。

被萬曆寵壞的鄭皇妃（一五六八年—一六三〇年七月五日）

神宗萬曆帝總共有八個兒子，但都不是皇后王氏（餘姚人但在京師出生，冊立於一五七九年）所生。據載，雖然皇后性情端謹，甚得萬曆母親「慈聖」的歡心，可是萬曆很少跟她同床睡覺。萬曆的第一位兒子朱常洛的母親也姓王，原先是皇太后「慈聖」的宮女，比萬曆大好幾歲。有一次萬曆到慈寧宮，突然發生「性」趣，瞞著太后跟王氏發生關係，王氏終於在一五八二年八月二十八日生下朱常洛。可是嬰兒生下後，萬曆卻賴帳，始終不承認有這麼「一夜情」的事件。後來太后「慈聖」要求文書房內侍將萬曆每天行動的年月日（起居注），以及王氏停經等驗證，證實常洛是千真萬確的龍孫，於是逼萬曆不得不公開宣布他是常洛的父親。雖然在一五八二年七月，王氏被封為恭妃，但皇帝從此再也不臨幸她，得不到愛情的王恭妃死於一六一三年。

其實，王恭妃的故事還沒揭露以前，朝廷上上下下已經在擔心皇帝繼嗣的問題，因此在一五八一年間，司禮監又幫萬曆物色了一批美麗女子，最後有九名中選為嬪（第二品），其中的一嬪是來自大興（隸屬北京）的鄭氏。這時鄭氏正好十七歲，長得亭亭玉立，又甜又媚，很快地就成為萬曆最寵愛的女人。一年半之後（一五八三年九月）萬曆升鄭氏為德妃；再過一年，封她為皇妃（地位僅次於皇后），很快地，皇帝對鄭氏的寵愛貼心就有了結果。鄭氏在一五八六年二月十八日（恰巧是舊曆年正月初一日）給萬曆生下皇帝的第三子，命名朱常洵。一年半後，鄭氏再給萬曆添了一個丁，可是這嬰孩在一五八八年夭殤。除了八個兒子以外，萬曆的眾嬪妃也給他生了十個女兒，其中萬曆最疼愛的壽寧公主，也是鄭皇妃所生。壽寧公主在一六〇九年嫁給冉興讓後，還是「五日一來朝」。結婚三年後有一個晚上，冉興讓回家時，發現他家的奶媽把門都關鎖了，這時候，酒醉的冉駙馬把奶媽打罵一頓。可是第二天奶媽不甘示弱，召集了一群太監將冉興讓好好地報復修理一番。這件家務事後來鬧到萬曆那裡，萬曆竟然認為奶媽有理。得不到岳父撐腰的冉興讓，氣得把他的駙馬冠丟擲在宮門口，然後跑到深山去躲藏嘔氣。壽寧公主跟冉興讓在一六四四年被李自成的部下所殺。

由於萬曆是那麼樣地寵愛鄭皇妃，又如此地厭惡王恭妃，他心裡一直想立鄭氏的兒子朱常洵為皇位繼承人。可是依照皇明禮儀傳統，朱常洛是長子，才真正有資格當東宮太子。為了這件事，朝廷大臣申時行（一五三五—一六一四）、沈一貫（一五三一—一六一五）等都以「爭國本」為題，跟萬曆爭執很久。皇帝開始以常洛的年紀太小而且身體薄弱為藉口，故意拖延立嗣的決定。等到常洛八歲時（一五九〇年），長得很健康又可愛，「爭國本」的事又再度成為宮廷的焦點。四年後（一五九四年），萬曆開始允許大兒子常洛上學，不過皇帝心底處最疼愛的，依然是鄭氏所生的兒子朱常洵，其次是周端妃所生的朱常浩（死於一六四四年）。後來皇帝受不了外廷蜚語以及這些內閣大學士的嚕嗦，乾脆想把這三個兒子一齊冊立為王，封常洵為福王，常浩為瑞王。這個主意公開之後，反對的聲音更是不斷地湧進，終於在一六〇一年的春天，允許朱常洛搬到迎禧宮居住，並在一六〇一年十一月九日冊立長子朱常洛為東宮太子（就是後來的光宗泰昌皇帝）。

在明朝的十六位皇帝中，萬曆固然在位最長，但也是最懶惰、最不負責任的一位。他剛剛登基之時，還是幼沖之年，而且白天還要讀書，於是就權宜地讓他每個月只要上朝九天，所謂的三、六、九（即初三、初六、初九、十三、十六、十九、二十三、二十六和二十九日）。頭十年，因有張居正、司禮監太監馮保和他母親「慈聖」太后時常盯著他，他至少還會跟朝臣，尤其是內閣大學士與六部尚書，保持固定的會面與經常的諮商溝通。可是張居正死後，馮保也被謫到南京孝陵種菜，這時萬曆羽毛已豐，除了自己母親以外，誰也不怕，誰都可以不聽。自從一五八九年的第八個月份一直到一六一五年的第五個月份，他再也不照三、六、九的規定上朝處理奏章。此外，從一五九〇年的第二個月份起，他已不再跟他的翰林老師接觸和聆聽聖賢經典。有一次萬曆遣人去拿玉盒子，竟然發現他幾年前寫在紙上的文字，全部都被臭蟲咬蝕了。這表示，他已經好久沒練習書法寫字了。再過一年，他也停止參加所有國家祭祀的公開活動。甚至連他母親在一六一四年去世時，雖然朝廷給「慈聖」太后的葬禮辦得非常的隆重有排場，可是已經閉居後宮、不理政事的萬曆，也不願意親自出面主持喪儀。

總之，做了三十多年的皇帝，萬曆慢慢地心已倦勤，再也不想去管理朝廷紛紜的政事。雖然他母親幫他擇配的王皇后中年好靜，攝有盛德，可是萬曆的紫微星只想照耀在權譎善媚的鄭皇妃，以及鄭氏所生的朱常洵身上。但是王皇后不是善妒的女人，而且當太子朱常洛有危疑時，她必定調護備至，來幫這位得不到父愛的太子度過難關。最後王皇后在一六二〇年的初夏去世（比萬曆早三個月），先葬在定陵，等到朱常洛登基（一六二〇年八月二八日）為光宗泰昌帝時，再尊諡她為：孝端貞恪莊惠仁明媲大毓聖顯皇后。至於泰昌皇帝的生母王恭妃，一直受到萬曆的冷落，所有應該有的皇帝恩禮完全被鄭皇妃所抑壓，甚至每次東宮太子要拜訪自己的生母時，鄭氏必然派人尾隨監視。最令人打抱不平的是，一六一三年王恭妃病重告急時，太子趕來探問媽媽的病情，可是宮門竟然還關閉著。等太監抉鑰，太子進入後，王恭妃的眼睛已看不見了，於是王氏用手拉著朱常洛的衣服，然後掉淚說：「兒長大如此，我死何恨！」說完之後，王妃就斷氣歸天。太子生母死後的第三天，鄭貴妃還下令不准宣布死訊，後來經閣臣葉向高（一五六二—一六二七）的陳情抗議，萬曆才同意依傳統禮葬，可是也只能先把她的棺柩寄埋在永陵。等到王氏自己的孫子登基為熹宗天啟皇帝之後，王氏才被進諡為：孝靖溫懿敬讓貞慈參天胤聖皇太后，並遷祔定陵。

現在讓我們來了解一下，萬曆是如何地寵壞了鄭貴妃。出生於大興的鄭氏，本來已許配要嫁給一位姓許的鄰居人家當媳婦，可是因為聘禮禮金不夠，鄭家不讓許家娶她，當許家人要強娶時，兩家就爭鬨起來，讓躲在閨房的鄭氏嚎啕大哭。恰好這個時候，要替萬曆挑選九嬪的太監走過鄭氏門口，看到鄭氏長得那麼標緻，於是就將她帶到皇宮。

前面說過鄭氏因長得漂亮，又懂得討好年輕皇帝，又很快給萬曆生了第二位兒子朱常洵，於是在後庭眾多嬪妃之中，沒人能像鄭氏那樣得到萬曆的寵幸。

儘管常洵不是長子，而且群臣爭議不斷，萬曆還是三番兩次地想冊封鄭妃的兒子為東宮太子；最後雖然沒成功，但朱常洵除了在一六〇一年被封為福王外，他在洛陽的王府，比其他親王的宅第大了兩倍以上，總共花了四十萬銀兩（比一般王府所需費用高出二十倍）才造成。不僅如此，福王所領的莊園封邑總計為四萬頃，其中包括了黃河下游幾省最好的土地。然而儘管皇帝給福王如此優厚的封賜，朱常洵還是希望賴在紫禁城不走，如此可以時常跟皇帝與母親鄭氏見面。但是《皇明祖訓》有嚴格的規定，親王不能居住在京城。萬曆因此又接到無以計數、有關「國本」的諫書，要求皇帝趕快把福王送到洛陽去。一六一四年的夏天，萬曆終於旨令朱常洵遷到洛陽新蓋好的福王府。當時為了要搬運福王的隨從、行李、家具等，朝廷還得動員一千一百七十二隻黃船（皇帝御用），才能把福王的全家送到洛陽城。

萬曆為了要幫鄭皇妃改善她在朝臣心目中的形象，在一五九四年四月，鼓勵鄭氏捐出五千兩銀子當作救濟河南饑荒難民之用；之後，還叫鄭氏研讀按察使呂坤所寫的《閨範圖說》一書。鄭氏讀後，請人捉刀替她為這本書寫了一個跋，並自己掏腰包在一五九〇年刻印了好幾冊，當為教育閨女的教科書之用。不過雖然皇帝極力想替愛妃塑造一種寬厚、柔順的形象，但鄭氏的驕恣與野心卻沒有改變。一六一五年六月間，一個名叫張差的漢子突然闖進東宮太子住所的宮門，而且手持梃棍，擊傷了數位守門的太監。這位看來是要來謀害東宮太子的不速之客，當場被衛士捕捉。事後蜚言四起，很多人都把手指指向鄭皇妃，認為張差是鄭氏外戚派來的殺手。這件叫做「梃擊」的事件，最後還得由萬曆出來打圓場。皇帝安排鄭皇妃當著東宮太子以及群臣面前，當場號訴哀求，對天發誓，保證她本人或她家族絕對跟梃擊案沒有關聯。這個事件在兇手張差定獄處死後，也就不了了之。

一五九〇年代中，大明帝國因日本豐臣秀吉出兵而起的朝鮮戰事，萬曆子女結婚的費用，火災後乾清宮以及其他宮殿的重建等等開支，使得萬曆的財政發生很大的困難。難怪萬曆無時無刻地要計算如何去搜刮錢財，也逼得鳳陽巡撫李三才不得不向萬曆奏說：「陛下病源在溺志貨財。」不僅如此，自從努爾哈赤（一五五九—一六二六）的滿州軍隊在一六一八年佔領撫順之後，皇帝還被迫拿出宮內庫銀一百萬兩充當軍餉，企圖重振已經有衰弛跡象的大明國勢。不過長久以來沉迷於酒色聲伎的萬曆皇帝（也可能在宮中吸食鴉片），這時健康也亮起了紅燈，緊跟著王皇后死後的三個月，在一六二〇年八月十八日，萬曆皇帝崩薨，總共活了五十七歲，在朝四十八年。萬曆臨死時的遺詔，還要求他的繼承人，要把他最寵愛的未亡人鄭氏晉升為「皇后」。可是這個要求後來沒有兌現，因為鄭皇妃又被指控，她和她的侄兒鄭養性（職位是錦衣衛指揮）共謀獻給新皇帝朱常洛很多美女，因此才登基一個月的光宗泰昌帝，果然中「美人妖」計而歸陰，死於一六二〇年九月二十六日（葬於慶陵，享年三十八歲）。鄭皇妃活到一六三〇年的仲夏才病歿，她的棺柩葬在銀泉山，沒跟萬曆在一起。還有，萬曆另一位未亡人劉昭妃，竟然能活到八十六歲，在一六四二年才過世。

一九五六年到一九五八年間，中國大陸選派一隊考古學家，小心翼翼地挖出埋葬萬曆皇帝以及他的王皇后和王恭妃的定陵，證實了定陵是一個規模巨大的地下宮殿（壽宮）。目前在天壽山的十三明陵中，永樂皇帝的長陵以及萬曆皇帝的定陵，是國內外觀光客最喜愛的參觀地點。

皇后的節操：
以張皇后的自裁為例

朱常洛泰昌皇帝總共生了六個兒子和九個女兒，但這十五個子女當中，有八個都夭殤沒長大成人。他的長子朱由校（生於一六〇五年十二月二十三日，生母是郭皇后）

以及第五子朱由檢（生於一六一一年二月六日，生母是劉淑女）就是明朝的最後兩位皇帝，即熹宗天啟與思宗崇禎。從小就喜歡當木匠的朱由校，在還未滿十五歲時，登基為熹宗天啟皇帝。天啟生性不愛好靜坐讀書，不懂政治，也不愛管理政事，但卻很會做家具之類的小玩意。因此朝廷的大小事都委任太監魏忠賢（生於一五六八年二月二十七日）去處理。魏忠賢原先是幫朱由校煮飯的小閹人，後來勾結朱由校的奶媽客氏（封為奉聖夫人），慢慢取得朱由校的信任。朱由校在位七年，一共生了三男兩女，但皆早殤。或許朱氏的王朝氣數將盡，天啟的李成妃（順天人）在一六二五年春天生下皇帝的第二個女兒當天，北京突然發生大地震，不僅宮瓦墮碎，連女嬰也一起薨歿；李成妃從此失寵，淪落在後庭惋悵。

天啟皇帝的元配是祥符縣張國紀的女兒，一六二一年初夏冊立為皇后。張皇后性格嚴正，屢次在皇帝面前舉出皇帝小時餵他乳水的客氏以及太監魏忠賢的過失，而且還時常召客氏到皇后的住所，當面斥責她。因是之故，客氏與魏忠賢恨張皇后入骨，後來便設計誣告說，張皇后並不是太康伯張國紀的親生女。年紀輕輕的天啟皇帝差點聽信他們的惑讒之言。兩年之後，皇后有娠，當時客氏橫肆宮闈，便配合魏忠賢，把宮中異己者全部辭掉，改用他們的私人親信來承奉張皇后，終於導致皇后流產。據載，天啟皇帝有一次到坤寧宮皇后住處，看到皇后正在讀一本《趙高傳》，天啟頓時默然，一句話都說不出來，因他知道趙高是刺殺秦始皇兒子的宦官。等殺盡東林黨諸臣後，司禮監太監魏忠賢又利用順天府丞劉光選，上疏彈劾張皇后的父親張國紀，企圖想冊立他親人魏良卿的女兒當皇后。後來天啟皇帝在奄奄一息時（死於一六二七年九月三十日），因沒有遺下任何兒子，便決定把皇位傳給他的同父異母弟弟朱由檢，其中的過程，張皇后貢獻最多。

崇禎繼位之初，尊他的嫂子為懿安皇后；一六四四年四月二十五日，闖王李自成（一六〇一—一六四五）攻陷北京時，張皇后自縊身亡。清軍入關之後，以明朝的傳統禮儀將她合葬在熹宗的陵寢（即德陵）。天啟的另一位女人是個性直烈的裕妃張氏，裕妃張氏也是因不買客氏與魏忠賢的帳，被幽禁在別宮，不給她飲食。過了幾天，天下大雨，玉骨冰肌的裕妃張氏匍匐到牆腳，飲簷溜髒水而死。

朱由檢在天啟死後的第三天（一六二七年十月二日）登基為崇禎皇帝，主要是靠嫂子張皇后的堅持與力排眾議，也因此崇禎在宮中選大婚的事，也都由嫂子一手主導。當時的慣例是，皇后候選人需要有兩位貴人陪同，如果是中選的話，皇太后（即新皇帝的母親或伯母）會用青紗帕包幕著「金玉跳脫」，然後繫在女孩子的臂上。如果不中選的話，皇太后則用紅色的年月帖子，裝銀幣放在淑女的衣袖，然後遣送她們出去。據聞，在崇禎選擇皇后的過程中，張皇后擔心來自大興的周家女子恐怕會太柔弱，因此有意給她幾個銀幣了事。這時候，參與選大婚的昭妃說：她現在看起來像是稚弱，將來長大以後，會變堅強。最後，周氏便如此地被選中了。

末代皇后周氏的悲劇（一六四四年四月二十四日自殺）

朱由檢崇禎皇帝才四歲時，他的生母（宛平縣劉應元的女兒）被泰昌皇帝賜死。之後的五年間，朱由檢由綽號「西李」的皇妃（住在西宮）撫養；九歲以後，又由另一位居住在東宮的皇妃「東李」照顧。朱由檢坐上龍椅時才十六歲，也許因從小失恃的關係，長大以後對自己沒有信心，而且做事優柔寡斷，反覆無常，不能徹底信任閣臣。難怪他當皇帝期間，幾乎每年都要更換一位六部尚書。

崇禎總共生有七子六女，大兒子朱慈烺（一六二九—一六四五）為皇后周氏所生，在一六三一年春天冊立為皇太子。崇禎的二子、五子、六子、七子都在四歲以下殤歿。他的三子朱慈炯、四子朱慈炤在京師淪陷後不知所終（應該是被殺）。六個女兒當中，坤儀公主是周皇后所生，也殤亡，其他三女皆早逝，也無從查考。剩下的兩個女兒一個是長平公主，一個是昭仁公主。長平公主十五歲時，本來準備要下嫁給周顯，但因京城被李自成部隊所包圍而暫停。北京城被攻陷後，崇禎皇帝匆忙來到壽寧宮，而長平公主則拉著父親的龍袍不停地哭泣。這時崇禎說出萬古名言：「汝何故生我家！」為了不讓賊軍姦污他的女兒，崇禎拔劍向公主揮斫，利劍在公主舉手遮護時，砍傷了她的左臂。之後皇帝又到昭仁殿，斫死了另一個女兒昭仁公主，可是五天過後，長平公主復甦。史載，長平公主曾上書大清順治皇帝（一六三八—一六六一，一六四四—一六六一在位）求說：「九死臣妾，跼蹐高天，願髡緇空王，稍申罔極。」意思是要剪剃長髮出家當尼姑。可是順治下詔不許，命周顯補娶公主，而且還賜給周顯夫婦田地、房屋、金錢、車馬等。然而坊間的傳聞不斷，有關長平公主的下落，一直有很多不同的揣臆，其故事之多，不遜於俄國末代沙皇尼古拉斯二世（一八六八—一九一八）的女兒安娜斯塔絲亞（Anastasia）的可能遭遇。

周皇后個性嚴慎，經常擔心賊寇的叛亂，有一次輕聲細語地向崇禎說，她父親在蘇州還有一個老家可住，言下之意，好似要勸皇帝遷都南京。至於其他的政事，她從不干預。不過這時天下饑饉，府庫空虛，百費俱裁，時機相當艱困，宮內大小事要節約儉用，當皇后的周氏要處理內宮人員便很辛苦。有一次長得纖妍又有才藝的田貴妃（揚州人）見到周皇后時，態度驕倨，皇后不得不以家法責斥田貴妃，因此兩個女人開始結怨。自此以後，連春節圍爐時，周皇后也不跟田貴妃講話。很會彈琴又很會打扮的田貴妃從此大恨皇后，並向皇帝泣訴告狀。後來崇禎跟周皇后在交泰殿為了田貴妃的事爭吵了起來。崇禎光火之際，失手把周皇后推仆倒地。這事發生後，皇后賭氣好幾天都不吃飯。之後，皇帝也感後悔，命太監送去一件貂裀，並且問候皇后起居狀況，如此，一對蹇運鴛鴦方才慢慢和好。田貴妃替崇禎總共生了四個兒子，除了朱慈炤（崇禎第四子）被冊封為永王（一六四三年）之外，其他的三個兒子都夭殤而死。往後的日子，田氏憂悒於啟祥宮，並且開始生病，死於一六四二年的仲夏，謚恭淑貴妃，並葬於昌平的田貴妃寢園。

崇禎在位期間（一六二七年十月二日到一六四四年四月二十五日），除了清軍不斷地在長城北方發展，並開始對大明展開包圍之外，社會的不安與財政的困乏，都令皇帝日夜焦躁不安。在山西、陝西一帶，因連年旱蝗災害而引起的饑荒，崇禎又三次增稅，終於迫使疲弊貧窮的農民走向暴亂。一六四四年年初，當華北的冰雪融化之後，李自成稱國號為大順王朝，而他的部隊開始大舉進攻京師。崇禎因寇亂而茹蔬，可是周皇后眼看自己心愛的丈夫容體日瘁，還是經常給皇帝進饌添食。李自成在一六四四年四月十九日佔領昌平；包圍北京城時，因很多官兵已經投降，而且又有內應，所以僅花兩天的功夫就進入了京城。四月二十四日，崇禎悽愴地向周皇后說：「大事去矣！」皇后頓首回答說：我侍奉皇帝有十八年之久，皇帝從來不聽我的話，才有今天。說完，周皇后用她的纖手皓指撫摸著兩個愛子（太子朱慈烺與定王朱慈炯）。母子抱頭慟哭之後，崇禎把兒子交給太監衛士，命令周皇后自裁。皇后進入室內闔戶不久，宮人出來，哭泣地跪奏說：皇后已經領旨自縊崩薨了。

周皇后確定死後，崇禎又命令袁貴妃自殺，袁氏是錦衣衛正千戶袁佑的女兒。當崇禎大婚時，除了周皇后以外，還同時娶了田妃（居東宮）與袁妃（居西宮），雖然周皇后跟善妝攏的田貴妃有心結、合不來，但皇后跟袁貴妃總是如姊妹相處。當崇禎令袁貴妃自縊時，她已經淚溼羅衣，但因命大，樑上的繩環斷掉時，她還沒斷氣，之後，才又慢慢地甦醒。可是崇禎還是不放過她，一直用利劍砍殺袁妃以及所御的其他妃嬪。最後袁氏沒死，而且滿清入關後，新政府還交代所司配居宅給袁妃，並且贍養其終身。

明朝提倡儒家的道德教育，極注重名節，褒揚貞烈模範婦女。當此叛軍入宮倥傯之際，有一位叫魏氏的宮人，大呼喊叫：「我輩必遭賊污，有志者早為計。」於是有一兩百名宮女跟她一起跳進御河淹死。此外還有一位十五歲姓費的宮人，已經投井自盡，但被叛軍把她鉤拉出來，這些軍人看到她姿容兼具，都爭奪著要她為妻。這時候費氏說：我是皇帝的大女兒。此話一出，這些士兵就沒人敢強逼她，並且將她帶到李自成帳下。李自成命令太監審視之後，公開宣布費氏不是公主，於是李自成將她賞給部將羅讓。費氏跟羅讓將軍擇吉日成禮的當天晚上，費氏將羅將軍灌醉，然後從懷裡拿出一把利刃，連續數次割斷了羅讓的咽喉。看見羅讓死後，費氏自己詫異地說：哎，憑我一介弱女子，就可當巾幗，雖然不能殺李自成，但竟也可以殺死一位賊軍元帥，於是也用刀劍自刎而死。李自成聽了這消息，非常震驚，但命部下將費氏收葬。

明朝內宮制度原先設有六局二十四司，再加上掌戒令責罰的宮正司，總共大概是一百位左右有職位品秩的女官、女史來照應皇帝的諸多后妃、嬪淑。可是久而久之，六宮的女侍就不夠用，尤其是年輕皇帝要選嬪淑時，需要更多的人手。因是之故，在皇帝居住的乾清宮旁邊，就建造了一間給臨時雇用的所謂「青霞女子」雜居其間。青霞女子就是皇帝選嬪、擇淑的承侍者，後來這一座房子就稱為「青霞」。當李自成的軍隊湧進了皇宮大內之際，所有住在青霞無名無姓的婦女，全部跑到乾清宮西面的「青霞」屋室，然後闔戶自焚而死。

一六四四年四月二十三日當闖王的軍隊闖進彰義門並且佔領了內城時，崇禎皇帝登上萬歲山（一般稱為煤山）祈求祖宗神靈保佑並觀望烽火。兩天後（即四月二十五日），他命司禮太監王承恩，傳旨各部尚書以及五軍都督，火速到正陽門召開緊急御前大會，可是竟然連一個閣臣都沒來。這時候，皇宮砲火沖天，矢石相向，崇禎想從安定門逃走，但門卻打不開，因此又折回南宮，再登上煤山上的「壽皇亭」，然後自縊身亡。在崇禎的衣襟，看到明朝末代皇帝留下簡短的遺書：「朕涼德藐躬，上干天咎，然皆諸臣誤朕，朕死無面目見祖宗，自去冠冕，以髮覆面。任賊分裂，無傷百姓一人。」頃刻之後，李承恩也從難殉節，兩百七十六年大明的極權統治到此終於結束。

李自成進駐紫禁城時，曾俘獲崇禎的大兒子朱慈烺，並封他為宋王。不過，等到滿清部隊趕走李自成之後，朱慈烺就不知所終。在此極端混亂之際，崇禎皇帝以及周皇后的屍體被放置在兩具粗簡的棺材裡，在一六四四年五月八日，突然出現在皇城門外的一堆沙土中。這時候，有一朝廷的小官名叫趙一桂，向親友募集了三百四十個銅錢，將崇禎及周皇后的梓棺運到昌平。一六四四年五月九日，趙一桂挖開田貴妃的墓穴，將周皇后的棺材放置在左邊，把田貴妃的棺材移到墓穴的右邊，然後再將崇禎的梓棺端端正正地擺在他兩位妻子的中間。一六四四年六月八日，帶著清兵進入京師的多爾袞（一六一二—一六五〇）決定以帝王的禮儀改葬崇禎，下令臣民服喪三天，將新建的墓命名為「思陵」，並謚崇禎為莊烈愍皇帝。

皇帝的女兒、孫女、姊妹、媳婦與孫媳婦

明代的公主、郡主

皇明玉牒定制，皇帝的姑媽（姨媽不算）封為大長公主，皇帝的姊妹稱長公主，皇帝的女兒叫公主，以上全都授給金冊，並且享有俸祿每年兩千石米。皇帝的女婿叫駙馬都尉，親王的女兒叫做郡主，親王的兒子滿十歲以上者冊為郡王，而郡王的女兒叫縣主。皇帝的孫女兒叫郡君，曾孫女叫縣君，玄孫女叫鄉君，她們的夫婿都叫儀賓。其中郡主歲祿為八百石白米，可是公主未受封者，每年可領紵絲紗絹布線，已封者則每年可徵租一千五百石米和兩千貫鈔錢。如果是皇帝寵愛的女兒，皇帝還可以賜給她更多的禮物。以朱元璋第九位女兒壽春公主（生母不詳）為例，洪武又賜給她在吳江縣一百二十餘頃最肥沃的土地，每年可多收八千石的白米。

明朝的十六位皇帝中，除了孝宗弘治（朱祐樘）以外，幾乎清一色都是色胚子。不過從十四世紀到十七世紀之間，由於醫藥仍未十分發達，尤其沒有保護嬰兒各種小兒科疾病的預防針等等原因，不管是老百姓，甚至是帝王之家，總是要面臨嬰兒夭殤的問題。也基於這個理由，為了延續朱氏香火，永保鴻基，明朝的皇帝、親王大約在十五、六歲就開始有性行為，讓他們及早「播種」。不過因怕一兩位，甚至三、四位的妻妾都是「無肥的田園」（barren field），生不出菓子，於是便有了「廣嗣」的藉口，皇

帝在三位夫人之外，又可擁有九嬪、二十七世婦、八十一御妻，總共一百多位正式的妻妾，輪流陪他睡覺。除此以外，皇帝還可以隨「性」拈花惹草，跟任何他喜愛的宮女劈腿。在此情況之下，朱元璋的後代自然枝葉茂盛，璋瓦續弄，子子孫孫、女兒、孫女、玄孫女等等不可勝數。茲將其中幾位較活躍、較有趣的公主或郡主稍作介紹。

明朝的開國皇帝朱元璋總共有二十六個兒子和十四個女兒，其中第十四女含山公主是朝鮮妃子所生，大女兒臨安公主是成穆貴妃孫氏所生。孫貴妃是陳州人，元朝末年，兵荒馬亂之際，沒有父母的孫氏跟哥哥孫蕃，為避兵亂來到揚州。叛軍元帥馬世熊攻陷揚州城後，把孫氏收養為義女。孫氏十七歲時，為當時自稱為吳王的朱元璋所納娶；一三六八年朱元璋登基後，冊封孫氏為貴妃，地位在眾妃之上。可是孫氏在三十一歲病歿時，沒有兒子，只生下兩個女兒，即臨安公主（朱元璋最大的女兒）以及懷慶公主（朱元璋的第六女）。臨安公主在一三七七年，下嫁給明朝第一位丞相韓國公李善長的兒子李祺時，因為是朱元璋第一次嫁女兒，皇帝親自賜駙馬冠誥與朝服，而且禮儀盛大，排場講究。這位皇帝的長婿起初也獲得朝廷的重用，每當國家發生水災或旱災時，皇帝都委命他去賑濟。一三九〇年七月六日，七十六歲的李善長因貪污案自殺，並連累到七十多位家人親戚，只有李祺幸免於難，被放逐到江浦，不久也死亡，臨安公主本身則一直活到一四二一年才病歿。

孫貴妃的幼女懷慶公主下嫁給壽州人王寧。王寧能詩好佛，最喜愛豢養金絲雀、鸚鵡、白鶴之類的稀奇鳥禽。他掌管後軍都督府事時，曾洩漏朝廷機密給當燕王的朱棣，因此在靖難內戰期間被監禁在錦衣衛獄。等到朱棣登基為永樂皇帝之後，朱棣便冊封王寧為永春侯，並賜給他御用世券。

寧國長公主

洪武皇帝的元配馬皇后也幫明朝第一位皇帝生了兩個女兒，即寧國公主（朱元璋的第二女）與安慶公主（第四女）。寧國公主嫁給以精通經史、兵法而聞名的梅殷；在所有駙馬當中，洪武最喜愛、最信任天性恭謹而富有謀略的梅殷。由於這個緣故，洪武屢次委託梅殷，力扶幼主惠帝建文。在靖難內戰期間，梅殷是淮安的都尉總兵官，悉心防扼燕王。當燕王以進香為理由，要求梅殷讓他的軍隊通過淮安時，梅殷割下朱棣使者的耳朵和鼻子作為回覆。後來燕王取道揚州登基為永樂皇帝之後（一四〇二年七月三十日），梅殷還繼續沿著淮河，號令嚴明地指揮他的軍隊，拒絕接受新皇帝的敕令。永樂隨後迫他的妹妹寧國公主寫了一封以自己鮮血密封的信。看到信後，梅殷不能自持地慟哭起來，於是回到南京，入朝覲見新皇帝。永樂迎接他說：「駙馬勞苦。」梅殷則回應：「勞而無功矣！」

一四〇四年的冬天，左都御史陳瑛彈劾梅殷，指控他畜養亡命之徒，而且朋邪詛咒。因是之故，梅殷全家都被流放到遼東。一年之後，梅殷抵達京師，奉命到朝廷時，前軍都僉事譚深和錦衣衛指揮趙曦，把梅殷從南京的一座橋上（叫笪橋），推下溺水。可是梅殷的訃文說他是自殺。雖然永樂後來命有司判譚深與趙曦死罪，但當時才四十一歲的寧國公主已經傷感心碎。之後，永樂為了補償他親妹妹孀居的落寞，便封她為長公主，如此寧國長公主活到七十歲才病亡。

有一個需要治史者思考的問題是，皇帝的兒子可以多妻娶妾，那麼皇帝的女婿可不可以如法炮製呢？答案是，因人而異，也因情況而有所不同。洪武皇帝的第十一女南康公主嫁給東川侯胡海的兒子胡觀，可是胡觀在中年以後，強取民間女子，又娶娼妓為妾，因此被都御史陳瑛等彈劾，胡觀後來自縊而死。

朱元璋洪武皇帝最小的女兒是寶慶公主。寶慶公主的生母不詳，而且才三歲時，朱元璋就過世（一三九八年），因此，等到朱棣即位永樂（一四〇二年）之後，寶慶公主就由永樂的妻子徐皇后一手撫養長大。在靖難內戰的最後幾天，當燕王朱棣帶領的騎兵要進入南京城的金川門之際，當時守門的千戶趙輝才十九歲，長得狀貌偉俊，而且協助燕軍佔領都城。因是之故，朱棣當上皇帝之後，就把他的么妹寶慶公主（同父異母）許配給趙輝。寶慶公主長得窈窕清麗，或許因受到徐皇后的薰陶，她的性情異常純淑，而且生活儉樸。大禮的當晚，永樂夫婦特詔皇太子朱高熾親自送他的小姑媽入駙馬官邸。寶慶公主死於一四三四年，享年四十歲，可是她的丈夫趙輝卻活到八十九歲（死於一四七七年）。歷經六朝，掌管京師都督及宗人府事的趙輝，享有豪侈富貴六十餘年之外，還養有姬妾超過一百人。不過，在所有的明朝駙馬當中，趙輝是例外，而不是常態。

朱棣永樂皇帝總共有五個女兒，最大的永安公主下嫁給壽州人袁容。袁容在靖難內戰時立了戰功，因此在永樂登基後，馬上被封為享有歲祿一千五百石的廣平侯，負責皇帝巡幸用的所有車駕事宜。可是袁容對待比他位階低的同僚卻態度橫暴，要求甚苛。有一次一名叫欽台的都指揮，騎馬經過袁容門口，而沒下馬表示對袁容的尊敬，袁容竟然把這位都指揮箠打個半死。永樂帝聽了這個消息以後，非常不以為然，立刻命他的三子趙王朱高燧去告訴袁容說，自從明朝建國以來，從來沒規定往來駙馬門口的人，都得下馬。因此要求將械辱欽台的袁容僕人，押送到京師治罪。從此以後，袁容的行為自然變得比較收斂。不過等到永安公主死後（一四一七年），永樂皇帝卻決定停止袁容當侯爵的歲祿，以妻為貴的袁容因此鬱鬱寡歡地度過晚年。

永樂的次女永平公主也下嫁給靖難內戰立下大功的名將李讓。出生於舒城縣的李讓被封為富陽侯，一年食祿一千石，而且掌管北京行部（當時等於是永樂皇帝的陪都）。李讓死後，把侯爵的位置跟歲祿都傳給兒子李茂芳。不過因永平公主與李茂芳母子兩人，跟朱棣的次男漢王朱高煦走得太近（見上述「女中堯舜張皇后」一節），當朱棣的大兒子朱高熾繼承永樂為洪熙皇帝時，就以逆謀罪名，將李茂芳廢為庶人，並追回他父親李讓并三代誥券，將這些特權文書全部燒毀掉。這是西元一四二四年，也是李茂芳（等於是皇帝的外甥）逝世的那一年。至於永平公主（洪熙皇帝的妹妹）呢？她則是活到一四四五年才歸陰。

姊妹嫁兄弟

上文提到，永樂皇帝元配徐皇后所生的另外兩個女兒，即安成公主與咸寧公主，分別下嫁給一對兄弟宋琥與宋瑛。安成公主死於一四四四年，咸寧公主死於一四四一年；而宋瑛後來跟也先率領的蒙古軍隊在陽和激戰時（一四五三年），戰死於沙場。永樂皇帝的最小女兒常寧公主，下嫁給西平侯沐英（一三四五—一三九二）的兒子沐昕。常寧公主恭慎有禮，而且精通《孝經》與《女則》，可是只活了二十一個年頭（一四〇九年），就撒手西歸。

在位不到九個月的朱高熾洪熙皇帝生了七個女兒，頭四位公主——嘉興、慶都、清河、真定——都長大嫁人，但後頭三位公主——德安、延平、德慶——俱早殤。還有，活了三十六歲的朱瞻基宣德皇帝僅生了兩個女兒，大女兒順德公主在一四三八年下嫁昌黎人石璟，二女兒常德公主在一四四一年嫁給薛桓。常德公主以後還活了三十年歲月，但沒留下紀錄。她的姊夫石璟在一四六二年間，帥眾追殺叛軍，擒捉了曹欽叛黨的將領脫脫（應該是蒙古籍），因此受到朝廷的獎賞。

朱祁鎮英宗皇帝總共有八個女兒，大女兒重慶公主跟朱見深（後來登基為成化皇帝）都是周貴妃所生，一四六二年下嫁給安陽人周景為妻。這位朝廷的首席駙馬周景好學能書，深得英宗皇帝的寵愛，因此時常陪同皇帝閒燕遊幸。等到朱見深繼位之後，更是重用這位妹婿，命周景掌管宗人府事務。周景做官廉慎，除了寫詩讀書以外，別無其他嗜好。不僅如此，重慶公主又是一位很孝順節儉的媳婦，家裡用的大部分衣履都是她親手縫製的，而且每逢過年過節，她都會依照傳統禮俗拜謁家人起居。甚至連周景要進宮廷上早朝時，重慶公主一定親自照料她丈夫的飲食。明代這麼多公主之中，重慶公主算是最賢慧、最值得後世稱讚的一位。周景卒於一四九六年，四年後，重慶公主（當時五十三歲）也薨逝。她的兒子周賢當都指揮僉事期間，也是做得有聲有色。

英宗皇帝的第三女淳安公主在一四六六年下嫁給性情醇謹的蔡震。正德年間，惡名昭彰的太監劉瑾被捕下獄，接受調查起訴。可是在廷訊拷問時，劉瑾指著所有檢調他的官員宣稱，這些官員都是他的同路人，都曾經跟他一起貪污犯科，因此大部分的廷臣都不敢認真詰問他。這時候蔡震站出來厲聲地問劉瑾說：「我是皇家的至親，應不會附和你吧！」說罷，命獄卒拷掠劉瑾，劉瑾終於伏首服罪。蔡震跟淳安公主因此出名，成為社會上茶餘飯後的談話對象。

有趣的是，英宗另外六個女兒的生母都不一樣：二女兒嘉善公主的生母是王惠妃，四女兒崇德公主是楊安妃所生，五女兒廣德公主的母親是萬辰妃，六女兒宜興公主的生母是魏德妃，七女兒隆慶公主的母親是高淑妃，而第八個（也是最小）的嘉祥公主是劉氏所生。這六位公主後來都能長大成人，也都適嫁人家後才一一過世。

跟朱祁鎮同父異母的朱祁鈺在土木堡之變後登基為景帝，他唯一的女兒固安公主，在朱祁鎮復辟之後，被降一級，稱為郡主。固安郡主長大以後，在一四七〇年嫁給王憲時，朝廷還是沿用公主的禮儀來辦她的喜事。

從小就患有口吃的朱見深成化皇帝生了五個女兒，大女兒仁和公主在一四九〇年下嫁給齊世美，五十五年後（一五四五年）才身亡；三女兒德清公主在選婚的過程中，發生了一些波折。先是在一四九六年間，朱祐樘（孝宗弘治皇帝）命內官監太監李廣替他的妹妹德清公主物色一位駙馬。這時有一位品行不好，但非常有錢的人叫做袁相，以重金賄賂太監李廣，因而擇定婚期，要迎娶德清公主。可是這樁婚事公開之後，竟馬上有位科道官揭發袁相的不良行為。弘治皇帝聽到消息之後，下旨斥責袁相，也詰責太監李廣，要他為選婚不謹慎負刑罪。第二年（一四九七），德清公主嫁給南京籍的林岳，可是命運不好，竟自己孀居了三十一年之久才薨歿。成化皇帝的四女長泰公主，五女仙遊公主都沒適人，不過死後都有追冊。成化皇帝的第二個女兒永康公主在一四九四年下嫁給代州人崔元。崔元因為迎立朱見深的孫子朱厚熜入繼為嘉靖皇帝立功，而被封為京山侯，而且還獲得了皇帝的誥券。雖然當時有不少朝臣反對崔元這樣迅速、又沒有其他功勞，就能獲得爵位；但崔元好交文士，登龍有術，又懂得如何包裝自己、廣播聲譽，因此得到嘉靖皇帝的優渥寵幸，甚至連勳臣都望塵莫及。崔元死於一五五〇年（這時永康公主已經過世了好幾年），皇帝還贈他為左柱國太傅兼太子太傅，謚榮恭。不過，駙馬沒有軍功而能封侯贈官者，是從元朝開始便有的慣例。

朱祐樘弘治皇帝生了三個女兒，大女兒太康公主沒嫁人，死於一四九九年，三女兒永淳公主下嫁謝詔，除此之外，沒有其他的資料。弘治皇帝的二女兒永福公主在嘉靖二年（一五二四）下嫁崑山籍人鄔景和。鄔景和當駙馬的時候被派到西苑工作。有一次皇帝要他撰寫玄文（道教之類的文章），不過鄔景和卻以不諳玄理推辭，致使信道教入迷的嘉靖皇帝很不高興。後來在清馥殿舉行祝釐禮時，鄔景和竟等不到禮畢時，就自己先行溜走，但是後來又跟諸臣一齊領取賞賚。這件「無功受賞」的事發生時，永福公主已經不在人世，可是皇帝在知道此事後，便生氣地把鄔景和削職，命他回歸南方原籍。大半輩子都在北方生活的鄔景和終究無法適應南方溼熱的天氣，因此在一五五七年趁進京祝賀嘉靖生日典禮完畢後，向皇帝請求，希望嘉靖將他寄籍在他五代祖先服務的錦衣衛。嘉靖可能因憐憫他的處境，於是答應所求。鄔景和在一五六九年復官，死後贈少保並諡榮簡。至於嘉靖自己的五位女兒呢？大女兒常安公主沒嫁人，二女兒思柔公主十一歲就去世，三女兒寧安公主在一五五六年下嫁李和，四女兒歸善公主也早死，第五女嘉善公主在一五五八年嫁給許從誠為妻，但八年以後（即一五六五年）就病薨。換言之，嘉靖皇帝的五個女兒跟他的八個兒子一樣（除第三子朱載垕與第四子朱載圳例外），都很短命。或因是之故，明朝的官方或坊間很少有她們的記載。

朱載垕隆慶皇帝也生了六個女兒，大女兒蓬萊公主和二女兒太和公主也都是在很小的時候就夭殤。隆慶皇帝的三女壽陽公主在一五八二年下嫁侯拱辰為妻。前文「給萬曆寵壞的鄭貴妃」篇中，提到萬曆心裡一直想冊立次子朱常洵（寵妃鄭氏所生）為皇位繼承人。這時候，侯拱辰主掌管理所有皇族人事的宗人府，會同內閣大學士申時行、沈一貫等朝廷大臣，具疏力爭，反對萬曆的想法。所謂的「爭國本」議論在萬曆同意冊立長子朱常洛為東宮太子（一六〇一年十一月九日）後，才平息無事。一直跟朝廷「主流派」站在一起的侯拱辰，卒後被贈為太傅並諡榮康。

可憐的永寧公主

隆慶皇帝的四女被冊立為永寧公主，她的婚事是由她同父異母的哥哥萬曆皇帝作主。一五八三年，萬曆選上京師富家人梁邦瑞當駙馬。雖然梁邦瑞身體瘦弱，經常生病，很多宮人都替永寧公主擔心，不過因為萬曆寵信的太監馮保，已經收取了梁家數萬銀兩的賄金，又加上首揆張居正的極力推薦，就連萬曆母親慈聖李太后也為之所惑，最後還是答應了這件婚事。果然，在合巹時，新郎官梁邦瑞鼻血雙下，沾溼袍袂，差點無法完成婚禮儀式。可笑的是，司禮監的大小宦官還說這是掛紅吉兆。幾個月之後，駙馬梁邦瑞就歸陰。可憐的永寧公主嫠居數年，病歿於一六〇八年，而且一生竟不識人間的房幃樂趣！

隆慶的五女瑞安公主跟萬曆皇帝是親兄妹，都是出身於漷縣的「李貴妃」（就是後來的「慈聖」李皇后，見前篇）所生的。瑞安公主在一五八六年下嫁萬煒，在崇禎當皇帝時，累加到「大長公主」的尊崇位階。她自己的兒子萬長祚以及庶子萬弘祚都當了都督。她的駙馬丈夫萬煒官升到太傅，主管宗人府印，而且每逢皇帝有經筵時，都以親臣身分參與。除此以外，當皇帝在文華殿進講經典時，萬煒必定都佩刀站在皇帝身旁。萬煒年紀七十多歲時，恰好李建泰將軍要率軍西征，皇帝還派他以太牢告廟，祈求上蒼祖先保佑西征勝利。後來大明江山變色，在戰亂中，萬煒跟他的長子萬長祚死在叛軍手中，萬弘祚跟他的妻子李氏都投水、投井自殺身亡。

隆慶皇帝最小的女兒延慶公主在一五八八年下嫁給王昺。王昺因想辦法營救犯了罪的御史劉光復，觸怒萬曆皇帝，於是被削職，丟掉了駙馬的烏紗帽。後來朱常洛登基為光宗泰昌帝時（一六二〇年八月）才又恢復他的官位。

朱翊鈞神宗萬曆皇帝總共生了十個女兒，但其中八位公主——靜樂、雲和、雲夢、靈丘、仙居、泰順、香山、天台——都早死。萬曆的大女兒榮昌公主在一五九七年嫁給楊春元為妻，二十年之後楊春元歸陰，但公主還寡居了相當長的一段時間才去世。萬曆皇帝最疼愛的二女兒壽寧公主出自於寵妃鄭氏，在一六〇〇年下嫁冉興讓，她享有皇上的恩澤高出其他公主好幾倍。一六四四年二月當李自成軍隊佔領洛陽城時，殺掉了壽寧公主的親哥哥福王朱常洵。這時崇禎皇帝命冉興讓陪同太監王裕民、給事中葉高標到河北去慰問福王的兒子，但後來這些人全都死於亂軍之中。

蹇運的公主

朱常洛泰昌皇帝生了八個女兒，但僅有三個長大嫁人，其中第五女寧德公主（傳懿妃所生）嫁給駙馬劉有福，第六女遂平公主（生母不詳）嫁給駙馬齊贊元。另外還值得介紹一下的是第八女樂安公主（為康妃李娘娘所生）。樂安公主嫁給宛平人鞏永固為妻，鞏永固喜歡讀書，又富有才氣。一六四四年初春，崇禎皇帝召喚公、侯、伯大臣到德政殿，詢問勳臣駙馬諸臣，有沒有子弟要入監讀書，並學習武經弓馬之術。當時諸大臣都說他們的子弟年紀太輕，不是入學年齡，唯獨鞏永固挺身出來，說自己要到太學讀書。

事後不久，宣府、大同相繼陷落。在這緊急時候，崇禎密召鞏永固及新樂侯劉文炳保護東宮太子南行。鞏永固叩頭說，他無兵馬，又沒藏甲，實在難赤手空拳去跟賊軍搏鬥；講話時，大家面面噓嘆掉淚。一六四四年三月二十日北京城陷落時，樂安公主已經自盡身亡，但是還沒有收埋。這時鞏永固用一條粗大的黃繩子把他的五個子女綁縛起來，緊緊地繫在樂安公主的棺柩上，然後對已死的夫人說：「這些都是皇帝的外甥、外甥女，不可讓賊手沾汙。」說完之後，把屋子點火，燒死他的子女，然後舉劍自刎。至於崇禎皇帝自己的六個女兒，上篇「末代皇后周氏的悲劇」中已經交代，因此不再贅述。

朱元璋立國家法甚嚴，因此嫁出去的女兒，或者是宮中后妃，都不敢干預政事，外戚也都得循理謹度，不敢恃寵放縱病民。偶爾有少數怙恩負乖的皇親國戚，也不過是在土地、宅居、畜生、娛樂等方面佔一點便宜而已，絕對沒有想掌控軍權，或結黨營私的舉動——如憲宗成化朝萬皇妃的哥哥萬通，以及孝宗弘治朝張皇后的弟弟張延齡與張鶴齡。與漢、唐、宋、元各朝相比，明代的外戚母族可說是最為孱弱。其中有幾位在宮中熬了很久，後來守寡當上皇太后者，也都兢兢業業地嚴守紀綱，深怕被在廷朝臣彈劾，嫁禍娘家。相反地，在明朝崩亡的日子，很多外戚也魚池遭殃，受到連累。最顯著的例子是崇禎皇帝的生母孝純皇太后的娘家，在一六四四年四月，只因跟皇室有裙帶關係，竟闔門死了四十二人之多。

孝純皇太后原本是宛平縣劉應元的女兒，入宮當朱常洛（光宗泰昌帝）的妃子時，生下了朱由檢（崇禎皇帝）。劉應元有個弟弟叫劉繼祖，他的三個兒子分別命名為劉文炳、劉文燿、劉文照。當李自成的農民軍包圍北京時，劉繼祖正守著皇城東安門，劉文燿守永定門，劉文炳馳援崇文門。北京城淪陷當天，劉文照正陪著母親徐氏吃飯。聽到淪陷這個消息，徐母立刻爬到樓上，劉文照和他的兩個女兒緊跟著上樓，劉文炳的妻子王氏隨後也登樓。大家一起朝著孝純皇太后遺像哭拜一番，除了劉文照之外，四個女人都自縊而死。等到劉文炳回到府第時，家中所有的樓房都在焚燒，劉文炳於是投井自殺。隨後劉皇太后的叔叔劉繼祖回家，也投井歸陰，劉繼祖的元配夫人左氏、妾董氏及李氏，都跳入火焰中活活地燒死。劉文燿剛剛從渾河趕回家，在井旁寫了「左都督劉文燿同兄劉文炳畢命報國處」幾個字，然後也躍入深井淹死。這種信誓效死的一連串歷史悲劇，反映出崇禎的另一句辛酸話，他說：「朕不能守社稷，朕能死社稷。」

親王的妻妾、女眷

明朝十六位皇帝，再加上朱允炆建文帝，總共生了九十四個兒子和九十一個女兒，其中泰半都早殤夭折。皇帝的女兒多冊封為公主，頂多晉升到皇姑大長公主，雖然俱授金冊，但歲祿只有兩千石。反過來看，皇帝的兒子都封為親王，授金冊金寶，歲祿萬石，還擁有自己的府邸屬官，而且有保護他的衛甲士兵，少者三千，多者上萬。除了天子以外，公侯大臣看到親王時，一定要伏地拜謁，沒人敢失禮。當公主嫁人之後，她的生活規範就由駙馬主導，她的經濟環境與家庭地位就受到傳統社會的種種束縛。當然夫妻資源均依賴跟皇室的關係，不過公主在家庭、或在社會的權力，比起她的哥哥或弟弟，就遠遠不如，而且慢慢地消失。不僅如此，如果公主的夫婿死亡之後，身為皇帝的女兒或者是姑媽，只能孀居守寡，而無法再嫁。反之，親王全都擁有多位妻妾，替宗姓繁衍。這種以男性為中心的社會，使得有能力、有才華的公主、郡主毫無展現的機會。她們之所以能被史官記下一筆，完全是因她們的夫婿或者是兒子有所作為、或有行義事實可採者，或者做出大逆不道的事。通常公主夫家的家譜，一代或兩代之後，就乏人問津。

可是生為皇帝兒子的「親王」則可傳到第六代。依照皇明體制，親王的嫡系兒子（嫡子是正妻所生的兒子，庶子是妾所生的兒子），年及十歲時，皇帝會授給他金冊金寶，並立為王世子。親王的嫡孫則立為世孫，冠服視二品，親王的支系兒子封為郡王，郡王的嫡系兒子也立為世孫。郡王的其他兒子則授鎮國將軍，孫子授輔國將軍，曾孫授奉國將軍，第四世孫授鎮國中尉，第五世孫授輔國中尉，第六世孫以下皆授奉國中尉。郡王的年俸是兩千石米，鎮國將軍一千石，以至於第七世以後的庶人都可領到一百石。所有這些父系生下來的兒子都由皇帝命名，長大要結婚時，要請皇帝批准，連喪葬的費用也全由國家負擔。可是母系生下的兒子，卻得不到皇帝那麼樣的親親篤誼呢！

朱元璋為了穩定封建秩序的繼承關係，以及確保朱氏家族權力的綿延和發展，訂定了嫡長子繼承制度。《大明律》規定：「凡立嫡子違法者，杖八十。其嫡妻年五十以上無子者，得立庶長子，不立長子者，罪亦同……，其乞養異姓義子以亂宗族者，杖六十。若以子與異姓人為嗣者，罪同，其子歸宗。」

嘉靖八年（一五三〇），皇明宗室記載屬籍者有八千兩百零三人，其中親王有三十位、郡王兩百零三位、世子有五位、長世孫四十一位、鎮國將軍四百三十八位、輔國將軍一千零七十位、奉國將軍一千一百三十七位、鎮國中尉三百二十七位、輔國中尉一百零八位、奉國中尉兩百八十位、未名封者四千三百位，以及庶人兩百零七位。三十六年之後（即一五六六年），御史林潤等奏稱，天潢之派的男性皇族，已經超過三萬多人。

歷經兩百七十多年的大明王朝，朱元璋所傳的男系宗姓成千上萬，賢愚雜出。這些朱姓親王、郡王、將軍、中尉所納娶的妻妾，以及他們利用各種特權與手段獲得的女人，又是無以數計。還有朱姓皇族自己繁衍的女兒、孫女、玄孫女等等，真是不勝枚舉！甚至連朱元璋自己的侄子、侄孫（侄兒的兒子）的妻子皆以王妃配食。

明朝皇帝的媳婦與孫媳婦（親王與親王世子的妻妾），大都是容華玉貌，知書達禮的閨秀淑女，但其中賢愚雜出，貞婦、悍婦、妒婦、愛濃妝打扮的、喜好信奉佛教的、信奉天主教的等等，各色各樣的王妃都有。朱元璋洪武帝的二子朱樉就藩於西安當秦王，元配夫人是元朝河南王擴廓帖木兒（原名王保保）的親妹妹。這位蒙古公主在一三六八年四月間被明軍俘虜，大概出於無奈，決定「去夷就華」，何況朱元璋稱讚她的哥哥為蒙古的「奇男子」。秦王朱樉在一三七一年十月十五日跟擴廓帖木兒的妹妹正式舉行大禮，並冊封她為王妃。之後，又納娶朱元璋部將寧河王鄧愈的女兒為「次妃」。朱樉病死於一三九六年的春天，不久，他的蒙古王妃也跟著殉節。

朱元璋的三子朱棡就藩於太原當晉王。晉王的兒子朱濟熺因為密結朱高煦謀叛不軌而被告發，晉國因此絕封共八年之久，一直等到一四三六年三月，正統皇帝才又進封朱棡的嫡孫為晉王。往後好幾代，晉王的繼位人要不是早死，就是沒有兒子。但其中有一個庶出的曾孫名叫朱奇湞（封為端順王），卻生了七十個兒子。端順王的弟弟朱奇添依照皇明玉牒族譜的規則，只能當輔國將軍。這位輔國將軍早死，但他的夫人王氏卻孀居守節侍奉婆婆六十多年之久。當時嘉靖皇帝還誥頒「節孝旌」給這位王氏寡婦。

朱新堞的妻妾

朱新堞是晉王朱棡的第七世孫，家住汾州，一六四二年被派到外地（邑名中部）。當李自成的軍隊快要進入朱新堞的管區時，他命令所有的父老盡速逃離，而他自己則發誓要死守駐地。他的妻子盧氏、妾薛氏與馮氏都請求先死。朱新堞背著一個才幾歲大的女兒，幫自己的妻妾自經之後，又幫這小女兒自縊，他的部下看到這種情景均痛哭落淚。強求自己鎮定的朱新堞於是寫了一封信給朝廷，印封之後，命人立刻馳送京師。最後朱新堞帶著烏紗官帽，面向北京宮闕叩拜，然後又望著母親的遺像鞠躬完畢，才自縊身亡。據載，地方上的士民把朱新堞的屍體埋葬在一個社壇，並在社壇的旁側為他的妻女豎立一座小祔祠。

朱元璋的第五子朱橚就藩於北宋首都開封為周王。朱橚好學並能作詞賦，除了作有《元宮詞》之外，還到處進行田野調查，鑑定了四百多種可食用的植物，並加以描繪說明，書名為《救荒本草》。朱橚的兒子朱有燉也是博學善書，可是在一四四〇年過世時，卻沒有留下任何子嗣（第十章另篇敘述）。朱有燉在世時，常常叮囑，他百年之後，家人務必要從簡儉約，以省民力，所以要求他的王妃夫人以下，都不必要從死殉節。而且還交代，如果妃妾尚年輕，並父母都還健在者，要遣送她們回歸老家。不過，朱有燉的未亡人並沒有遵照他的遺言行事，上自元配鞏王妃，下至夫人施氏、歐氏、陳氏、張氏、韓氏以及李氏，通通自殺殉死。正統皇帝後來詔諡鞏妃「貞烈」，諡六夫人為「貞順」，明人的禮教真是吃人殘酷呢！

朱元璋的第八子朱梓就藩於長沙為潭王。朱梓英敏好學，又很會寫文章，嘗召王府的儒臣設醴賦詩，親自品評高下，然後賞給他們獎金。他的元配王妃是都督於顯（於是姓，顯是名）的女兒。於王妃的兄弟於琥當寧夏指揮時，因涉及一三九一年的胡惟庸案，他本人及他父親於顯都連帶坐誅。當女婿的潭王朱梓自此恐懼不安，竟然跟王妃一齊自焚身亡，他死時還沒有子嗣。朱元璋的第十子朱檀就藩於兗州為魯王，好文禮士，可是卻相信方士煉丹，因此才十九歲時（一三九〇年）就因吃金石藥，中毒傷了眼睛，不久後便薨歿。這時他的兒子朱肇煇才彌月，全靠未亡人湯王妃來撫育教誨。湯氏（現突然升等為母妃）是明朝開國勳臣信國公湯和的女兒，因教導兒子有方，在一四〇二年初春終於當了祖母。朱棣登基為永樂皇帝後，特別眷顧這一家人。朱肇煇的後世子孫，有淫暴作惡者，也有慈善濟貧者，有短命的，也有幾位活到七十幾歲的，還有一位名叫朱以海（一六一八—一六六二）的，在清兵入關之後，逃遁入海，跑到金門居住，打算跟鄭成功合作，後來死在金門。

朱元璋第十一子朱椿在一三九一年就藩於成都當蜀王。朱椿生性孝友慈祥，容止文雅，博綜典籍，有「蜀秀才」之稱。白朱椿以下四世七王，歷經兩百五十年，蜀王府的宗主大致都能夠檢飭守禮法，而且好學能文，開創義學，建修水利，以及賑災恤荒。崇禎末年，當北京陷入闖王李自成手中時，四川的局勢還可以維持。不過等到張獻忠的農民軍攻陷成都之後，末代蜀王朱至澍率領所有妃妾投井自盡，宗室的族人泰半都被殺害。

朱元璋的第十三子朱桂在一三九三年就藩於大同當代王。朱桂性情暴躁，娶的王妃是中山武寧王徐達的次女，也就是永樂皇帝元配徐皇后的妹妹。可是兩姊妹性格與為人都不一樣，桂王妃不但驕恣，而且善妒。當時桂王有兩個媚人的侍女，徐氏看到桂王跟侍女親熱時，常常醋意大發，有一次竟然在兩個侍女身上噴灑油漆，將她們打扮成癩婦的模樣。桂王因為懼怕徐氏的姊姊是皇后，也不敢過度責備徐氏，於是便遷怒到大兒子朱遜煓身上，命他兒子遷到外舍居住。朱桂年老時，依然時常穿窄衣戴禿帽，在街頭四處遊蕩，甚至用錘斧隨意傷人。雖然大同的藩地狹小，而且靠近內蒙古，可是代王這一宗室卻繁衍不斷，從嘉靖當皇帝以後，受封郡王的有二十三人，而外徙到別地方受封為王者有十位。有一位叫朱聰潙者活到八十二歲，還有一位生長在陵川的「縣君」女子，嫁給裴禹卿不久，裴禹卿便死在地震城崩之中。這位朱桂的後代縣君當時才二十歲，竟然用自己的頭去碰觸棺梓，然後嘔血卒亡。一六四四年初，李自成以西安為首都，稱國號為「大順」，在春天攻進大同，把末代代王朱傳㸄全家殺害。

朱元璋的第十七子朱權寧王，原本就藩於喜峰口之外的大寧地區，靖難內戰初期歸附燕王朱棣麾下，他的妃妾世子都隨著遷回北平（後改名北京）。朱棣登基後，改封朱權到南昌就藩。朱權的曾孫（第四世繼承人）朱覲鈞在一四九二年死亡，於是他的第五世玄孫朱宸濠嗣位為寧王。據《明史》記載，朱宸濠的母親本來是娼妓（這可能是故意汙蔑的宣傳），生朱宸濠時，他的祖父朱奠培夢見大毒蛇要把他的王府吃掉。第二天醒來時，又聽到鴟鴞哀鳴不止，因此打從朱宸濠出生之後，南昌的寧王府上上下下都不喜歡朱宸濠母子。

撰修《明史》的大學士接著寫道：朱宸濠長大之後，舉止輕佻，沒有威儀，而且最喜歡撰寫自吹自擂、膨脹自己的文章。總之，在一五一九年的六月，寧王朱宸濠聽到南昌城東南有天子氣，於是決定起義造反，來取代昏淫無道的正德皇帝朱厚照。不管朱宸濠是否早就與太監劉瑾等人有了勾結，他在一五一九年七月二十九日率領著十萬大軍，重重地包圍了安慶，企圖在下一步佔領南京。可是以僉都御史的官位，巡撫南贛的王守仁（王陽明，一四七二—一五二九）乘著南昌空虛的時候，領了八萬民兵在八月十四日攻陷了南昌。六天之後，智勇雙全的王守仁以火攻大敗朱宸濠，並將寧王擒拿械繫，送給在南京等待的正德皇帝。朱宸濠的所有妃嬪都跳水淹死，他的三萬多將士，有的被燒死，有的溺死，有的被政府軍隊殺死。寧王朱宸濠的世子、郡王、儀賓、家族，以及其他的顧問軍師、餘黨全部遇害。

朱宸濠的王妃婁氏

正德皇帝循著運河，押著戰俘回鑾，到通州時，突然下令將朱宸濠誅殺。《明史》又寫道，寧王當初想謀逆時，他的王妃婁氏曾經諫阻他不可造反。等事敗之後，婁氏怨嘆說：商朝紂王因聽信婦人妲己的話而敗亡，現在我們寧王卻因不聽婦人的話而敗亡，真是後悔也來不及了！筆者按：西元前一〇五〇年左右，周武王從西安附近的都城開始東征，在洛陽附近的孟津渡河點渡過黃河，進逼殷商的首都。這時商朝紂王發動大軍防堵，兩軍會戰於牧野（今河南省淇縣），紂王大敗自殺，殷商因此滅亡。從此以後，中國的男性史家皆把美貌又有權勢的女人比喻為妲己，把她們看成「禍水」，不僅一笑可傾城，再笑更可傾國。

朱元璋第二十子朱松於一三九二年就藩於開原當韓王。朱松生性英敏，博通古今，行為恭謹檢點，他的世子朱沖㦱繼承王位之後，在一四二四年，把韓王的藩邑改遷到陝西邊境的平涼。這支宗室雖然居住在土瘠祿薄、間諜充斥，而且常遭蒙古軍隊侵擾的地方，可是在韓王宗室兩百多人的後世當中，卻出了幾位賢母孝子，其中之一是襄陵王朱沖烌。朱沖烌的母親病倒時，朱沖烌割下自己的股肉，和藥石一齊蒸煮給母親食用，等母親死後，他常親自率領子孫掃墓培塚。他的兒子朱範址深受教誨，對自己的母親荊氏（朱沖烌的王妃）也是克盡孝道。荊氏罹患重病時，朱範址如法炮製學他的父親，割下自己的股肉煮給媽媽吃。最後，荊氏果然病癒，恢復了健康。此後，這支王室家族五代同居，門內雍肅。一五三三年間，嘉靖皇帝派使節賚賞羊酒文幣給襄陵王全家。朱沖烌的孫子朱徵鐵小時跟一位姓杜的閨秀訂了婚約，但未結婚之前，朱徵鐵卻先病卒。但是這位杜氏女子依舊決定于歸到襄陵王家，一生活活守寡到死。杜氏的情操厲志，又受到了朝廷的詔賜旌表。

朱石虹一家三烈

受到嘉靖皇帝褒揚的宗室閨懿還包括朱石虹的兩個女兒朱瓊秀和朱瑤芳。朱石虹（出於豫章宗室）任職廉州府同知時，有一次賊兵攻圍城下，他措手不備，暫時逃匿離家。可是來不及逃跑的女兒瓊秀與瑤芳，卻跟朱石虹侄兒的妻子廖氏一起投井自殺。嘉靖後來獲悉這則消息，下旨在井上豎立一座表坊，而且賜匾額稱：「一時三烈」。當時禮部官員曹嚴煒寫了下面的詩句來記載此事：「壯士衝冠歌易水，美人坐井傲西山。」

朱元璋的第二十三子朱桱在一三九二年冊封為唐王，於一四〇六年就藩於南陽。朱桱的孫子朱芝址生性好學又有好名譽，在一四七六年，繼嗣唐王。可是朱芝址同父異母的弟弟（係繼母焦氏所生）朱芝垠，卻奢侈愛花錢，養成寅吃卯糧的壞習性。焦氏溺愛自己的親生兒子，遇到節日慶典時，縱容她的兒子召倡樂婦到王宮裡大唱大舞。有一次唐王朱芝址詰問他弟弟時，語氣不遜，竟然引起焦氏的憤怒。繼妃（也是繼母）焦氏拿了鐵鎚亂擊宮門，嚇得朱芝址閉門不敢出來。以後朱芝垠還跟母舅焦璟誣告唐王，說朱芝址不守孝道，時常詈罵繼母，可是經過宗人府的調查驗證之後，發現焦氏的告狀與事實不符，最後朱芝垠因此被革除了爵位。

唐王朱桱的這一支宗室最後傳到身材高大、聲音宏亮的朱聿鍵（一六〇二—一六四六），而且也跟鄭芝龍、鄭成功父子掛上歷史的鉤節。一六三七年秋天，因清兵軍聲勢浩大，朱聿鍵倡議在南陽增兵勤王，但崇禎皇帝不准，而且下詔切責。兩年半之後，崇禎皇帝在煤山自縊，一聽到崇禎崩薨的消息，福王朱由崧首先在南京登基，隨即赦釋唐王朱聿鍵。一六四五年夏天，南京城陷，福王政權終結時，朱聿鍵逃到杭州，遇見鎮江總兵官鄭鴻逵（死於一六五七年），因而來到福建，被南安伯鄭芝龍等人擁立當監國，在福州（改為天興府）登基，國號隆武。朱聿鍵雖然同意為朱氏王朝做最後的政治掙扎，不過他本人嗜愛文學，也稍通典故，實際上的權力都掌握在鄭氏一家人手中，包括鄭芝豹、鄭彩等。以海盜、走私與海外貿易出身的鄭芝龍在兵與餉方面都是自己決定作主，不受隆武皇帝節制。後來又加上魯王朱以海也在紹興建立政權，在朱氏後人自己的內鬨下，鄭芝龍決定撤兵回安平鎮。因此等清兵追殺到汀州時，所有隆武的從官很快就奔散，他的皇妃曾氏以及其他宮女都被俘虜。朱聿鍵最後死於福州，曾妃被執到九瀧時投水自盡。

朱元璋的第二十四子朱棟在一三九二年被冊封為郢王，娶武英侯郭英的女兒為王妃，而於一四〇八年就藩於安陸（湖北省）。朱棟在一四一四年過世時，沒有兒子，幾個月之後，郢王府就被撤藩。這時郭氏也失去了王妃的頭銜，因此慟哭說，未亡人沒有兒子，將來要恃靠誰呢？隨後郭氏照著鏡子，素描繪畫自己的臉相，然後吩咐宮人，要宮人把這些畫像交給她的四個女兒。吩咐完畢，把後事交代清楚之後，自己便上吊身亡。她的四個女兒當中，有一個夭折，另外三個女兒，依照皇明玉牒，冊為光化、穀城、南璋郡主，歲祿各八百石。

依照明朝體制，所有郡王的女兒都可向朝廷申請歲祿當縣主。可是偶爾也有少數王府後人甘願布衣蔬食，不想依賴社稷的眷養，譬如朱高熾洪熙皇帝第六子朱瞻堈的後代一家人。朱瞻堈於一四二四年冊封為荊王，一四三〇年就藩於建昌，後來因宮中有巨蛇，又遷到蘄州。荊王有個後代叫朱載塄，做人特別折節恭謹，又會寫一手好文章，著有《大隱山人集》一書。他生的四個女兒都不曾申請皇帝冊封，而且都嫁給善工詩文的讀書人。連同兒子朱翊鋋、朱翊壓、朱翊鑋，朱載塄的兒女與女婿時常共同在他們家的「花萼社」樓房中，一同吟詩作文。除了朱載塄的女兒之外，明代宗室閨秀之中，以美德兼才華著稱者，還有安福郡主。安福郡主是寧靖王朱奠培的長女，下嫁給孫景文，善工草書，又能作詩，著有《桂華傳》一書。

萬曆皇帝的弟媳婦

朱載垕穆宗隆慶皇帝的第三子朱翊鈞（萬曆皇帝）和第四子朱翊鏐都是一李姓的宮嬪（即「慈聖」李太后）所生。朱翊鏐三歲時就被冊封為潞王，二十一歲時（一五九〇年）就藩衛輝（湖北省），除了擁有王店、王莊、鹽地、湖陂之外，還繼承了他叔父景王載圳在湖北的四萬頃土地。（筆者按：朱載垕同父異母的弟弟朱載圳死時沒有兒子，因此被除封撤藩，他所有的王妃妻妾全部返回北京居住。）朱翊鏐算是位性情勤飭的親王，經常把藩邑的歲收自動送到朝廷，可是朱翊鏐卻因過度悲痛生母李皇太后的去世（死於一六一四年），以致廢寢忘食，損害自己的健康，不久後也薨歿。朱翊鏐死時，他的世子朱常淓還年幼，因此藩府的大小事情都歸常淓的母親（現稱太妃，也可稱母妃）李氏來主導管轄。

萬曆皇帝對他弟媳婦的奏摺也一視同仁，完全依照宗人府的規定處理。之後，有朝廷部臣埋怨說，李氏王太妃所奏關於軍校月糧的發給，義和店（王店）的預防人家侵奪，都是正當有道理的。可是李氏王太妃卻又要求朝廷預先給潞王府發放歲祿，而且還請求更設藩王的田莊。部臣認為此例不可開，否則將來需索無度，把整個湖北的稅收都給王府也不夠。可是萬曆皇帝竟然不採納部臣的意見，一切依弟媳婦所奏准旨。一六一九年朱常淓長大成年後，正式嗣繼父親的潞王封位。當闖王的軍隊在陝西、山西、河北等地騷擾期間，朱常淓告急，每年捐出萬金資助崇禎皇帝的軍餉。後來盜賊蠭擁進入他的藩地，去挖掘他母親李太妃的塚墳，把所有陪葬的貴重器物洗劫一空。在河山變色，改朝換代的艱難期間，潞王朱常淓流寓於杭州，在一六四五年夏天投降於滿清政府。

上篇「給萬曆寵壞的鄭貴妃」中，提到萬曆遣稅吏、礦使到全中國各地搜括億萬的明珠、異寶、文毳、錦綺，堆積如山，但大多數都贈送給他的第四子福王朱常洵（就藩於洛陽，為寵妃鄭氏所生）。在崇禎（等於是朱常洵的侄兒）當皇帝期間，朱常洵整天閉閣飲醇酒，跟俳優伎妾作樂。當時陝西、河南有大旱災和大蝗害，民間藉藉，朝廷耗盡庫銀，可是洛陽卻存銀百萬，比北京的大內還要有錢。一六四一年李自成的軍隊猛攻洛陽，朱常洵出千金招募勇士，可是總兵官王紹禹卻燒福王城牆，然後開北門讓闖王的軍隊進入洛陽城。一六四一年二月朱常洵藏匿在迎恩寺，可是還是被叛軍捉到殺死。朱常洵的王妃鄒氏及世子朱由崧在驚慌中，逃到河南的懷慶。李自成於是放火燒了福王的王宮，大火連續燒了三天不滅。

一六四三年的秋天朱由崧襲封為福王，崇禎親自選擇皇宮中的一條寶玉帶送給他的堂兄弟。京師失守後，朱由崧和他的妃妾避難於淮安，一六四四年六月七日由鳳陽總督馬士英等迎立朱由崧到南京，六月十九日當監國，稱號弘光。在短短的幾個月內，南京的臨時政權有史可法、左良玉等名將督師防衛，在江南各處進行頑強的抗清戰爭。可是朱由崧為人闇弱，沉溺於酒色聲伎，有一婦人童氏，自稱是朱由崧的妃子，被馬士英下獄。多鐸（一六一四—一六四九）揮指的清兵在一六四五年五月二十日進入揚州，在一六四五年六月八日夏天攻陷南京。六月三日朱由崧逃到太平，馬士英則挾著朱由崧的母親和夫人奔走杭州。朱由崧雖然又逃到蕪湖，但最後在六月十八日還是落在清兵手中，在當年的秋天被押回北京。

明代宗室「常」字輩的這一代，也出了一位懿範閨女名叫朱德貞。德貞是孟府輔國將軍朱常茫的三女，當她還未滿八歲時，就以八字儀禮許配給王卿卿的兒子王重賢為妻。王重賢在九歲殤亡時，朱德貞就開始素食縞衣，並請人繡繪王重賢的遺像，放置在她的閨房裡，每天行禮致敬。等德貞及笄長大之後，她父親朱常茫想把八字要回來，讓女兒有機會嫁給別人。這時德貞堅持不同意，而且還鬧著要自殺。最後在王重賢忌日時，父親只好讓德貞帶著衰絰，到王家靈堂設奠拜祀，並親自撰寫一篇情辭動人的祭文。從此朱德貞就在王家當媳婦，終其一生。朝廷知道此事後，每年給她五十石的白米歲祿。

永曆內宮的天主教女信徒

萬曆的第七子朱常瀛在一六二八年就藩於湖南衡州當桂王，一六四四年衡州陷落，朱常瀛逃到廣西的梧州，可是途中連日大雨，妃嬪宮女們常常掉在泥淖中踉蹌而行，有時整天吃不到一餐。桂王朱常瀛就這樣地在逃亡途中死（一六四四年）於蒼梧。朱常瀛的三子朱由榔（一六二三—一六六二），在兩廣總督丁魁楚與廣西巡撫瞿式耜（一五九〇—一六五一）等的推擁下，在一六四六年十一月二十日於廣東的肇慶，宣布當監國，成為永曆帝。當時，朱由榔的母后王氏極力反對說：我的兒子不堪勝任這種政治重任，希望能選擇其他皇室後代來擔任。王氏生於湖廣，並非朱由榔永曆帝的親生母親，而是朱常瀛的未亡妃子，王氏依皇明玉牒體制，就被尊為皇帝的母后（也稱為王皇太后），因此她可認指桂王朱由榔是她的「兒子」。

朱由榔即位為永曆帝之初，已經受洗為天主教徒的瞿式耜（聖名Thomas，多默）派遣司禮太監龐天壽偕耶穌會傳教士畢方濟（義大利人，原名Francesco Sambiasi）赴澳門借兵。龐天壽聖名亞基婁（Achilleus），本來是崇禎皇帝的舊僕，受洗於湯若望（德意志人，原名Johann Adam Schall von Bell）。他在崇禎殉難之後，逃到南京；南京失守，又逃到了福建，曾奉隆武帝之命，跟畢方濟出使澳門；隆武死後，才又投歸永曆。這一次，龐天壽成功地說服澳門的葡萄牙政府遣派三百名士兵以及數門大砲，並以瞿紗微（Andreas Wolfgang Koffler，1603-1651）為隨隊神父，到中國拔刀相助。一六四七年的初夏，永曆帝果然收復了不少失地，於是半年之後，南明政府又搬回了桂林。

由於永曆親信的臣子有不少信教的人物，在這兵荒馬亂之際，他的宮廷開始有很多嬪女跟隨瞿紗微神父讀《聖經》，皈依天主教，祈禱天主保佑她們的安全和南明的中興。除了嬰孩王儲朱慈烜（生於一六四八年四月二十三日，聖名當定Constantine）之外，王皇太后也信奉天主教，取聖名為烈納（Helena），都在一六四八年十一月二十八日同時受洗。此外，永曆帝的生母馬氏（朱常瀛的次妃，也稱皇太后）也領受聖水，取聖名瑪利亞（Maria），永曆帝的元配夫人王氏（皇后）是蘇州人，取聖名亞納（Anna），其他還有取聖名為Julia和Agatha的王妃。一九一一年，張菊生在《東方雜誌》（八卷五號）發表了王皇太后寫給羅馬教皇因諾曾（Innocent）十世的一封信（原文藏在梵諦岡教廷圖書館）。前台灣大學歷史系方豪教授，在《中國天主教史人物傳》（香港：一九六七年）一書中，還加以詮釋作評。這封信可能是由龐天壽與奧地利籍神父瞿紗微捉刀，成稿於一六五〇年十一月四日，然後交給波蘭出身的卜彌格神父（Father Piotr Michel Boym），終於在一六五二年十一月輾轉投遞給駐在羅馬的耶穌會總會長Goswin Nickel手中。茲將全文抄錄於下：

「大明寧聖慈肅皇太后烈納致諭於因諾曾爵（Pope Innocent 十世），代天主耶穌在世總師、公教皇主、聖父座前。竊念烈納本中國女子，忝處皇宮，惟知閫中之禮，未諳域外之教。賴有耶穌會士瞿紗微在我皇朝，敷揚聖教，傳聞自外，予始知之，遂爾信心，敬領聖洗。使皇太后瑪利亞、中宮皇后亞納、及皇太子當定，並請入教領聖洗，叁年於茲矣。雖知瀝血披誠，未獲涓埃答報。每思躬詣聖父座前，親聆聖誨；慮茲遠國難臻，仰風徒切。伏乞聖父向天主前，憐我等罪人，去世之時，賜罪罰全赦。更望聖父與聖而公一教之會，求天主保佑我國中興太平。俾我大明第拾捌代帝，太祖第拾貳世孫，主臣等悉知敬真主耶穌。更冀聖父多遣耶穌會士來，廣傳聖教。如斯諸事，俱惟憐念；種種眷慕，非口所宣。今有耶穌會士卜彌格，知我中國事情，即令回國致言我之差聖父前，彼能詳述鄙意也。俟太平之時，即遣使官來到聖伯多祿、聖保祿臺前，致儀行禮。伏望聖慈鑒茲愚悃。特諭。永曆四年十月十一日。」

有關南明后妃的記載，由於羅馬教廷資料的保存，反而比明朝其他諸王的後宮文獻來得豐富。當然由於戰亂的關係，其所記載的也是五味雜陳，常有出入。不過，可信度很高的資料中，形容王皇太后烈納是位「性慈惠，通大體」的高齡天主教徒。而王皇后亞納曾撥內庫儲銀勞軍，同時也捐出自己的簪珥。平常在肇慶宮中聖堂舉行彌撒時，諸皇妃跟嬪女五十人、大員四十人，以及無數的太監都會參加，可是男女用布簾相隔離。做完禮拜之後，永曆帝（本人未受洗）照例賞給神父旅費，王皇太后也會贈送銀資，好讓神父去賑濟貧民。

一六五〇年年初，當清兵橫掃廣西時，永曆帝被逼得非搬離肇慶不可，便在三月二日坐船到水都梧州落腳（這是他第六次到梧州）。當年十一月二十四日，廣州又陷落，旋踵之間，朱氏皇室又得逃到南寧棲身。一六五一年初春，秦王孫可望迎接永曆帝到安隆所（改名安龍府），可是在那個時候，南明的宮廷日益窮促，因此永曆決定遣送他的妻妾宮嬪到貴州避難。當時年紀已經九十歲的王皇太后Helena或許再也無法適應逃亡的艱辛日子，或者已蒙天主的召喚，不久後便殂於田州的地方。一六五一年夏天，永曆帝將她以天主教的禮儀埋葬在南寧，並尊謚她為：孝正莊翼康聖皇太后。

聽到王皇太后死亡的消息之後，瞿紗微神父想前往貴州追隨永曆，一六五一年十二月十二日在貴州與廣西交界處的途中，在船上被清兵捉到。清兵問瞿神父是德國人還是葡萄牙人。瞿神父說，他出生在奧國，長在德國，但是從葡國的里斯本前來澳門傳教。清兵又問他所信何教，瞿神父用手指畫了一個十字（代表十字架），清兵於是不分青紅皂白地在他的頭上猛劈兩刀，把他的頭顱砍裂為四片。據說，永曆的司禮監太監龐天壽後來託人找到瞿神父的遺體，並加以埋葬。龐天壽本人死於一六五七年，總共活到七十歲。

此後的幾年，吳三桂（一六一二—一六七八）的軍隊到處追殺南明的殘餘勢力，逼得朱由榔永曆帝無地可容，於是不得已在一六五九年的年初，帶著皇太后馬氏Maria，王皇后Anna，以及皇太子朱慈烜Constantine逃到緬甸。不過永曆帝隨行的侍從衛士從原先的幾千人，慢慢地減少到了幾百人，最後只剩下二十五人還願意侍候這批流亡的朱氏香火。一六六二年一月二十日，吳三桂派遣大軍進入緬甸，本來就不看好南明流亡政權的緬甸人在隔年的春天，將永曆帝、馬皇太后、王皇后和皇太子朱慈烜交給吳三桂的軍隊。《行在春秋》一書說，王皇后Anna與公主同時被俘押至京師，但在途中路過黃茆驛站時，在囚車廂中看見馬皇太后Maria，但是被禁止交談，只能用手勢示意。《三藩記事本末》說，永曆帝、王皇后和皇太子朱慈烜都死在雲南府。《楊監筆記》則說，娘娘王氏手持磁碗，盡力勒斷自己的咽喉，不久便駕崩。《明史》（列傳第八，卷一百二十，諸王五）記載，緬甸人把朱由榔父子獻給吳三桂的部隊，在一六六二年六月初（陰曆四月十五日？），永曆父子死於雲南府（今昆明）；吳三桂命衛士用弓弦將朱由榔、朱慈烜父子絞死於市。自此，明朝在中國冗長的樂譜篇章中，劃下了休止符。

才女、閨婦留下的詩文墨筆

朱元璋雖是布衣起家創天下，但從他建立明代王朝開始，就知道如何承襲中國傳統的科舉制度，從全國各地網羅碩學英才。他的子孫繼承者也都以醇儒立朝右，參與機政，振興教化，並維護道統。為了表彰儒林盛事，《明史》特別挑選出將近一百名的耆儒俊彥，用三卷的《儒林傳》來闡揚他們的學術成就。此外，《明史》還編錄了四卷的〈文苑傳〉來記述不下一百三十五名的卓越才子。其中包括善畫荷花、梅花的王冕（一二八七—一三五九），藏書數萬卷的詩人楊維楨（一二九六—一三七〇），好酒色但能當筵疾書的祝允明（一四六一—一五二七），活到近九十歲的風雅畫家文徵明（一四七〇—一五五九），在桃花塢亂點鴛鴦譜的唐寅（字伯虎，一四七〇—一五二四），才思勁鷙的李攀龍（一五一四—七〇），天才超軼、詩文絕倫的徐渭（字文長，一五二一—九三），生有異稟、光華射人的王世貞（弇州山人，一五二六—九〇），以及天才俊逸、書畫瀟灑生動的董其昌（一五五五—一六三六）。

也因為明代社會崇拜文雄，渴望風采，風流標映，很多操觚談藝的才子，在不同的時代背景中各自爭鳴，所以明人留下的書畫詩詞數量，可說是汗牛充棟，但絕大部分都是男人的作品。有才華而且能以文藝顯要的婦女應該也不可勝計，然而真正被傳統史家立傳或掇選表揚者，卻是微乎其微！明代的人口，估計在一四四〇年代有六千萬人，到了明末，則已達八千萬人之譜。以常理推之，在整個兩百七十六年朱氏統治中國的期間，應該有上百億的婦女生於斯，長於斯。可惜的是，卻找不出極端耀眼出色的女戲劇作曲家、女傳奇小說家，遑論女歷史家或女學者。當然在士大夫閨房長大的才女作出的詩畫文章，也有很多是風流儒雅，不讓鬚眉的佳作。雖然明朝巡方督學或翰林學士記載這些才女字畫時，經常（或故意）湮滅她們的姓名與創作的年代，因此很難在丹青上留下芳名，不過民間稗乘，還是多少有所載錄。

黃娥的散曲

明代最有才華的女詩人，一般認為是四川的黃娥（號秀眉），一四九八年生於成都東邊三百里的遂寧。黃娥的父親黃珂，官做到工部尚書，因此黃娥小時跟隨著父親在北京、南京兩地居住，而且開始讀古典文學、寫作文章。父親退隱後，黃娥搬回遂寧，等到二十歲時，才嫁給大學士楊廷和的兒子楊慎（號升庵，一四八八—一五五九）。當時楊慎的元配夫人已經去世，而楊慎又比黃娥大了十歲。婚後，黃娥又住到北京，陪伴任職翰林學士的丈夫。朱厚照宣德皇帝在世時，相當信任楊慎，一五二二年時，便曾經派他當宣慰使，代替皇帝祭祀長江。

前文提到朱厚照死時沒有兒子，因此皇位由他的堂弟朱厚熜繼承。可是在所謂「大禮議」的爭論中，楊慎對朱厚熜抱持反對的態度，因而在朱厚熜當上嘉靖皇帝不久，楊慎就被流放到雲南，這是發生在一五二四年的事情。黃娥跟丈夫在雲南住了不到四年，楊慎就叫她回四川的新都（楊廷和的老家）去處理家產。才三十歲的黃娥跟丈夫分離後，忍受著寂寞的痛苦，可是卻有充裕的時間攻研樂府詩詞。楊慎後來又娶妾周氏，再娶另外一妾曹氏。周妾跟曹妾都替楊慎生下了孩子。一五五九年楊慎死後，黃娥不僅一方面要料理楊家的家產，另一方面還得教育兩個非親生的兒子。在這種情形下，黃娥以散曲的體裁，寫出數量相當多，並極為出名的詩詞。這些作品在一六〇八年彙集為五卷的《楊升庵夫人樂府詞餘》，下面撿拾的是黃娥的六套散曲：

〈芳草〉

芳草綠參差，恨尋春去較遲，蘭茗翡翠情難繫。
東風一枝，開殘幾時，落花風起紅堆地。
負佳期，黃金礦裡，千里鑄相思。

〈黃鶯兒〉

翠被日寒生，訴離情天未明，淚花落枕紅綿冷。
鄰雞一聲，譙樓五更，紗窗殘月愁分影。

謾留情，佳人薄命，飛絮逐浮萍。
絃管動離聲，是旁人也動情，東橋煙柳和愁暝。
搖裝且停，行杯且傾，樽前重唱西河令。
淚偷零，銀瓶墜井，腸斷短長亭。

〈紅繡鞋〉

望天台花當洞口，夢陽台人在峯頭，雲天花地兩悠悠。
把眼前閑愁付酒，歎別後光陰似流，借問劉郎記否？

〈清江引〉

鍾馗臥牀扶不起，鬼病難醫治，硯瓦害相思。
想必無他意，屈原投江沉到底。

〈巫山一段雲〉

巫女朝朝艷，楊妃夜夜嬌，行雲無力困纖腰，媚眼暈紅潮。
阿母梳雲髻，檀郎整翠翹，起來羅襪步蘭苕，一見又魂銷。

〈梧葉兒〉四首

雲和雨，雨和雪，雪兒雨兒無休歇。
隴驛傳梅隔，池塘夢花怯。

窗案燈花謝，難打熬無如今夜。
衾如鐵，信似金，玉漏靜沉沉。
萬水千山夢，三更半夜心。
獨枕孤眠分，這愁懷那人爭信。

元宵近，燈火稀，冷落似寒食。
歲月淹歸計，干戈有是非。
烽火無消息，曉來時帶減征衣。

金爐畔，玉案前，記得當年鵠立通明殿。
翦綵宮梅片，青煙御柳篇。
明月傳柑宴，幾曾經瘴雨蠻煙。

明末錢謙益（號牧齋，一五八二—一六六四）和愛妾柳如是（一六一八—一六六四）所收編的《列朝詩集小傳》以及清初王玉映（字淑端）蒐集的四十二卷《名媛詩緯初編》包括不少明代女詩人寫的詩詞。可惜王淑端沒將每一位作者的年代歷史背景詳細交代，而且當時人寫文章不用標點符號，又兼古文古籍在印刷字體方面產生的一些問題，所以現代讀者解讀這些詩文時，要花費相當的時間與精力，茲將一些富有文學與歷史價值的介紹於下：

洪武初年，江南地方有位叫姜子奇的人，在兵荒馬亂之中，跟妻子離散了，後來獲知，姜氏夫人被南京的一個軍團所俘獲，姜子奇到南京找到妻子，兩人再度團聚。雖然姜子奇不能再問妻子的瑕疵，但下載這首〈寄夫〉的詩，清楚地說出妻子被軍隊俘虜時的感受與無奈。

君留吳會妾江東，三載恩情一旦空。
葵葉有心終向日，楊花無力暫隨風。
兩行淚珠孤燈下，千里家山一夢中。
每恨當年分別後，相逢難把姓名通。

南寧伯毛舜臣留守南京期間，有一次在灑掃舊皇宮時，看到庭院牆壁留有不少舊宮女題詠的詩句。雖然絕大部分都因年久剝落，不可辨識，毛舜臣還是抄下了一位署名「媚蘭仙子書」的最後兩句：「寒氣逼人眠不得，鐘聲催月下斜廊」。

香奩中的女詩人

會稽人董玘（字文簡）有位愛女，不想隨便許配給人家，後來朋友介紹了鄞縣青年陳束。董玘召見陳束時，看到這小伙子垂髫斂衣，膚神玉映，有問必答。之後又令陳束應試詩文，陳束果然揮筆如煙雲，讓董玘高興不已，於是答應把女兒嫁給他。陳束在嘉靖年間中了進士，官做到河南提學副使，死在任期中。董氏年輕守寡，但還是吟詠詩詞，教養兒子以終天年。董氏下筆嚴整，典麗渾厚，非淺浮者可比。下面是董氏懷念她丈夫的一首詩。

十年生事半同君，萬里傷心逐楚雲。
遠浦維舟船欲上，平林對酒月初分。
逢人牛馬時堪應，到處鳧鷗暫作羣。
共是機情恩已盡，欲將通塞任斯文。

楊文儷是禮部尚書孫陞（字志高，一五〇一—一五七〇）的繼配，年幼時就很聰慧，開始讀古文、學作詩。嫁進孫家宦門之後，楊文儷遵守母儀婦道，相夫教子。她的大兒子孫鑨（號立峰，一五二五—一五九四）當吏部尚書時，是東林黨首領顧憲成

（一五五〇－一六一二）與明末文學家趙南星（一五五〇－一六二八）的上司老闆。楊文儷其他的兒子、孫子、曾孫也都做了大官，如孫鋌當過禮部尚書，孫鑛當過兵部尚書，孫鈞當了知府。她的孫子孫如法任光祿卿，孫如游升到大學士，孫如洵充任副使；她的曾孫孫有聞也當知府，她的玄孫孫延齡是中書舍人。在明朝奕奕婦女之中，沒有人比楊文儷更貴、更隆、更豐。而且她寫的詩文清古嚴正，沒有卑庸之氣。以下是明代最負聲名的女性楊文儷的代表作。

〈關山月〉

漢宮今夜月，萬里炤關山。
秋葉仍看落，征人尚不還。
寒光凝厚甲，孤影對愁顏。
權宴高樓者，笙歌正未闌。

〈冬日鈞兒應試北上〉

少年未慣入他州，從此扁舟千里浮。
羈旅時須撫童僕，嚴寒嘗用厚衣裘。
倚門他日應頻望，解纜今朝不暫留。
可是明光能獻賦，太平天子正垂旒。

〈憶京華鑨、鋌、鈞三子次韵〉

旅居抱病自躊躕，荏苒流光逼歲除。
天畔濩魚無處覓，日邊三鳳竟何如。
文園司馬應裁賦，漢闕孫弘待上書。
南上只今多寇盜，倚門焉得鬱懷舒。

〈聞雁〉

帶月穿雲晚亦過，數聲嘹嚦近銀河。
川源萬里來何遠，關塞千重度更多。
曾寄尺書歸上苑，還拖秋影落寒波。
天涯旅客愁聞汝，喚起鄉心奈若何。

黃字鴻是廣東出身的女詩人，生長在萬曆後期，雖然她寫詩的格調不樸、不茂、不清、不深，不過在她的「感懷」小序中，她說：「予以多病，小憩湖庄，青衣相扶，朱顏自媚，戀春光之不再，愴秋風之可悲，聊賦選體一章，敢擬秋興之篇，用代郊居之作。」因此為了避免有遺珠之憾，茲將她《閨晚吟》中的兩首五言絕句抄錄於下：

〈飲春園作〉
今年花事早，芳讌對花開，
鶯逐絳唇度，風隨綵袖回，
中香如殢酒，醉色欲停杯，
浮空影零亂，更喜月華來。
〈看女郎行花間〉
妝成入芳徑，嬌豔自名家。
鬒綠隋隄柳，肌赬吳苑花。
迴眸帶秋水，啟靨散朝霞。
斂黛穿深葉，舒蓮印淺芽。
蝶翻金釧響，蜂掠玉鬟斜。
出峽疑行雨，凌波欲泛槎。
秦蛾辭鳳閣，漢女降龍沙。
通國盡回首，傾城未可誇。

此外揚州人徐石鐘的女兒徐爾勉也留有兩首音調和諧、辭華英挺的詩句。

〈二姑邀往園看花〉

拂拂春風香入衣，園林此際盡芳菲，
盤桓竟日難言別，折得梅花伴我歸。

〈病起戴僧帽觀雪〉

懨懨病質坐危樓，幸有瓊瑤可破愁，
對鏡自憐同野衲，輕寒不到玉簪頭。

有一位才女王虞鳳（字儀卿），在萬曆年間著有《罷繡吟》一卷。王虞鳳有天秉，雖然只活了不到十七年，但寫的詩靈秀雅芳，如芙蓉映水。以下是她的兩首詞：

〈春閨詞〉

融和天氣喜初晴，為愛簪花卻放針。
玉枕夢回人寂寂，瑤琴揮罷院沉沉。
綠鴛戲水穿荷影，紫燕啣泥織柳陰，
晝靜金爐香欲盡，推窗滿地落紅深。

〈春日閒居〉

濃陰草色罩窗紗，風送爐香一縷斜，

庭草黃昏隨意綠，子規啼上木蘭花。

明朝蘇州府長洲才子文徵明不僅以書畫留名千古，文徵明的妻子吳氏跟文徵明生在同年（一四七〇）但死於一五四二年，比文徵明早死了十七年。他們生了三個兒子跟一個女兒，大兒子文彭（號三比橋，一四八九—一五七三），二兒子文嘉（號文水，一五〇一—一五八三）也都是多才多藝。還有一個女兒下嫁王子美為妻，也是好學能詩，還有一個很出色的曾孫女名叫文淑（一五九五—一六三四，嫁給趙姓男子）。可惜，我們現在能找到的只有王子美妻子文氏所寫的十四個字，題名「明妃曲」：當時只擬殺畫工，誰誅婁敬黃泉道。

萬曆年間，王娙的父親王雪窗本來是廣東省番禺的典史，王娙出生後，父親特別眷愛她，六歲時就教她讀《孝經》。後來因職務調遷，搬到長安，王娙這時到了及笄之年，嫁給一名叫林初文的書生。林初文考中舉人之後，王娙也跟著夫婿搬到南京居住。林初文因諫議忤旨，於是被關在牢獄。有一次林初文從監獄上書給萬曆皇帝，自告奮勇要去討伐侵擾朝鮮的日本軍隊（應該是一五九七年前後），聽了這個消息的王娙於是寫出一首婉惻的詩：

〈聞關白信良人上書請討之志喜〉

海寇無端欲弄兵，滿廷文武策誰成。
兒夫自有終軍志，未必中朝許請纓。

不幸的是，十年後，林初文病歿，這時恰是萬曆末年經濟蕭條、生計不好的年頭。在此艱困期間，王娙以女紅幫人家做衣服來養活兩個孩子，無怨無尤地過生活，負起了教導兒子唸書的責任，而且自己也常常寫詩填詞。不過王娙有個怪癖，她喜歡把寫好的詩稿用火燒掉。好在等她又要把詩稿焚火時，她的兒子及時將詩稿存起來，後人才能欣賞王娙錄下的兩首詩，讀起來，令人有畏慕之感。

〈白門感述〉
白門連歲值饑荒，十載良人旅朔方。
顧影自嗟還自笑，妾身贏得是糟糠。

〈鳳仙花〉
鳳鳥久不至，花枝空復名。
何時學葵蕊，開即向陽傾。

除了兩個兒子之外，林初文跟王娙還生了一個女兒叫林玉衡，長大之後嫁給倪廷相為妻。聰敏的林玉衡從小就喜歡舞文弄墨，七歲時，她家的一個小樓房剛好落成，當時正值雪下完的時候，於是大人們叫她吟一首絕句作為紀念。小小的林玉衡果然語出驚人，詠出下列的一首詩。

〈小樓咏雪月詩〉

梅花雪月本三清，雪白梅香月更明，
夜半忽登樓上望，不知何處是瑤京。

潘碧天是山東副使潘應昌的女兒，嫁給貢士裘致中為妻。她下筆輕雋，運墨靈動，寫的詩溫柔敦厚。在嘉靖年間留下了下列的一首詩稿。

〈題畫〉

屋傍青山下，人歸蒼莽中，
未開雲外戶，先聽水邊松。

華亭女詩人王鳳嫻是解元王獻吉的姊姊，張本嘉的妻子。張本嘉中了進士以後，官拜宜春令，可是死在任內。王鳳嫻艱辛地自力更生，撫養她的兒子張汝開長大，張汝開長大後中了鄉試，官做到懷慶縣縣丞。王鳳嫻的大女兒張引元（字文姝）、二女兒張引慶（字媚姝）也深諳翰藻，母女經常自相唱和，用來解除寂寞。王鳳嫻寫的詩蒼勁有內蘊，給後世留有《焚餘草》與《雙燕遺音》。以下是幾首王鳳嫻的代表作品。

〈關山月〉

良宵三五露華溥，絕頂虬松映玉盤。
影炤長門千巷寂，光分五嶽萬峰寒。
深閨思婦添離恨，邊塞征人想見難。
兩地愁懷無處寫，歸鴉聲裡夜將闌。

〈走馬燈〉

狼烽起處陣圖旋，對壘無聲互占先，
技巧不分誰勝負，卻憐動業上凌煙。

〈婕妤怨〉

轆轤聲斷井梧飄，隔院笙歌奈寂寥。
自向玉階辭鳳輦，誰憐血淚漬鮫綃。
月閒永巷衾餘冷，雲掩長門魂暗消，
委砌蟲吟如助恨，那堪驚夢響芭蕉。

〈九日無菊〉

黃花竹葉兩無緣，思人瀟湘理舊絃，

一曲凄凄風雨急，滿城重九盡蕭然。

〈塞上曲〉

雕弓插血劍光鋩，驍騎千群盡鷫鸘，

月熠鐵衣秋正半，風催金柝夜初長。

哀鴻遠度荒沙磧，倦馬悲嘶古戰場，

鄉國征衣猶未到，驚看營外已飛霜。

〈美人換馬〉

仗劍重知己，片言尊酒中，

霜蹄嘶夜月，紅粉淚秋風。

躞躍添金勒，含嚬捧玉鐘，

良媒真可羨，一擲等飄篷。

武清有一位女孩子名叫田娟娟，她跟木生涇（字元經）有一段離奇的愛情故事。

建文朝時，木生涇以鄉薦入太學讀書，有一次登秦觀峰過夜時，夢見一老嫗帶著一位漂亮的姑娘，而且送給他一把扇子。隔年木生涇要往南京途中，走出一座土橋，渡過溪水後，在一片叢草中，撿到一柄扇子，於是在樹上刻了兩首絕句。永樂當皇帝時，木生涇調升為工部營繕郎，在休假時間，偕同事再度走出土橋，偶然之間，來到一處姓田的人家中小憩。這時，田家的母親看到木生涇手中的扇子，覺得很熟悉，於是說：「這扇子上面寫的字是我女兒娟娟的筆跡，她有一次路過溪橋時，遺失了她的扇子，不知被誰撿到。後來回到溪橋去尋找時，才看到橋旁樹上刻有兩首絕句。自此，我女兒娟娟早晚都勤練諷詠作詩，終於能夠寫出一首套語贈答的文章。」

下面是田娟娟寫的風流悲慼詩句：

〈寄木元經〉

聞郎夜上木蘭舟，不數歸期祇數愁，
半幅御羅題錦字，隔牆裡贈玉搔頭。

田媽媽叫女兒娟娟出來跟木生涇見面時，兩人就好像正在做夢一般，木生涇手上拿的那把扇果然是田娟娟的，樹上刻的詩，果然是木生涇寫的。兩人互相驚嘆愛慕之餘，就結為夫妻。木生涇後來因郎官職務，被調到別的地方，生活得相當艱苦。田娟娟一直留在武清終其一生。此外，田娟娟還留有另外一首詩：

〈寄別〉

楚天風雨繞陽台，百種名花次第開。

誰遣一番寒食信，合歡廊下長莓苔。

順天府（北京）人李雄官職是錦衣衛千戶，死時遺有女兒李玉英及幼子李承祖。這時繼母焦氏為了讓她的親生兒子奪得錦衣衛蔭職，毒殺了李承祖，趕走李玉英的妹妹李桂英，而且還誣陷李玉英姦淫不孝。李玉英因此被捕，關在錦衣衛的牢獄等著死刑。在生死關頭之際，玉英寫了一封奏疏，叫她的另一位妹妹李桃英呈給嘉靖皇帝。皇帝接到奏疏之後，命大理寺及有關單位詳細調查才發現冤枉，終於釋放了李玉英，而將繼母焦氏處於嚴法。以下是李玉英寫的三首詩。

〈送春〉

柴扉寂寞鎖殘春，滿地榆錢不療貧；

雲髩衣裳半泥土，野花何事獨撩人？

〈別燕〉

新巢泥落舊巢攲，塵半疎簾欲掩遲；

愁對呢喃終映水，哪知秋思屬兒家。

〈晚思〉

翠黛宜顰不耐貧，病逢秋氣轉傷神；
空堂莫挂珠簾起，黃菊丹花惱殺人。

秀水人項蘭貞（字孟畹），是黃卯錫的妻子，解元黃柔卿的姪婦。項蘭貞嫁到黃家之後，開始學詩作詞，總共有十幾年，時常與叔公黃柔卿唱和。她的兒子黃元濤（字孟瀾）長大之後，考上解元。項蘭貞著有《裁雲》與《月露》兩草集，她臨終時，寫了一首詩給她的丈夫黃卯錫，而且對他訣別說：「吾於塵世，他無所戀，唯《裁雲》與《月露》小詩，得附名閨秀後，心就滿足矣！」以下是項蘭貞的三首音節清新的五言詩篇。

〈雛城聞雁〉

明月炤蒼苔，橫空一雁來；
影翻飛葉墮，聲帶晚風迴。
塞北征人思，閨中少婦哀；
江南別業在，叢桂幾枝開。

〈慰寄寒山趙夫人〉

落月驚秋早，斷鴻天際聞；

遙思鹿門侶，愁看嶺頭雲。

〈秋夜憶家〉

一夕秋風至，天空雁忽來；
露溥堦下草，月落掌中杯。
故國書難到，他鄉客未回；
坐憐砧杵急，寒柝亦相催。

沈宜修母女四人

吳江才女沈宜修（字宛君）是山東副使沈珫的女兒，還未滿十六歲時便嫁給工部郎中葉紹袁（字仲韶）為妻。沈宜修生下來就是位奇慧的女孩，長大之後像瓊枝玉樹，春花艷冶，吳江的人都稱讚羨慕她。沈宜修生了三個女兒，大女兒命名紈紈，二女兒叫蕙綢，三女兒是小鸞，全都是蘭心蕙質，天仙般的美女。沈宜修的丈夫葉紹袁仕途不很順遂，但喜愛文史，因此經常跟妻子及三個女兒題花賦草，鏤月裁雲。此外，他們的親人姑姨娣姒之輩，也時常把刺繡烹飪家事擺一邊，參加沈宜修母女在松陵之上、汾湖之濱舉辦的筆墨吟詠活動。不幸的是，沈宜修的幼女葉小鸞十六歲時，在要嫁給崑山人張氏之前便驟然病逝。大女兒紈紈回家，也因過度哀悼而死。當母親的沈宜修自此神傷心痛，幽憂憔悴，三年之後，也隨著歸陰。

葉小鸞，字瓊章，四歲就能誦讀楚辭，十歲時跟母親初冬夜坐聊天，沈宜修吟一句：「桂寒清露溼」，小鸞即回應：「楓冷亂紅凋」。這樣的敏捷佳句，讓母親非常高興。小鸞十二歲時，黑溜溜的頭髮已經覆蓋額前，加上她的丹唇皓齒，端鼻媚靨，修眉玉頰，真是姣好如玉人。當小鸞十六歲時，看過她的人會說，葉小鸞與梅花相比時，會令人覺得梅花太瘦，比起海棠時，會使人覺得海棠不夠清秀。小鸞死後的第七天要入棺時，她母親在她的右臂上寫了「瓊章」兩個字。這時看到小鸞的手臂就像剛削斷的蓮藕，也好似是冰雕雪成，送葬的人都認為小鸞已經成仙。以下是母親沈宜修悼小鸞的〈重午悼女〉詩句：

菰黍當年事，傷心萬古留；
悽悽吳樹月，寂寂楚江流。
腸斷絲難續，閨空日晝愁；
惟餘舊花草，榮落自春秋。

葉小鸞的姊姊葉紈紈也是個長得相貌端妍，金輝玉潤的絕色美人。她才三歲時就能朗誦白居易的〈長恨歌〉，但是嫁給趙田人袁氏，卻悒悒不得志。紈紈後來皈心法門，但因哭妹過哀，死時才只有二十三歲。以下是紈紈寫的二章〈哭瓊章妹〉詩：

其一：

粧台靜鎖向清晨，滿架琴書日覆塵；
一自踈香人去後，可憐花鳥不知春。

其二：

生別那知死別難，長眠長似夜漫漫；
春來燕子穿簾入，可認雕闌鎖晝寒。

葉家的女主人、大女兒、小女兒相繼荊花殞落，剩下的二女兒葉蕙綢就變成了雁序孤飛的葉家女詩人。蕙綢在悼喪之餘，寫成幽峭哀慟的輓歌七章。除此之外，葉蕙綢還著有《鴛鴦夢》雜劇。後來，所有這些葉家母女名秀所寫的雋詞麗文，被彙集成為《午夢堂十集》，盛行於世。以下是女家長沈宜修另外的幾首詩詞。

〈題扇頭山水〉

微茫遠秀色，橫碧鎖秋光；
懸蘿亘古木，疊嶂摩青蒼。

林鳥啼不聞，複徑自逶迤；
氤氳草如霧，翠影浮參差。
澗水何寂寂，松露凝香滴；
長風澄天高，清暉映層壁。
落葉墮盈壑，白雲閒悠悠；
日晚無猿嘯，空山千古幽。
似有桃源人，湮深久避秦；
山花待春發，誰復問漁津？

〈感懷〉

其一：

明月炤古道，西風吹露草；
悠悠千里心，夢落寒雞早。

其二：

露濃不作雨，細草自留春；
昨夜庭花落，猶憐夢裡身。

〈悲花落〉

濕雲不飛花欲落，數枝憔悴胭脂薄；
怨白愁紅香霧空，晝長無奈飄羅幕。
處處啼殘杜宇聲，青梅葉底送春行；
瀟湘幾陣桃花雨，綠樹青山入望平。
裊裊垂楊拖翠線，碧岫霞流飛彩霰；
餘霞散綺晚風前，芳草天涯蝶夢邊。
公子金鞍嘶落日，佳人紅袖泣啼鵑；
啼鵑落日春茫然，紫檀斜柱十三絃。
乍見雲開秦樹色，又看雪舞漢宮煙；
漢宮枝上更多情，千丈游絲遶樹迎。
薔薇架上遲新月，芍藥闌前度曉鶯；
曉鶯啼不歇夢破，關山月風月暗消。
錦字不傳紅葉恨，燕啣春色入銀鉤；
春為多愁不忍看，何堪春去眾芳殘。
風前歷亂吹腸斷，落盡蒼苔淚點丹；
寄語春光莫來去，免叫長恨倚欄杆。

〈清明〉

禁火家家寒食天，梨花吹雪柳吹煙；

支離已是春相負，蕭瑟無勞病更纏。

新月有情還炤夜，落英誰解惜流年；

幽蘭怨絕芳叢裡，回首東風竟渺然。

〈茉莉花〉

如許閒宵似廣寒，翠叢倒影浸冰團；

梅花宜冷君宜熱，一樣香魂兩樣看。

明代女詩人寫的詩大多遵循五言或七言體裁，用四言妙語作詩的人很少。天啟年間太僕少卿文翔鳳（字太青）的元配夫人武氏卻喜歡用四言章句吟詠。武氏出身於陝西，擅用秦風北調，寫出恬和婉約，幽而不激的詩章。以下是她的幾首代表作：

〈四月維夏居〉

四月維夏，睿室閒居，戶庭綠重，可目詩書。

四月維夏，百卉俱開，清風直入，語鳥不猜。

〈贈外〉

林端緣雪，水際紅霞，詩香思酒，筆藻夢花。

此外，武氏還留有下列兩首五言詩句：

〈春睡圖〉

輕煙紅玉重，驚鳥別湖橋，徐起說清夢，如風轉絳桃。

〈秋〉

秋意入梧新，獨居悵遠人，芳尊吾負汝，清晝坐傷神。

太僕少卿文翔鳳的繼配夫人鄧太妙也是女詩人。鄧太妙研讀六朝在南京建都的歷史，用秋冬森肅，春夏妍麗等不同的筆法與詩句，作〈金陵九思〉，來描述金陵如何從繁華富貴到改朝換代，由絢爛歸於平淡的滄桑變遷。

〈金陵九思〉

一思

我欲思兮在烈山，欲往從之往漢關，層雲高鎖二陵寒。
側身南望涕汍瀾，美人贈我落霞琴，何以報之黃縷金。
路遠莫致倚噤吟，朱湖松浪海潮音，安得開襟嘯蔣岑。

二思

我欲思兮在澄江，欲往從之往橫襄，兼天彭澤接潯陽，
側身南望涕淋浪，美人贈我虎魄鷟，何以報之月鵲扇，
路遠莫致倚淒斷，天際綺霞連復散，安得揚帆揮淨練。

三思

我欲思兮在飛葉，欲往從之無桂檝，黃河天下難為涉，
側身南望涕厭浥，美人贈我一握蘭，何以報之雙彄環，
路遠莫致倚辛酸，邀笛奏淮蕩畫船，安得清流采並蓮。

四思

我欲思兮在雨花，欲往從之失貫查，秦雲雪暗亂蓬麻，
側身南望涕交加，美人贈我同心梅，何以報之夜明苔，
路遠莫致倚徘徊，先王華表玉為台，安得乘鸞晝錦回。

五思

我欲思兮在石城，欲往從之閼渭涇，八川強半寇縱橫，
側身南望涕飄零，美人贈我聞遐草，何以報之嗽金鳥，
路遠莫致倚窈糾，莫愁香徑菱歌繞，安得飛棹移凫藻。

六思

我欲思兮在元湖，欲往從之限孟諸，柳斷隋堤失汴渠，
側身南望涕連珠，美人贈我麗居香，何以報之明月璫，
路遠莫致倚傍徨，芙蓉玉鏡艷紅粧，安得臨風翠蓋傍。

七思

我欲思兮在鳳臺，欲往從之烟雨霾，劍天秋氣晚風哀，
側身南望涕盈懷，美人贈我鴛鴦襦，何以報之上清珠，
路遠莫致倚躊躇，盦岡茵草帶香鋪，安得高眺白雲衢。

八思

我欲思兮在燕磯，欲往從之畏鼓鼙，愁看越鳥向風棲，
側身南望涕揮衣，美人贈我綠桂膏，何以報之赤霜袍，
路遠莫致倚忉勞，俯江春霽浪花高，安得片帆掛遠濤。

九思

我欲思兮在鷺洲，欲往從之乏紫騮，鹿車雙挽尚淹留，
側身南望涕凝眸，美人贈我紫英裙，何以報之綠熊茵，
路遠莫致倚呻顰，天外長波二水分，安得三山弄月輪。

長洲女子徐媛（字小淑），丈夫是范允臨，髫年就展現慧性，博極羣籍，舉凡古文、碑銘、騷賦、歌詞無所不讀。她風格獨創的詩，可從下列幾首窺其一斑。

〈秋夜〉

掃石坐芳叢，臨池夜色溶；
月高山影亂，天迴暮烟空。

〈曉步〉

一片滄浪白，晨光上紫闌；
曉鳥啼不散，著意在輕寒。

〈春遊〉

綠澹紅稠日正妍，桃花渡口沒魚船；
一群嬌鳥啣春色，萬戶氤氳起夕烟。

〈烟寺曉鐘〉

香台結翠倚山椒，萬樹青松入紫霄；
野寺寂寥僧飯罷，鐘聲一點落寒潮。

黃淑德（字柔卿），是黃介弟的女兒，秀水人屠耀孫的妻子。從小就開始讀文史之類的書籍，諳解詩詞的音律。丈夫死了之後，發誓長齋禮佛，平常坐臥在一小樓，死時還不到三十四歲。下列的是她娟秀倩麗的〈春曉〉詩：

春風日日閉深閨，柳老花愁鳥自啼；

寂寞小窗天又暮，一鉤新月掛樓西。

揚州婦人杜漪蘭是吏部左侍郎熊文舉的小妾，本人雖有才慧，可是因熊文舉捲入政治鬥爭，在患難中，生活極為困頓。杜漪蘭給丈夫生了五個女兒，她們都讀書，而且有雋才，也都嫁給名閥人家。然而杜漪蘭卻因生不出兒子而憂傷，年輕時偶爾跟李元鼎夫人、朱遠山夫人唱和，晚年就不再玩弄筆墨。杜漪蘭寫的詩秀雅渾厚，可惜詩篇零落不全。以下是她的〈題麻姑介酒圖壽朱遠山夫人〉五首。

其一

瑞雲芳草絕纖埃，萬綠輕紅點翠苔；

為報麻姑將進酒，啣書青鳥昨飛來。

其二

釀得瓊漿太液春，上元同壽李夫人；

蓬萊清淺何須問，應記前身侍玉宸。

其三

繽紛玉樹舊天潢，秀出瑤林絕眾芳；
近說名流遴國雅，分將珠采耀珪璋。

其四

河山欹岸世情疎，風雨難銷萬卷書；
怪得中朝企司馬，畫眉相對有名儒。

其五

畫荻如丸姆教存，翩翩公子紹龍門；
金盧正好披宮錦，暫著斑衣慶石園。

萬曆年間有位四川女子袁九淑，嫁給通州人錢良胤為妻。錢家是文學世家，家中有絳雪樓供袁九淑晨夜研讀古典史籍。袁九淑詩文精麗，出名的文學家屠隆（字長卿，一五四二－一六〇五）還替她所著的《伽音集》做序。下面是袁九淑的代表作品：

〈春日齋居雜書〉

其一

粧成出幽閣，芳徑寂無譁；

林潤涵朝雨，窗明帶曙霞。
鶴棲醒酒石，鳥啄睡香花；
長笑耶溪女，春風自浣紗。

其二

雨過小池綠，苔生白板扉；
元言深玉麈，幽思托金徽。
遠笛兼鶯語，飛花趕燕歸；
相看貧亦好，安用泣牛衣。

〈燈詞〉

家家行樂管絃催，火樹千枝向夜開；
見說南隣祀太乙，笑聲一片踏歌來。

嘉興女子桑貞白（號月姝），嫁給周履清當繼室。從小就貞靜聰慧的桑貞白留心典籍，先後唱和數百餘首，經過刪繁精選其中一小部分，編成《香奩吟草》一集。以下是其中的兩首：

〈育蠶〉

四月桑郊綠，村村桑事忙；
一筐芳草露，兩袖落花香。
不臥黃昏月，孤眠白玉郎；
絲成天地力，依舊入紅粧。

〈和夏日過水亭〉

避暑尋幽境，臨池小閣開；
遊人玩流水，垂柳颺晴臺。
水鳥來還去，漁舟釣未回；
天風俄頃至，一雨長蒿來。

姚青峨，秀水人，自號青峨居士，博通羣書，才德兩全，可惜未滿二十六歲就去世。屠隆替她所著的《鴛閣集》寫序。姚青峨下筆獨別，下列是她的兩首渾朴的作品。

〈秋思〉

木葉改烟光，芙蓉半秋浦；
楓色熠蘭幃，螢飛遶幽戶。
鈿蟬慵薄粧，綠綺難為撫；

砌蟲動夕哀，雁勁雲邊羽。
梧葉自關情，秋落庭前樹；
強起理衣衾，不禁霜月苦。
俛首空憶君，淚點隔窗雨；
憔悴感悲深，秋來更縷縷。

〈村居〉

數椽竹屋占晴沙，展破烟容雲徑賒；
漫著水泥拈野月，蟲聲淒老白蘋花。

嘉靖年間，奉新婦女蕭鳳質，因她的丈夫在外遊學生病，便寫了一首詩鼓勵安慰他。這首詩雖短，但它有格調，又具感情，不是一般庸淺之輩寫得出來的。

〈慰夫〉

欲把相思遙寄君，空教牽動讀書心；
閒花野草休關念，養取葵心向紫宸。

會稽女子李秀，從小讀書、讀史，長大之後跟一位北方人訂了親。有一次途經新嘉驛站時，有閉月之姿的李秀心血來潮，在所歇的旅舍牆壁上，寫出下面三首自憐、自惜、自怨的詩句。

〈題新嘉驛壁〉

其一

銀紅衫子半蒙塵，一盞孤燈伴此身；
卻似梨花經雨後，可憐零落舊時春。

其二

終日如同虎豹遊，含情默坐恨悠悠；
老天生妾非無意，留與風流作話頭。

其三

萬種憂愁訴與誰，對人強笑背人悲；
此詩莫把尋常看，一句詩成千淚垂。

文學家紀映鐘（上元人）的胞妹紀映淮也是愛好吟詩弄墨的女子，紀映淮的詩清英流麗，喜歡繞澗疎竹，請欣賞以下的兩首詩：

〈摘花〉

摘花插小瓶，花氣夜深馥；
外邊風雨多，聊以媚幽獨。

〈春日幽居〉

細竹深幽覆碧紗，石牀書秩盡拋斜；
半簾細潤侵寒月，一衲孤馨染落花。
流水穿林尋野鶴，夕陽歸樹護棲鴉；
春山淡漠無人共，遙倩詩囊貯亂霞。

錢塘女子陸么鳳十四歲就很會吟詩作對。她嫁人之後，隨丈夫在外遊學，吃了不少苦頭，深知容顏似草，很容易枯老，陸么鳳的詩因此充滿了愁情。

〈愁思〉

晚來疎雨過人頭，風靜羅衣颺不休；
漫拾亂紅題小字，暗驚新句又悲秋。

〈愁閨〉

湖烟漠漠晚啼鴉，自掃楓香自煮茶；
一帶芙蓉寒映水，哪知愁思屬兒家。

福建女子陳小蘊喜愛古文古詩，她落筆幽致，溫婉而靜，以下所錄的是她三首沒有傷怨的詩章。

〈採蓮〉

輕舟忽逢三四女，手撥琵琶隔舟語；
片片花英隨波流，隔水爭拋青蓮子。

〈擣衣〉

須臾月落青天曉，空庭惟集雙啼鳥；
織將錦字寄秦川，曾奈深居行人少。

〈玩月〉

月容何事帶雲紅，卻被風來雲已東；
為愛入簾分碎壁，忽看掬水若浮空。
將過三五俱堪玩，半失圓明自不同；
信死信生誰會得，好將底事問天工。

其他有文才的婦女

查繼佐（字三秀，一六〇一—一六七六，浙江海寧人）在《罪惟錄》書中列出明代七十四位有文才的婦女，其中包括洪武初年一位叫媚蘭的宮女遺留下的一首詞：「寒氣逼人眠不得，鐘聲催月下斜廊」。再者，是潮州周伯玉妻子郭貞順的筆墨。郭貞順從小受父親的教諭，因此博通經史諸家，能寫詩作文，尤其精通數學。郭貞順作一首形容朱元璋派到嶺南的指揮官俞良輔，其中有一句：「黃犢春耕萬畝雲，黎龍夜臥千秋月」。麻城人劉大和有位孫女，從小就喜歡唐詩，劉氏的丈夫邱長儒短命過世，年紀輕輕的寡婦劉氏便撰寫了下錄的悼文：「明月不知人世變，夜來依舊下西廂。」

永樂初年，元朝遺臣高若鳳的女兒高妙瑩（字淑琬），讀遍經史書傳，通曉音律算數，而且還能寫一手好小楷。高妙瑩嫁給江西吉水人解開（一三一二—一三九八）為妻，生了兩位才氣縱橫、名留史冊的兒子，一位是解綸，另一位是解縉。高妙瑩用手抄寫《孝經》古文和杜甫的詩來教導她的兒子解綸和解縉。解縉（一三六九—一四一五）才十八歲時（一三八七），便舉鄉試第一名，十九歲中進士任翰林院庶吉士，三十四歲被永樂延攬入內閣當皇帝「智囊團」的成員。永樂初年，當時任職大學士的解縉編寫《天潢玉牒》，一方面美化朱元璋的元配馬皇后，一方面澄清、證實永樂帝（朱棣）確實是馬皇后的親生兒子。解縉還替永樂的妻子文皇后編寫《古今列女傳》（見前文）。解縉的成就在很多地方要歸功於他母親的教導、以及高妙瑩遺傳給他的DNA，因為高妙瑩生前也著有《酒議》、《女德議》、和《高文海死節》等作品。高文海是高妙瑩的哥哥，元朝末年舉義兵抗賊而死。

解縉任事直前，詞筆敏捷，可是個性剛忏，得罪了永樂的次子朱高煦。朱高煦為了報復解縉沒支持他當皇帝的繼承人，便找到解縉的把柄，指控解縉違反保密與公正的神聖傳統，在科舉考試期間偏袒與他同鄉的江西子弟。一四〇七年初春，解縉被貶到廣西和交趾（今北越）擔任布政司右參議。解縉的妻子徐愛玉親手縫製了一件衣服，連同一首淒怨感人的詩一起寄給遠在天邊的丈夫。這首題名「寄衣」的詩，語淺怨深，說出女人的真情，令人讀了愴然欲斷。

未知何日是歸期，咫尺無由一見之；
捻淚織成機上錦，連愁不斷手中絲。
剪聲斷處絲難斷，線路稀時路不稀；
閨閣知君寒已到，燈前把筆寄征衣。

一四一〇年解縉回南京時，恰好永樂帶兵遠征蒙古。這時解縉私下會見皇太子朱高熾（朱高煦的政敵），解縉因此被捕下獄。五年後（一四一五年）錦衣衛指揮官紀綱依照永樂指示，邀解縉喝酒，等解縉酒醉時，把他埋入積雪中，活活凍死。

山東莒縣有位才女，名叫夏雲英，當過周憲王的宮人。她能作詩、也兼通內典。二十一歲時，因生病而要求出家為尼。一四一八年，她寫了一些佛家偈語給寺庵裡的尼姑，念完之後，就圓寂去世了。死後遺留一卷共六百六十九首的詩集，書名《端清閣集》。在成化與弘治之間（大約是一四八八年），海寧地方有一位女孩子名叫朱靜庵（字仲嫻），從小聰穎，博覽群書，喜愛吟詩作對，嫁給周濟為妻，活到快八十歲才過世。她寫的《靜庵集》，辭氣和平，筆力雄健，可從她的〈籬落見梅〉稍稍吟詠兩句：「可憐不遇知音賞，零落殘香對野人。」〈咏虞姬〉的兩句卻顯得有義烈的味道在：「貞魂化作原頭草，不逐東風入漢郊。」還有她的〈鶴賦〉寫得讓人知道她在怨而不是在怒：

何虞人之見獲，遂羈絡于軒墀；
蒙主人之遇愛，聊隱迹而棲遲。

萬曆年間，潮州有位風懷放誕的女子叫謝五娘，著有一卷《讀月居集》。其中有一首勸她父親辭退二度婚聘的調皮詩：

卓犖黎生先有聘，風流鐘子後相親。

桃花已入劉郎手，不許漁人再問津。

此外，吳家有妻子李氏，很會吟詩與對句。有一天，李氏撿到一枚唐朝鑄的開元錢幣，竟隨口唸出一首耐人尋味的慨世詩：「半輪殘月掩塵埃，依稀猶有開元字；想得清光未破時，買盡人間不平事。」

董湄的妻子虞氏，海寧人，知書嫻禮，很喜愛吟詩，還不到十六歲時就出嫁。董湄死後，虞氏作菊竹詩來表達她的志節，後來活到五十歲才過世。其中有菊句寫道：

移得春苗愛護周，柴桑無主孰為秋；

寒芳甘為枯枝萎，羞墮西風逐水流。

另外有兩對竹句寫說：

一片貞心古井泉，清寒徹骨自傲憐；

相看歲暮青青色，歷盡冰霜戴一天。

十六世紀末、十七世紀初在浙江鄞縣（今寧波），有一屠姓宗族，於嘉慶年間出了一位著名的詩人和戲曲家叫屠隆。屠隆在一五七七年中過進士，但做了六年官之後，就退隱回江南，與道僧交遊，過著無官一身輕的自由自在生活。屠隆作有三十一卷的《棲真館集》（一五九〇年刻印），兩卷五十五幕的劇本《曇花記》（一五九八）；還有

《白榆集》（一六〇〇）詩稿以及四十九卷的《鴻苞集》等等。他有兩個兒子屠大諄與屠金樞，以及一個女兒屠瑤瑟（字湘靈）。屠瑤瑟嫁給黃振古為妻，但很早便守寡。之後，屠瑤瑟經常回娘家，跟明惠好學的嫂嫂沈天孫徵事細書，搬文弄墨，紙墨橫飛。而且因屠瑤瑟的母親也懂篇章，因此每當她的女兒與媳婦寫詩之後，就想要編訂成集本。屠隆描述他家裡的文藝氣氛情景如下：「封胡與遏末，婦總愛篇章；但有圖書篋，都無針線箱。」又說：「姑婦驩相得，西園結伴行；分題花共笑，奪錦句先成。」

屠瑤瑟寫的詩，沒有用詞太重的毛病，評論家甚至說，她的韻格高過於她的父親屠隆。瑤瑟有一首浣花詩這樣寫道：

日煖銀塘綠，溪邊出浣紗；
若耶煙似雨，步步入荷花。

很可惜，屠瑤瑟的大哥屠大諄二十一歲就去世，屠瑤瑟本人也只活了二十七年。瑤瑟死前跟嫂子沈天孫合寫了一部《留春草》的詩集。沈天孫死於萬曆庚子冬天，當父親的屠隆傷心之餘，將《留春草》刻印成書，藉以表達對亡女、媳婦的慰悼情意。除此之外，屠隆還替好友的女兒袁九淑所著的《迦音集》作序。

明代藩王府第有不少宮人懂得寫五言詩以及近體詩。據說，遼王府有位湖北（荊州籍）的女孩子，在沙橋門外的素香亭，穿著霓裳練裙，倚欄誦唸自己寫的詩歌：

明月滿空堦，梧桐落如雨；
涼颸襲人衣，不知愁幾許？

在戰亂流離、兵荒馬亂的時際，偶爾會出現匿名婦女的寄情詩。譬如說，位於廣州北方一個叫北邙的地方，存有一塊寫有詩句的大木板，這是一位被北軍俘虜的婦人，為了表示貞潔，不願隨便「逢人桃李」，並且期待死後在陰間跟死去的丈夫相見，於是在木板上寫下八首絕句。因為該女只題個「櫬」字，後人便稱她為「櫬板女子」，茲抄錄其中兩首於下：

曉對東風只自嗟，肯將眉黛誤鉛華；
山間紅豔不知事，一任桃花與李花。

盤闌山鶴路悠悠，荏苒旌旗動地愁；
漢將計程應到未？良人別後尚存否？

崇禎當皇帝期間，有一位廣陵（揚州）女子，被賊寇掠擒，到了第二年的夏天，她乘機逃走，可是已經無家可歸。在顛沛流離的苦難日子裡，有一次她住在一家客棧中向人抱怨說，「一個女孩子的遭遇有什麼可惋惜的呢？朝廷的大官僚、邊塞的大將軍，他們高官厚祿，但倒底都在做些什麼事情？」這位廣陵女子氣惱之餘，在客棧的牆壁上題下了下面的打油詩：

將軍空自擁旌旗，萬里中原胡馬嘶；
總使終生能繫頸，不教千載泣明妃。

寶應地方有位戚姓少婦，才剛剛合巹洞房花燭後不久，丈夫就暴死。戚婦悲悼之餘，寫了一首哀怨的詩，然後跳入門外江中溺死，詩云：

畫虎雖成未點睛，百年夫婦一宵情；
歡聲方舉哀聲動，賀者纔臨弔者竝。
孔雀屏前燈隱隱，鴛鴦枕上淚盈盈；
從來不識兒郎面，獨抱冰心照水心。

寶應地方的人士，為了紀念這位不尋常的戚家婦，此後便將戚婦門前這條河命名為「戚家江」。

明代的江南真是人文薈萃，不少南京的女性在不同的時代環境，留下了很多清婉絕倫詩句。沈德符的《萬曆野獲編》載錄了一位姓徐的名妓所寫出的：「楊花厚處春衫薄，清冷不勝單裌衣。」另一位徐家閨秀寫出下面沉秀深厚，而且風雅可誦的五言古詩：

妾怨芳楊柳，橫枝在吹樓；
折來欲有寄，遊子在黃州。
葉互參差影，花飛歷亂愁；
林梢窺破鏡，何日大刀頭？

文牘書信

嘉靖皇帝沉迷於道教，因此鼓勵朝臣撰寫道教儀典之類的祭文，叫做「青詞」。當時擅長寫青詞的嚴嵩因此受到嘉靖的賞識而掌握了政權。可是很多剛正不阿的文武大臣，深深厭惡嚴嵩的貪污專斷，其中之一就是兵部郎中楊繼盛（一五一六—一五五五）。楊繼盛字椒山，是保定府容城人，一五四〇年中進士，娶張氏為妻。個性耿直的楊繼盛因彈劾嚴嵩的擅權瀆職，在一五五五年十月十五日被判死罪。獲此當頭霹靂的噩耗之後，張氏立即寫了下面的〈代夫罪疏〉：

張氏跪奏　皇帝陛下。竊臣夫以誣衊相臣，發交錦衣衛待罪，此實臣夫溺職辜恩，無法可逭。臣妾何敢冒瀆宸嚴，自取咎戾。然仰維聖德，昆蟲草木皆欲得所，豈惜一回天聽，下垂覆盆。儻以罪重不可赦，願即斬臣妾以代夫誅。臣夫感皇上再造之恩，必能執戈矛衛社稷，以効一日之力也。

曾經有人懷疑楊繼盛妻子張氏的〈代夫罪疏〉，是出自於一落筆就能寫數千字的王世貞。這種懷疑不是空穴來風的，因為王世貞（一五四七年尚未滿二十歲時，就中了進士）是楊繼盛的好朋友，而且跟李攀龍、徐中行等輩相唱和，拒絕加入以嚴嵩為首的貪污集團。更有甚者，當楊繼盛坐獄時，王世貞一方面幫好友奔走申辯，一方面送湯送藥到監獄。楊繼盛死後，王世貞還協助楊妻張氏將他好好埋葬一番。可是得罪了嚴嵩的王世貞不僅自己丟掉了烏紗帽，甚至還連累到他的父親王忬。王忬當時任冀遼（河北與遼東）統帥，抵禦蒙古軍隊入侵。可是在一五五九年四月，王忬在喜峯口與灤河失守，因此被繫獄身亡。倒楣的王世貞要等到一五六七年新皇帝隆慶坐上龍椅後，方才轉運！

不過，雖然有上述歷史人物與時間的巧合，我們還是無法下斷論說，〈代夫罪疏〉不是楊繼盛妻子張氏自己寫的，因為能嫁給像楊繼盛這般才子當妻子的，本身大概也是滿腹經綸、家教相當好的女人。話又說回來，女人自己的心思、想法，即使是經過男人在文字上加以飾潤而成的文牘，依舊擁有它自身的歷史價值，並且是值得保留的。這裡請讀者注意，美國總統所發表的文告，大部分是由文膽捉刀代稿，而不是總統自己親自作文的（但威爾遜總統〔Woodrow Wilson,1913-1921〕例外）。可是我們不能因此說，這類的文告就失去了歷史的價值。反之，因為它們代表總統的思想、政策、願景，所以歷史家還是要珍惜、採用這些文牘。因是之故，如果讀者懷疑下列的幾篇文章，在文字或風格方面，似乎有坊間男人代寫的可能性，筆者咸認，它們依然是值得抄錄的呢！

顧炎武母親的信

明末清初的大學者顧炎武（號亭林，一六一三—一六八二），主要是研究朱熹的理學，擅長於考證，著有《日知錄》等書。不過他成名的背後，除了充滿坎坷的遭遇，更得力於養母王氏（一五八六—一六四五）的苦心教誨。顧炎武在五位兄弟之中，排行第二，在尚未出世前，他父親就答應要將第二子過繼給族人顧同吉當養子。一六〇二年顧同吉剛滿十七歲，便不幸病逝，他的未婚妻王氏當時才十六歲，仍然堅持要到顧家守節當寡婦。十一年後（一六一三年七月十五日）顧炎武出生，不久就過繼到顧同吉家，當時他的養母王氏才二十七歲。顧炎武的啟蒙、人格的培養以及後來的成就，都要歸功於王氏的教導有方。一六四五年顧家逃到江蘇崑山，王氏不願在異族的統治下生活，絕食數天後，餓死於一六四五年九月十九日，在彌留時，王氏寫下了一封信，求她的兒子顧炎武終生不得為滿清效勞：

嗚乎武兒，余與爾將永訣矣，不得不臨別贈言。昨夢爾父同吉，攜余行於沙漠之地，此大不祥也。然國事至此，死且嫌遲，死又何惜。惟余惓惓於爾者，不在言而在行，不在學而在品。爾故明之遺民也，則亦心乎明而已矣。余嘗苛論古人，謂夷齊扣馬而諫是也。諫既不從，胡弗殉國？乃登首陽採薇蕨，何為乎？噫嘻。夷齊誤矣。甲子以後，首陽尚得為商之山乎？薇蕨尚得為商之食乎？噫嘻。夷齊誤矣。一時儕輩莫不訾余持論之偏，獨黎州（黃宗羲）心韙之，則其懷抱可想。且余觀爾友中，亦惟黎州品詣敦篤。爾雖師事之可也。惟爾之子若孫，囑其為耕讀中人，勿為科名中人。則爾方不愧余家肖子也，武兒，余與爾永訣矣！（無月日時，母氏囑）。

筆者按：「月」和「日」加在一起是「明」，所以「無月日時」，表示沒有明朝的日子。王氏死後，顧炎武為母親寫了一篇辛酸動人的〈先妣王碩人行狀〉。

秦良玉的「石柱檄文」

明末最出名的女將軍莫過於身經百戰，活到七十五歲（死於一六四八年）的秦良玉

（號貞素）。秦良玉的先世是苗族，從小受教於父親秦葵，與兩位哥哥秦邦屏和秦民屏一起讀書練武。長大之後，下嫁給四川省石柱縣的土司名叫馬千乘。馬千乘的母親覃氏是智略雙全的女土官，因為她寵愛的次子馬千駟造反事敗伏誅，所以從小失愛的長子馬千乘，才能繼承宣撫使的職位。一六〇〇年秦良玉用自己訓練的數千兵，削木為梃（當時人稱白桿兵），保護數州郡，平定地方的叛亂。十五年後，四十歲的馬千乘因被誣告，死於獄中，自此守寡的秦良玉循著世襲的制度，當上石柱的宣撫使。

一六二〇年遼東情勢吃緊，皇帝派秦良玉帶兵到東北救援，良玉與兩位哥哥帶領數千名新兵趕赴戰場，結果一六二一年五月四日在瀋陽吃了一場敗仗。她的大哥秦邦屏戰死沙場，二哥秦民屏受傷突圍，秦良玉率領精卒三千抵榆關前線。因為要追加募兵兩千，秦良玉與二哥民屏馳奔回四川，平定了奢崇明的叛亂，因功晉升為總兵官，而她的兒子馬翔麟也當上宣慰使（官位比宣撫使高一階）。馬翔麟的妻子張鳳儀也是位鐵娘子，也會帶兵打戰，一六三三年五月幫秦良玉在河南剿匪，可是兩個月後也戰死。秦良玉後來率師北上，收復灤州，佔領永平等三個城鎮，終於解救了京師的危機。崇禎皇帝在金殿親自召見這位美麗的英雄，並贈她四首獎賞詩，其中一首如下：

憑將箕箒掃匈奴，一派歡聲動地呼；
從此麒麟添韻事，丹青先畫美人圖。

一六四〇年秦良玉在四川敗給了張獻忠，但是保住了家鄉石柱，南明桂王封她為忠貞侯，而且將她發布的「石柱檄文」刻在她的墓碑上：

為傳檄布告我父老軍士，同心禦侮事。竊自獻賊犯蜀，石柱震動，有議降者，有議遷者。嗚呼，普天之下，莫非王土。率土之濱，莫非王臣……。今皇上神聖英武，宸謨獨運，獻逆雖狡，指顧成禽，我父老軍士，奈何不察虛實，妄聽謠諑，滋長寇盜之威，挫餒軍旅之氣耶。本（宣撫）使以一弱女子，而蒙甲冑垂二十年，上感朝廷知遇之恩，涓埃未報，下賴將士推戴之力，思共功名。……然有謂獻賊善於將兵，所攻無弗克，所戰無弗勝者，噫嘻。此實虎之倀，雉之媒也……。今者賊之前鋒已逾荊關，距石柱僅三日程耳，乃忽盤旋如蟻，游疑若狐，欲前復卻，欲進又退，本使不知其何所顧忌而若此。雖然臨事而懼、好謀乃成，聖人之格言，兵家之要著也。本使國憤家仇，痛心交併，漢賊不兩立，其勢直不可以終日。然亦不敢恃血氣之勇，昧壯老之義，而學匹夫撫劍之態，其有……奇謀……雄略，足以制賊死命而貢諸本使前者，固當虛衷翕受，拱聽明誨。即降至輿台走卒，或有一策可師片言足採，本使亦無不樂與周旋，崇以禮貌。

惟本使鰓鰓過慮，不得不與我父老軍士約者，則以全蜀淪陷，群賊蝟毛，其偵騎之密布，邏卒之四出，禁無可禁，防不勝防，是在各奮報國之心，共作同袍之氣，毋許妄論誣聽，毋許私徙，臨陣身必先，殺敵志必果，勿欺淫，勿劫擄，勿囂張，勿浮動。遵所約則賞有差，悖所約則殺毋赦。本使令出法隨，雖親不貸，檄至之日，其各咸知。

筆者按：一七五一年董榕（號念青）寫了一個劇本叫《芝龕記傳奇》，其中談到秦良玉的事蹟，以及另一位明末巾幗英雄沈雲英（一六二四—一六六一）。沈雲英的父親沈至緒，一六四三年在湖南死於叛軍之手。雲英承繼父志，繼續保衛城堡。

鄭芝龍妻田川氏、鄭成功妻董氏

十七世紀中葉，荷蘭傳教士George Candidius, Ertus Junius, Aniel Gravius等，用「新港語」對台灣的原住民傳達《聖經》福音，也因此把台灣帶進了歷史時期，就在這個時間，三位支持南明的福建南安人，鄭芝龍、鄭成功、鄭經也活躍於歷史的舞台，並且留下了不少讓後人爭論的事蹟。原本是海盜出身的鄭芝龍，曾經受洗為基督徒，他的聖名是Nicholas Iquan，早期在日本的平戶經商，因此娶日本女子田川氏為妻，並生下兒子鄭成功（原名森，字大木）。一六三〇年代，鄭芝龍縱橫於台灣海峽，他號令下的上千船隻，壟斷中國、東南亞與日本之間的絲綢海上交易。一六三六年五月，當鄭芝龍被朝廷招降，任福州水軍提督時，他每年的收入已經超過十萬銀兩。

一六四〇年，鄭芝龍晉升為「福建將軍」，統轄中國東南三省，一六四一年到一六四三年間，是他的巔峰時期，因為除了統轄明末最大的海軍之外，他的船隻支配百分之六十二到百分之七十九中國出產的生絲、以及百分之三十到百分之八十的各種絹、錦、綢、緞等絲織品。一六四五年夏天，南明隆武皇帝逃到福州成立臨時政府時，幾乎是鄭芝龍、鄭芝虎在幕後操縱。下面所錄的是鄭芝龍派人拿他的畫像（穿著戎裝甲冑，身旁站有軍士作聽令狀的英武雄偉繪像），要日本當局遣使護送他的妻子和兒子鄭成功到福建時，他的妻子田川氏的覆函：

國主接將軍手札，畫圖威儀，頗甚憚懾，召予父翌皇於偏殿，議應如何答覆。宰相三水吉雄，謂吾國向無以婦女適中國者，芝龍已生子，不若遣子留婦，策可兩全。國主如議行，噫吁乎哀哉，曩悲失予夫，今復失予子，雲海萬里，寸心割裂，未知何日予夫妻母子，再圖聚首也。望風嗚咽，泣下沾裳，想芝虎叔能為予曲訴之。

一六四六年十二月二十一日，滿清統帥端重親王博洛佔領福州時，鄭芝龍見大勢已去，向博洛投降，被封為同安伯。可是滿人不信任他，鄭芝龍全家在一六六一年十一月二十四日被誅於北京。這事發生的同時，鄭成功繼續在東南沿海跟清軍作戰，尋找生路。一六六二年二月一日，鄭成功的兩萬五千軍兵與九百隻船隊，逼著荷蘭在台灣的末代長官Frederich Coyett（一六二〇—一六八一）簽下降書。可是接收了安平的熱蘭遮城(Fort Zeelandia)不久,鄭成功便接到一件從福建傳來的消息,說他的長子鄭經(字式天)跟家裡的乳母陳氏私通,而且已經生了一位小男嬰叫鄭克臧。鄭成功獲悉了這件家庭醜聞之時,非常的震怒,立刻命手下封了一隻劍,兩個準備裝人頭的紅漆桶,揚言要斬他的妻子董氏(怪她沒把自己的兒子管教好)和不知禮法的兒子鄭經。這時,鄭成功的部將都認為不能這樣做,於是大家商議,勸鄭成功先殺掉乳婦陳氏以及她私生的小孩。可是國姓爺聽到這種諫議後,反而更加氣惱,於是又遣使到金門和廈門,要照他原先的旨意行事。不過,或許天意,在這議論紛紛、海峽兩邊你來我往的時刻,鄭成功突然得病狂死,死時是一六六二年六月二十三日,享年三十九歲。下面抄錄的是鄭成功妻董氏訓斥兒子鄭經的書信:

台使來,封劍一,金龍紅漆桶二,予駭怪無似,既宣藩主諭,始悉妖婢陳氏為汝祟,并禍予矣。聞汝聚集金、廈部曲,謀拒父命,噫!此大不可也。無論汝父非崩瞶,汝非衛輒,諸將安肯唯汝命是聽,即令無異言,而以逆拒順,汝將來,何以率眾?其與來使商善處之道,俟予命施行。母董氏諭。

鄭經生於一六四二年,據此,這事件發生時,鄭經應該是二十歲左右。鄭成功猝逝後,鄭經仍遵奉南明永曆皇帝(朱由榔)的流亡政府,並自封為「東寧王」,承繼鄭氏在台灣的統治。鄭經死於一六八一年三月十七日;不久,鄭克臧被逼自殺,俾便利他的同父異母弟弟鄭克塽（號晦堂，一六七〇—一七〇七）繼承在台灣的鄭氏王朝。兩年半之後（一六八三年九月八日），鄭克塽向清將施琅投降。儘管台灣歷史把鄭成功尊稱為「民族英雄」，一般的西洋歷史學家，特別是荷蘭學者，咸認為鄭氏三代（芝龍、成功、鄭經）無非是明朝社會解體後，所產生的一群海盜首領！

瞿式耜的妻子、媳婦

鄭氏父子在台灣繼續支持當時在桂、滇、緬甸逃亡的南明政府時，擁立朱由榔在肇慶當監國最積極的是瞿式耜（常熟人，字稼軒，一五九〇—一六五一）。瞿式耜在一六一七年中進士，受天主教洗禮之後的聖名叫 Thomas。一六四七年四月十八日，清兵圍攻桂林，而且有數十騎兵已突入文昌門，登上城樓，可以直接看到當時擔任兵部尚書的瞿式耜的辦公室。在這千鈞一髮的時刻，瞿式耜的妻子邵氏不僅捐出自己的簪珥當軍費，而且還給丈夫獻上下錄的「兵機書」：

粵西形勝在桂林，桂林險要在文昌（文昌門就是桂林府城的東門），賊與我必爭者也。乃聞敵之大隊，轉趨而西，此必聲東擊西之計，稍知兵者即能辨之，而欲愚我耳目，豈非可笑！但相公（指她的丈夫）為國守土，昕夕焦勞，籌餉籌兵，置己躬於弗恤，此固臣子義所應然，惟亦須稍惜精神，從而調攝之。昔諸葛忠武食少事繁，自知不久，而五丈原之星遂殞。妾為此言，非勸相公自愛，實欲相公愛此身以報國也。家事一切，皆遵相公指囑，已部署清晰矣，此一條腸可割斷。軍旅之事，未嘗問學，妾何敢妄肆喋喋？然有一得之見，貢諸相公之前，尚乞俯察。

敵之擅長在騎射，而孔有德又百戰之勁，自岳長驅而下，其勢雖盛，其志已驕，若我與之交綏，俟其結陣已定，然後搏戰，則兵士或亘一強弱寡眾之形於胸中，難免不先氣餒。以妾愚論，南寧（即焦璉）矯健，無論沖鋒陷陣，實足令萬人辟易。不若於敵陣未結之先，令率銳騎先陷其中堅，而以胡一清（南明勇將，綽號胡鐵頭）殿南寧之後，相公再以正兵分為二大翼，左右包抄，使敵人入我算中，必無噍類。乘勝逐北，連州諸郡不難恢復矣！乞相公裁酌行之。

一六四七年桂林之役，瞿式耜採用妻子邵氏的策略戰術，命焦璉攀上東昌城門，再破城而出。之後焦璉又負背著永曆帝逃出險境。在戰守的三個月中，瞿式耜身立矢石砲火中，與士卒同甘苦，終於守住了桂林，而且殺死了清兵將領孔定南。焦璉甚至收復了陽朔與平樂。不過三年半之後（一六五〇年十一月二十七日），桂林還是失守。當清兵入桂林時，城中無一兵，瞿式耜踞坐於地，一直到就刑時，還口唱詩賦，堅不投降。被孔有德關了四十一天之後，瞿式耜在一六五一年一月十八日從容就義。明朝文獻並沒記載瞿妻邵氏的下場，但如果以她的宗教信仰和堅貞節義的個性來判斷，應該也是殉難無疑了！

瞿式耜的兒子瞿伯申娶才女陳結璘（字寶月）為妻。寶月有蘭心蕙質的天稟，又會畫山水，她著有《藕華莊集》，其中較有風味的五首如下：

〈捲簾〉

柳色侵簾幕，風光黯畫樓。
月分千片雪，雨隔一重秋。
點豆教鸚語，通巢破燕愁。
鬢釵依約處，恐被王鉤鉤。

〈春日村居〉

栽花日日問花期，陡覺褰簾報晚曦。
曲巷鼓喧催社早，幽窗香滿怯詩遲。
評茶客響春泥屐，索酒隣開臘雪卮。
珍重月明梨夢醒，海棠消息又宜時。

〈雨過〉

雨過深庭草壓扉，霜苞初折翠梢肥。

鶯喉咽曉圓猶滑，蝶翅翻晴墮又飛。
應怯露涼添素縠，最宜花氣潤金徽。
朝來麥隴看新浪，小婦溪頭叫浣衣。

〈秋懷〉

西風颯颯雨初收，絡緯寒螿四壁幽。
夢裡不知身是鶴，望中何處桂為舟。
涼侵扇影埋秋篋，潤逼衣香熨夕篝。
惆悵露華今夜月，嬋娟兩地炤離愁。

〈冰花〉

化工著意點衰叢，開落寒山萬木中。
謝豹斷魂啼夜月，春駒無夢採深紅。
璘瓏巧結愁朝旭，皓白輕粧簇曉風。
未比墮宮勞剪刻，依稀幾朵玉池東。

一般婦女的生活狀況

明代一般家庭主婦，在禮教嚴格規範下，通常是「言不出閫閾，足不出廳屏，目不觀優舞，身不近巫尼」（錢謙益著，《牧齋初學集》卷五十八）。當時社會女性的行為準則是：癡人畏婦，賢女畏夫，三從四德，乃婦道之常。男人所做的事，女人不要去管他、攔他。錢謙益自己的母親一生都「擇辭而說，擇地而蹈，浹月不出閨閾，經年不識廳屏，不接游閒之女，不近袪冶之尼，耳不聽瞽詞吳歌，目不識優舞童索，戚屬族出遨嬉，必辟太淑人，有出闔之言，相戒勿令太淑人知也」（錄自錢謙益《牧齋初學集》第七十四卷〈先太淑人述〉）。

錢謙益出自書香門第，家有恆產，奴僕成群，屬於宦門地主的上等社會階級，因此他的母親不能算是一般家庭主婦的代表。芸芸眾生，只求溫飽家庭中的主婦，不僅要常出閨門，還需要做其他粗重的戶外工作。當然，不屑錢太淑人一顧的巫婦女尼，也是有她們的生活規範，還有靠歌舞演戲謀生的優伶也不能跟錢家大奶奶相比擬。不過，如果換到一種做生意的、或者是自耕農的家庭，那麼家裡女主人跟外界的接觸又是如何？明朝正德《江寧縣志》列有一百零四種做生意的「鋪戶」。我們首先看看一個比較典型的中等家庭主婦的日常生活，然後再比較兩三位有管理龐大事業的「女強人」，再談一下《金瓶梅》中虛構的另一種「不正常」（abnormal）的女人世界。下面是中上產階級歸有光母親的日常生活。

歸有光的母親

崑山（明時屬江浙省，今屬江蘇）人歸有光（一五〇六—一五七一）所寫的〈先妣事略〉，雖然不到一千字，卻足可充當明代女人家居以及社會活動的縮影。歸有光的母親周桂，一四八八年生於崑山縣城東南三十里的吳家橋。父親周行是位敦厚殷實的太學生，母親何氏是位和藹的鄉下人。歸有光的母親還不到十六歲時就嫁到歸家，過了一年生下歸有光的姊姊歸淑靜，一年後，生歸有光；再過一年，生了一對雙胞胎（可是在滿周歲以前都夭殤），又過一年多，生下歸有功。從這個家譜看來，歸有光的母親從十七歲（虛歲）開始，一直到二十二歲時，每年都在生孩子，前後總共生了七個，其中兩個夭折，但有五個長大成人。在還沒有有效避孕藥品的十六世紀，歸有光的母親不堪負荷，於是想辦法節育。有一天，一位老婆媽拿來一杯水，泡了兩隻田螺，告訴周桂說，喝下那碗水，以後就不會懷孕了。歸有光的母親舉杯一飲而盡，可是卻中了病毒，聲帶喉嚨受到感染破壞，從此就不能講話！

明代社會對女人的要求很苛刻、很嚴厲。像歸有光這種家庭，男孩子跟女孩子在七歲（虛歲）後就不能同席，女孩子十歲時就要開始閨房訓練，要「內言不出，外言不入」，而且要穿耳，要學習施用脂粉，戴首飾，整梳頭髮等內規。當然大部分的女孩子在這種年齡已經纏了足，而且知道如何處理繡鞋和鞋布的事宜。歸有光的家庭算是小康以上的人家，家裡僱有婢女、僕人。他母親不愁吃、不愁穿，可是每天從早到晚還是忙得不可開交，無法偷閒。想想看，她的大孩子在身後牽著她的衣襟，地上還有學爬、學走的小孩，懷裡還要抱著吃奶水的嬰兒。忙到這種地步，她白天仍然得抽空紡棉花、績麻線、做針線活。晚上督促兒子背《孝經》、寫毛筆字（歸有光五歲時進學堂）。

生了那麼多孩子，又要日夜操勞，又兼上呼吸器官有問題的周桂在正德八年（一五一四年）陰曆五月二十三日溘然長逝，僅僅活了二十六年三個月。歸有光的母親死後不久，吳家橋發生瘟疫，周行全家得到急性傳染病，先是歸有光的外祖母去世，接著他的舅媽、姨媽也相繼死亡，整個周家大家族先後死去三十口，只有他的外祖父周行與二舅倖免於難。歸有光母親過世後的十一年，他的姊姊歸淑靜嫁給王三接，這是他母親生前親自許聘的。十六年後（即一五三〇年），二十四歲的歸有光娶妻，也是他母親在世時合八字訂的親。歸有光在一五六五年中進士，官做到南京太僕丞。

商賈、地主女管家

明朝到了正德、嘉靖年間，家饒資財的商賈、地主、鄉紳愈來愈多。一般說來，明朝政府並不壓制商人，而且商人所繳的稅並不多。經營鹽、茶、銅、鐵、礬、墨、染、漆、布、棉、扇、竹的商人致富者此起彼落，為數不少。譬如說，無錫三大富家：安國、鄒望與華麟祥，傳說每天可進斗量的金銀。除了蘇州、松江、嘉興、湖州、杭州經濟比較發達的地區之外，山西的茶商、廣東福建的船主、江淮的鹽商等，都因做生意賺錢變成擁有土地、生產工具以及充裕資金的雇主。當老闆的男主人因商務、宦遊或其他原因離家時，留在家裡的元配妻子就要當起女主人。她們經常雇用自己的僕奴從事各式各樣的生產活動。

王世貞在他的《弇州山人四部稿》中，寫下他伯母龔孺人的小傳：「孺人質明坐寢堂，男女大小數千指，旅見各報所業。……畜悖蹄角以百計，水孳魚鼈以石計，圃人治果蓏芥蔬以頃計，諸水陸之饒，計口程其羨時贏縮而息之。」從龔孺人所經營的畜牧、魚塭、果園、農地來推敲，她每個季節需要數百人的勞工參與生產工作。在此情形之下，王家一般需要幾位處事老成的老管家，明人叫「大家人」來當工頭。這些「大家人」自幼在王家長大，受到龔孺人的信任，所以她會買身家清白的女孩子，配嫁給她家

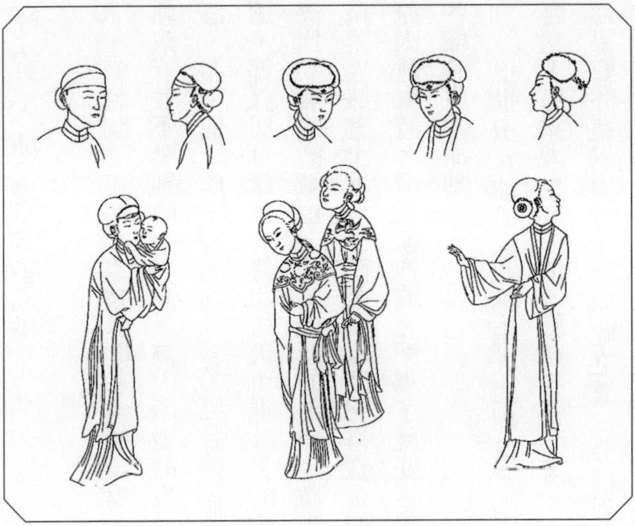

●明代婦女各式首飾衣著（出自：《金瓶梅的皕美圖》）

的「大家人」。這些婦女進了王家之後，就得按日輪流煮飯、洗衣，幫忙喜慶節宴等家務瑣細工作。除了這些工頭「大家人」及「大家人的媳婦」之外，龔孺人還需要雇傭一批大小丫頭當女婢。大丫頭的職務是鋪床疊被、打扇端茶，小丫頭擔任提水掃地，做一般較粗賤的工作。有些富農的大家庭，甚至還需要少數的養娘（乳母），俾能負起哺育幼主的工作；或者是陪嫁的老媽子從事浣洗少奶奶衣服，尤其是少奶奶在月經來潮、以及少奶奶在坐月子的時候，最需要老媽子的貼身幫忙。

王世貞在《弇州山人四部稿》也提到一位有經營才能的女主人叫郭太宜人。「太宜人者，蓋嘗事封吏部公矣。……吏部公讀書，長而多游俠，委家政太宜人，……。諸臧獲百指，疇技工作，疇行賈，疇女紅，纖巨一切，以材受署。」可以想像的，這位郭家太宜人不僅要管農耕，管技藝，管婦女紡績手藝，還得管行賈買辦，經手金錢等大小事務，她絕對不會遜色於現代擁有MBA學位的商管專業人才。

明代的江南相當富庶，尤其是蘇、松、嘉、湖、杭等地所產的各種絲織品，帶給商人無窮盡的財富。可是要將生絲紡績成諸色的紗布、錦緞、綢絹，需用相當多的勞動人力。經營紡織手工業的富家人因此大量蓄買女婢，供給她們吃和住，同時教她們紡績的手藝。王世貞同時也記載一位顧安人說，她「課耕紡，率勞食，興臧獲……，」終於使她們家的經濟情形，稍稍富饒起來。

明代末期由於商業的加速發達，城市手工業人口的持續增加，有經營頭腦的大地主、大商賈更是大量地利用他（她）們的「大家人」當買辦，當經理，而且更放膽地利用家裡女婢當生產工具。這種現象可從龐尚鵬在萬曆年間出刊的《龐氏家訓》一書看出端倪。龐尚鵬寫說：「民家常業，不出農商。通察男婦僕幾人，某堪稼穡，某堪商賈，各考其勤果否相稱。」此外，馮夢龍（一五七四—一六四六）在《醒世恆言》第十八卷〈施潤澤灘闕遇友〉的故事中，述說當施復夫婦生意開始興旺之後，他（她）們就買了三、四十張紬機，同時邀了幾房家人來一起工作。

●明人員外與他的妻妾（出自：《畫中人傳奇》）

上述的這幾位女主人在家裡顯然掌握了相當的權力，可是如果看一看《金瓶梅》小說虛構的西門慶家族，那麼女人充其量只是男人的玩具與商賈大房子的裝飾品而已。貪財好色的西門慶擁有眾多妻妾女人：包括重視自己是元配地位的吳月娘，懂得描眉畫臉奉承主子的潘金蓮，風月比不上潘金蓮、也不受寵的李嬌兒，孝服未滿便再嫁給西門慶的李瓶兒，後悔嫁入西門慶家、把握機會改嫁他人的孟玉樓，被吳月娘視為奴婢的四房孫雪娥，懂得逆向操作手腕的鄭愛月，性格伶巧但多狡詐的李桂姐，以及識大體的吳銀兒等。《金瓶梅》作者笑笑生利用李桂姐道出當妓女的悲苦辛酸，也藉西門慶的淫亂早死，來突顯未亡人吳月娘的權力與責任。吳月娘終於看見了自己的命運，而且開始行使女主人的權威來管理家產以及眾多奴婢，包括把潘金蓮發賣（最後由武松出價買下）等等。

四大職業類別

明朝開國皇帝朱元璋在位三十年，一三九八年六月二十四日死時，遺有五十八名子孫。可是到了一五四九年時，朱氏皇族增加到一萬人以上，此後再以幾何級數的遞增，在一六〇四年時，擁有朱元璋DNA的直系親族已經超過八萬人。不過如以當時中國的八千萬人口來計算，皇室子孫貴戚的人數也不過才佔全國人口的千分之一而已。第一章到第三章所討論的官闈女人、親王勳臣的女眷，實在不能代表明代女人的真正生活。為了努力將具有代表性與特殊性的明代女性讓讀者參考，首先要提綱挈領地介紹明代的社會秩序、經濟結構與職業分戶。朱元璋因為要有效控制人口，所以在一三八一年頒布「黃冊」於天下，當作政府課賦稅、徵差役的依據。「黃冊」的基本原則是「在籍永業，役皆永充」，要將人民永遠束縛於固定的租賦力役。為了實施這個政策，明朝政府把當時人口編為「民戶」、「軍戶」、「匠戶」與「鹽戶」四大職業類別，同時制定「魚鱗圖冊」、「軍冊」來相輔相行。

在此四大職業類別，世代都要承襲的軍戶幾乎佔了人口的三分之一（在不同的朝代也許只有五分之一或六分之一）。在一四〇四年（永樂二年），永遠隸屬於軍籍的就有兩百萬家，他們大致來自從征、投降、歸附、謫發、垛集和抽籍。雖然軍戶可領月糧，出差有口糧，也有軍房田地供妻子居住，可是軍役繁重，除了守城之外，還要屯耕，而且上司私役軍差，不勝繁重，又兼之編制到遠離家鄉的衛所單位，當軍人這行職業逐漸不被社會尊重。明代中葉以後，連民戶的人家都不願跟軍戶通婚結親，致使政府要強制將抄家沒籍的婦女配給軍人當老婆。更糟的是，到了明朝晚期，有大量的軍戶人家，不安於軍征的生活，集體逃亡。

匠戶有民匠和軍匠兩種，軍匠隸屬兵部，直接由分布於全國各地的衛所管轄，民匠則隸屬工部，提供政府各單位作無償的勞役與服務。民匠戶的職業分類很多，主要的分有輪班工匠與住坐工匠，也是要世代相襲，不得轉業。屬於住坐的匠戶是因為永樂帝在一四二一年國都北遷，於是把應天府的兩萬七千戶建築業、營造業、製造業家庭附籍於順天府（包括北京、大興、宛平）。住坐工匠可領月糧和值米，也可免除雜役，規定通常每個月服役十天。至於輪班的匠戶有些是一年輪班一次，有些是三年一輪，有些是五年一輪不等。

依據《大明會典》卷一百八十九，明代初期輪班的各色工匠共有將近十三萬人，其中五年一班的包括木匠、裁縫匠；四年一班的包括鋸匠、瓦匠、油漆匠、竹匠、五墨匠、妝鑾匠、雕鑾匠、鐵匠、雙線匠；三年一班的有土木匠、熟銅匠、穿甲匠、搭材匠、筆匠、織匠、絡絲匠、挽花匠、染匠；兩年一班的有石匠、艌匠、船木匠、箬篷匠、櫓匠、蘆篷匠、戧金匠、絛匠、刊字匠、熟皮匠、扇匠、魫炡匠、氈匠、毯匠、捲胎匠、鼓匠、削藤匠、木桶匠、鞍匠、銀匠、銷金匠、索匠、穿珠匠；還有一年輪一班的包括表背匠、黑窯匠、鑄匠、繡匠、蒸籠匠、箭匠、銀硃匠、刀匠、琉璃匠、剉磨匠、弩匠、黃丹匠、藤枕匠、印刷匠、弓匠、鏇匠、缸窯匠、洗白匠和羅帛花匠。

●明代職業戶圖像（出自：明崇禎刻本《天工開物》）

輪班的工匠一般是按照朝廷和地方政府的需要，自己籌措往返旅費，到各地服役。如果說，每一個匠戶都有老母、妻子、女兒的話，這位應徵的匠工就得拋妻離家，到所指派的地方作免費的勞役。其中所衍生的問題，尤其是留在家中的妻女，如何維持生計、如何應付日常生活的挑戰，的確值得學者再進一步的研究。明朝《英宗實錄》卷一百五十三有一條記載，明確地道出當匠戶的處境：「然路程窵（遙）遠者，往返動經三四餘月，則是每應一班，六七月方得寧家。其三年一班者，常得二年休息；二年一班者，亦得一年休息；惟一年一班者，奔走道路，盤費罄竭。」

一四五四年之後（當時全國輪班工匠大約有二十四萬人），政府規定每四年輪班一次，可是因為受到經濟商業化的影響，有才能、有野心的工匠多流入市場去找好康的工作，去賺更多的錢。那些留在政府官員監督之下、繼續工作的匠戶因此開始怠工、隱冒和逃職。

明代的社會，除了皇親國戚、勳臣職官，「軍戶」、「匠戶」與「鹽戶」，僧尼道士，以及賤民之外，其他所有的人口都籠統地歸於「民戶」的職業類屬。一般所謂的賤民包括在喪葬過程中幫助未亡人號哭助哀的「嚎喪戶」，以乞食向人討飯過活的「丐戶」，以演戲歌舞或者包辦禮儀為職業的「樂戶」，以及靠伎樂、聲色或者用賣淫討生活的「妓戶」（詳看第九章和第十章）。如果不是賤民，則全部歸屬於良民的「民戶」，所以民戶的範圍相當的廣泛。除了大多數從事耕種、而且有田地的人戶之外，民戶還包括儒戶、佃戶、茶戶、漁戶、馬戶、礦戶、船戶、商戶、車戶、陵戶、果戶、壇戶、庫戶等等。很顯然地，屬於民戶的人口是明代糧食、布帛、棉花的主要生產者，更是國家最重要的納稅人和差役人力。

為了管理這些納稅人和差役人力，明朝政府頒訂了下載的法規（見《明太祖實錄》卷一百三十五）：

其法以一百一十戶為里，一里中推丁糧多者十人為之長；於百戶為十甲，甲凡十人，歲役里長一人，甲首十人，管攝一里之事。城中曰坊，鄉都曰里。凡十年一周，先後則各以丁糧多寡為次，每里編為一冊，冊之首總為一圖。其中鰥寡孤獨不任役者，則帶管于百一十戶之外，而列於圖後，名曰畸零。成為四本，一進戶部，其三則布政司、府、縣各留一焉。

明代初葉跟中葉，在地方上能當上甲長或里長的耆老人家，大概都會受到鄰里相當的敬畏，問題是他們背後的妻子如里長夫人，都很少有紀錄。當然她們的女兒如何教養，跟一般宦門家庭有何差異？也是讓人有想像的空間。上面一章提到的幾十位女詩人當中，有幾位是出自於這類的社會背景。第七章、第八章介紹的貞女、節婦，不少都是來自這種家庭。不過下面所談的「馬戶」、「茶戶」、「鹽戶」、「漁戶」與「船戶」

人家的婦女，要接受教育的機會大概是相當的困難。

馬戶、茶戶、鹽戶

明朝開國之初，為了馭守邊陲並控制資源，在東邊、北邊設有馬市、馬場，在西邊幾個地方設有茶市、茶場，一四〇六年，永樂皇帝在北京北方、遼東、陝西和甘肅開辦了四個「苑馬司」的畜牧養馬專區。指派到這些地方的「馬戶」飼養人家，每年要交給政府好幾萬匹的戰馬，譬如說遼東地區大概兩千匹馬，而陝西則是一萬三千匹到一萬四千匹。可是到了明代中期以後，牧地草場愈來愈少，官吏需索嚴苛，一般的馬戶不堪征剝，負擔過重，造成很多孤兒寡母的貧窮馬戶。

明代時期，中國產茶的地方很多，包括南直隸、浙江、江西、湖廣、四川、陝西等地。在產茶的地方設有茶課司，定稅課額。因為邊疆民俗愛吃乳酪，所以要用茶當佐助飲料，明朝因此以茶換馬，嚴禁沒有執照的一般茶戶直接跟「外國人」買賣茶葉。種茶人的辛苦可由杭州府富陽縣（東臨錢塘江）的一首民謠窺其一斑：「富陽山之茶，富陽江之魚，茶香破我家，魚肥賣我兒。採茶婦，捕魚夫，官府考掠無完膚。」久而久之，

●明代「馬戶」婦女（出自：《三遂平妖傳》）

茶法跟馬政一樣，最後也是敗壞變成具文。

鹽是明朝政府稅收的主要來源，因此鹽的生產和買賣都由政府壟斷，官方在全國各地派有專人管理海鹽、井鹽、池鹽、岩鹽和土鹽的煮晒生產。一四〇二年當朱棣登上皇位時，中國每年從六個產鹽地區——兩淮、兩浙、長蘆（順天府）、河東（山西）、山東以及福建——提煉超過兩百五十萬引（大約六十萬公噸）的食鹽。如果再加上廣東、四川、陝西和雲南的池鹽、井鹽和土鹽，那麼鹽的總產量數字還要更高。明朝政府分配鹽丁到鹽田工作，在支付工本費給這些「鹽戶」之後，便把鹽販賣給得到許可證的商人。一個「引」的執照，容許鹽商購買大約兩百四十二公斤的鹽，鹽商支付的稅款大概是他購買食鹽價格的二十分之一。十五世紀前半，政府每年收入的鹽稅最少有一百萬兩銀，可是鹽丁或灶丁的生活卻是相對的辛苦，收入又微薄，一般老百姓都不願意充任。到了正統朝，「鹽戶貧困，逋逃者多」，造成社會不安寧。鹽戶每丁（男性）每年要繳納二十引（大約四千八百四十公斤）的稅，而且如果私賣鹽被捉到的話，要打一百杖，還要到邊遠徒役三年。

現在的問題仍然是，鹽戶的女眷參加取滷、淋滷、晒鹽和收鹽的生產過程是如何？譬如說，一口鹽戶人家只生一個男孩，但卻有五、六個女孩，免除雜役的這家鹽戶每年就規定要付九千六百八十公斤（因為父子加起來兩丁）的稅，可是五、六位姊妹是否每天都可以幫忙父兄工作呢？明朝官方的文獻記載，到了中葉以後，很多鹽戶都因欠政府鹽稅而逃竄；有的潛逃到別的地方當傭工，有的出贅當人家的女婿，有的改名改姓去當兵，甚至還有的剃掉頭髮當起和尚。正統年間（一四三六—一四五〇）僅僅在松江一帶，欠負鹽稅的人就達到六十多萬。此中最大的原因是政府的壓榨與苛法，依據《大明律集解附例》卷八「人戶虧兌課程」條規定：

凡民間週歲額辦茶、鹽、商稅諸色課稅，年終不納齊足者，計不足之數，以十分為率，一分笞四十，每一分加一等，罪止杖八十，追課納官。

此外，有可能是受到不良天氣（如水災、風災）或物價的影響；當然假如米價上漲、鹽價下降的話，鹽丁的收入支出也一定會受到某種程度的損失。可是當鹽戶因貧困負稅而逃亡時，他們的母親、妻子、女兒又要怎麼安置呢？或許這個時候，當尼姑、或妓女、或婢女、或老媽子，以及棄嬰的人數，也自然要相對地增高吧！

船女、漁女

明代中葉以後。那麼多「鹽戶」消籍逃亡的另外一個重要理由是走私。雖然食鹽是管制品，禁止製鹽的人私自販賣，可是兩淮及江南產鹽地帶都是水運相當便利的地方。在有利可圖的誘惑之下，不少「鹽戶」就勾結善於操舟、諳習水路的「船戶」鋌而走險，走私賣鹽。如果遇官軍緝私，或者以賄賂過關，或者被逼上梁山就加入了海盜。至於被編僉為「船戶」這類的職業戶，他們雖都是靠船為生的民夫，但是其間的細分稱呼繁多，諸如棹卒、艇子、楫師、舫子、水手、舟師、水夫、俏家、船工等不一而足。宋應星（字長庚，大概生於一六〇〇年）在《天工開物》（一六三七年初版）書中，將航駛於明代江河的船分成主要的五種：包括（一）往來於大江，專門負責運庫銀的江船；（二）穿梭於連綿湖泊的湖泖船，諸如哨船、渡船、畫舫；（三）航行於各大支流內河水域的河船；（四）專門載貢糧走大運河的平底船（又稱漕船或糧船）；以及（五）以捕魚維生的各類漁船。船戶漁民因為匯聚在無定所的江河湖泊，四處浮蕩，他們人口眾多，但較難統計。而且他們之間收入差距很大，也不好掌握。

除了幫政府及雇主服務，載運各種物品之外，一般船戶鮮少跟陸上的人家來往。他們的社交圈子幾乎都囿限在湖、河、海的範圍。俗語說的，物以類聚，所以他們婚姻的對象大多數都在同業之間做選擇。長此以往，處處無家處處家的船戶，簡直就是生活在另一個真正名副其實的「水鄉澤國」世界。屬於社會低層階級的船戶，他們子女受教育的機會應該相當有限，他們的子孫能中解元、中進士的也是寥若晨星。如果要進一步了解他們以及他們女眷的日常生活，也只好靠有學問的文人留下的零星記載。譬如說，吳敬梓在《儒林外史》提到一件船婦騙錢的事：「鳳四老爹（鳳鳴岐）與萬中書等五人乘船過蘇州，船上遇到一絲客人，被船婦以一度風月的方式，騙去兩百兩銀子。鳳四老爹將江船婦騙上船，取其衣裳，向其船婦之漢子取回兩百兩銀子。」

祝允明在《前聞記》的「片言折獄」敘說，某縣有位商人外出做生意，雇用一隻船裝載貨物。這商人在船上等待他的僕人，卻看不見僕人的蹤影。這時船戶看到船上裝滿了那麼多昂貴的貨物，忽然起了貪念，又看到商人孑然一身，沒人作伴，又是僻寂、無人所在的地點，於是便把那位商人推擠到水裡，自己載著貲貨回家。事後僕人找到商人的屍體，告發官廳，把船戶捉起來，坐抵處刑。

同樣是依水而居的漁戶，他們捕魚用的船從六桅到兩桅不等，也是屬於四業之外的低層社會階級。不過聚集在漁村（陸地）的漁民，他們的生活方式比較接近農民，而且因生於斯，長於斯，他們的社會關係比較穩定，大部分均放任生育多子多孫。明代法令並沒有明確徵課漁戶稅役，但是他們按規定要到河泊所登記設戶籍，並且歲納若干錢、鈔、米、魚。萬曆年間，全國大約有一百零二所湖泊所，分別由布政司、府、州、縣管轄。有些縣，諸如湖廣的沅江縣，因幾乎每家都是漁戶，他們主要的財政收入就是對漁戶課稅。沅江是洞庭湖的西流，又是五河匯流之地，所以沅江縣沒築城廓，除了寒冬之外，家家戶戶都備有各式各樣的漁船捕魚過活。當然每種行業都有一本難念的經，漁戶捕不到魚時，或者魚價不好時，賣子典妻來支付家庭費用及繳納官府課賦的，還是時有所聞。反過來說，一般明代畫家、詩人、名士非常嚮往漁人的質樸生涯，以及漁家女人「見郎嬌不避」的習性。然而他們詩情畫意所描繪的漁家生活，到底跟實際的苦樂情形還是多少有所出入。譬如說，唐寅的〈漁村夕照〉（見《明詩紀事》卷十一）詠說：

> 鷓鴣啼斷雨初晴，渡口風來水氣猩，
> 溪北村南齊曬網，釣船閒在夕陽汀。

現代的醫學常識告訴我們多吃魚可降低人體的膽固醇，不僅如此，魚肉所含的Omega三有助消除關節炎等毛病。另外的好處，應該是可以保持皮膚的淨白健康。鄭敷教在《鄭桐菴筆記補遺》（收集在《叢書集成三編之十》），記載了一位明代漁戶邵白以及他美貌白晰女兒的遭遇：

> 邵白有漁船，生一女，國色，好食淡嗜潔，日嘗瞑目無事，惟向淨湖盥漱十餘次，而已年十五六，父母為求匹，不許。富貴家多重貲求之者，益不許。至十八歲，忽自沐浴端坐，從手掌中放三昧火焚而逝，而肉身不壞。

以漁家當主題作畫寫詩最用心的是吳錫人王問（字子裕，號仲山，一四九七—

一五七六)。王問不喜愛大都會,選擇太湖湖岸的寶界山(無錫南方十六里處)建築一座有竹、有樹、有花、有石、有水的別墅。他別出心裁所繪的八幅風景圖都是以寶界山當背景,而其中最有名的是一幅《漁樂圖》(為日本人岩崎伯爵家所收藏)。這幅畫以低窪的湖澤及一條貫穿其中的河流為背景。前景主要是茂鬱蒼綠的竹跟樹,參夾著兩條小船跟船上的捕魚人,而遠處的水平堤正是臥在煙雨中的漁村住戶,加上另外幾隻漁船正漂流在淺灰色的河水上出航;這幅畫令人一看,就是人間天堂呢!另外王問在《王仲山先生詩選》卷八〈魚隈〉也寫了一首描述漁村風光的小詩:

日暝得魚歸,妻子歡自足;
繫船湖水邊,上山伐黃竹。

職業戶制度的崩潰

除此之外,還有少許特別的職業戶,包括占卜相命的陰陽戶,在驛站傳遞消息文件的站戶,當富人雇工的營生戶,以及診治病人的醫戶。從一五二六年開始,明朝政府規定考取醫生的制度分為三等。考上一等者可充當皇帝的御醫,二等跟三等者可在太醫院行醫看病，或者到各王府去當「良醫大使」。編寫《本草綱目》的李時珍（一五一八——一五九三，湖廣蘄州人）當時考中了二等，之後在北京太醫院行醫濟世，採用所謂的「四診」方法（望、聞、問、切）來診斷治療病患。現在的女孩子，喜歡嫁給醫生，不知明朝社會也有同樣的現象嗎？

上面介紹了這麼多職業戶，主要是想幫助讀者能更進一步了解明代女人所處的客觀環境。除了跟現代人有截然不同的律規習俗之外，讀者還必須注意明人在稱呼、觀念、以及時空的差異。以時空為例，從一三八一——一六四二年的兩百六十年間，「黃冊」總共編修過二十次之多，可是依然無法應付明代社會與經濟結構的改變。原因是人口的增加和流動，加上經濟的商業化以及錢幣的改制，逐漸地、不可避免地，衝破了以世襲制度為基礎的「職業戶」藩籬。明代中葉以來，衛所屯田制度崩潰，皇親富豪侵佔民戶田地，致使屯軍農民大量逃亡，工匠鹽戶流入市場。後來每逢大荒大災，大批無家可歸的難民就湧向南方，造成北方空虛無人耕田納稅，南方社會動亂不安，這時「黃冊」已經慢慢地失去了它的公信力與公權力。早先，「黃冊」所規定的賦稅勞役是「以田為母，以人為子」，可是人口有去有來，而田無法交易。百年之後，戶口的出入，田產的細分與買賣，使得官方在按籍執行徵稅、編徭、收租的效益就顯得不彰。

等到明代末葉，除了人口的量變跟質變之外，再加上政治的腐化以及銀幣的運作不當，賦役繁雜，礦稅四出，人民就相率逃移隱匿，或者四處舟居、山居，或者冒屬、冒報、漏報。明朝在萬曆當皇帝之後，到外地謀生當營生戶或臨時雇工的人數節節上升，可以說整個職業戶的原先架構已經分崩離析。從十七世紀開始，家道貧困的軍戶、農民受官府箠楚囚牢之苦，常常逼得支應無從措辦，有的全家逃竄，有的挑擔過河越嶺去做買賣，有的要拋棄老弱，有的要典賣子女。不要說明初所設的職業戶制度已經破產，就連整個社會秩序也是蕩然無存。在此情形下，婦女的負擔更加沉重，生活更加艱苦。農村的婦女要學做糖食、染布來補貼家計，要拋頭露面跟販客打交道。在客棧男女同席而飲已經是司空見慣的現象。當然被富人買為傭僕女婢的數量，或是墮落到煙花賣淫的女人，也增加到史無前例的狀況。

女尼與少數民族婦女

朱元璋剛剛平定天下時，幫他立功拚命的將帥很多是來自紅巾軍背景，而且這些軍人當中，很多人相信真的會有「彌勒」轉世來救治世人。所以當上皇帝的朱元璋就反對、並嚴加禁止白蓮教的活動，不准人民祈禱聖書，或者迷信畫符、神咒。因此當湖廣羅田縣（妖人）王佛兒自稱他是彌勒佛降生，並且傳寫佛經惑人時，就被官軍捕斬。湖廣蘄州廣濟縣男女聚集，創立白蓮社不久，也通通被官軍捉捕。如此一直到洪武五年（一三七三），朝廷才同意發度牒給僧人和道人；再十年後（一三八三），才決定設立管理佛、道教徒的僧錄司和道錄司。

等到一三九二年時，明朝政府又再一次清理佛、道的宗教事宜，限制每三年才給和尚一次官牒，而且把各府州縣的寺觀廟宇重新合併。在府設立的寺觀不得超過四十人，州不得超過三十人，而縣最大者只准容納二十人。不但如此，男性一定要四十歲以上才能當道士或和尚，女性則一定要五十歲以上才能出家當尼姑或女道士。一三九六年時，禮部下令全國僧道需要到京師考試才能拿牒，不懂經典或考不及格者，全部都罷黜、取消他們當僧道的資格。自此以後，皇帝可賜高僧「法王」、「佛子」、「大國師」等封號；道士則有「大真人」、「高士」等封號。

「佛母」唐賽兒

永樂統治中國期間，彌勒顯世、普渡眾生的謠傳還是持續不斷。先是江西人李法良在湘潭聚眾，信徒蔓延至安福。李法良後來被江西吉水縣所擒拿，交給豐城侯李彬，送到京師處死。不久山西的劉子進也因利用白蓮教作亂，在一四一六年被殺。四年後，明朝規模最大的教亂在山東發生，株連受影響的近萬人，而且領導者是一位名叫唐賽兒的女尼。

唐賽兒是山東蒲台人，原先嫁給同鄉人林三為妻，丈夫死後信奉佛教，自稱「佛母」。唐賽兒說，有一天她從丈夫的墳墓回家途中，經過一個山崖，看到山崖底下有一具石函。她打開石函一看，竟發現一本寶書和一把神劍。讀完寶書之後，唐賽兒宣稱她能卜神，能知道過去、也能預卜未來。自此，唐賽兒就開始剪紙做人、做馬，而且用符咒將它們變成有生命的軍隊來替她打仗。這種能駕役鬼神的魔術就是白蓮教吸引無知農民的有效手段；不多久，她就擁有數千男女信徒，而且攻佔了益都地方的卸石柵寨。當時明朝指揮官高鳳敗死，使唐賽兒的氣勢更加熾盛。一四二〇年三月二十四日永樂皇帝接到了這消息時，唐賽兒的「佛母」子弟正在圍攻安邱，而且亂軍快速地向南、向東方向挺進。

當朝廷最初接到這消息時，曾發布招降令，保證投降者免受處罰，可是無效。一四二〇年四月十日，永樂任命安遠侯柳升帶官兵到山東追剿。唐賽兒的「佛母」子弟兵依然繼續攻打安邱跟莒州，一直到四月底，柳升的數千騎兵才平定了這次的宗教亂事。《明史》卷一百七十五載說，官軍殺賊兩千人，生擒四千餘人，最後帶到北京一一誅殺，可是唐賽兒卻逃之夭夭，不見蹤影。永樂生氣懊惱之餘，下令逮捕山東及北京地區的所有女尼及女道士，甚至全中國出家的婦女，先後幾萬人也都受了災殃！

找不到唐賽兒的下落，反而致使民間的傳說更加繪聲繪影，說唐賽兒真的是佛法無邊。明代歷史家徐學聚在他的《國朝典彙》（共兩百卷）寫說，唐賽兒其實是被捉到的，可是在刑場時，劊子手的刀劍傷害不了她的身體，而且所有加在她手腳的刑具也都鬆掉脫落，因此她才可以從容地隱身遁走。徐學聚的說法不僅記載在《明實錄》中，就連谷應泰（死於一六八九）的《明史紀事本末》（共八十卷）也證實此事。到了十八世紀初期，呂熊著《女仙外史》一書，居然把唐賽兒從叛逆亂賊的身分晉升為救世神仙！

至於以佛門煽惑民眾謀亂的事情，一四五五年在淮南出現過一次，一四六五年在山東跟京畿之間又發生一次，兩次的領導人都被擒獲，並梟首於市。可是明代女尼的信仰及她們的生活又是如何呢？

觀世音菩薩

明代信仰佛教的女人，不管是出世或入世，當尼姑的或是在家吃齋修行的，都把觀世音當作她們的救世主。明代的婦女，上自尊貴的皇后，下至賤女乞婦，她們隨時隨地都可以和大慈大悲的觀世音做精神上的溝通，特別是當她們面臨生病、痛苦或無法解決困難時，她們會禱告祈求觀音幫忙救贖。早在一四〇三年，永樂皇后徐氏就已經出版了一部有關佛教大功德的小冊子，描寫她跟觀世音之間的微妙關係。徐皇后說，一三九八年的農曆新年（當南京當局考慮要削弱燕王的勢力時），她在房間念經叩頭，請求觀音憐憫救濟。果然觀音應驗出現在她面前，對她透露說，她的丈夫將成為下一任的皇帝；因為這是因果和幾世累積的「業」績，她將成為皇后。小冊子還說，觀音同時指示她怎樣每天朗誦大功德經，包括如何善待眾生，如何培養內心的純潔、誠信、忠孝等美德。徐皇后又說，正因為她持續不斷地朗讀這部佛經，她才有辦法度過靖難內戰的最黑暗歲月。最後，徐皇后以真人的口吻證實，觀音答應她，十年以後還會跟她再見面一次。徐皇后朗誦的《觀音夢受經》總共有七十八個字如下：

南無觀世音菩薩，南無佛、南無法、南無僧，與佛有因，與佛有緣，佛法相因，常樂我淨，朝念觀世音，暮念觀世音，念念從心起，念佛不離身，天羅神，地羅神，人離難，難離身，一切災殃化為塵，摩訶般若波羅蜜。

一四〇七年八月徐皇后過世之後，她的三位兒子——皇太子朱高熾、漢王朱高煦和趙王朱高燧——都為母親的小冊子寫後記。而在一四一三年，為了遵守傳統的孝道，這三個兒子在南京聚寶門外的報恩寺，建造了一座金碧輝煌的九層琉璃瓷磚寶塔。六年之後（一四一九），永樂命令內府刊刻十六卷的佛教歌曲《感應歌》，用來教導匹夫匹婦，使他們容易了解佛教經文。

其實觀世音本來是一位男性的菩薩，梵文名叫Avalokitesvara，跟釋迦牟尼和其他的菩薩一樣，是位長得英俊瀟灑的王子。在印度、西藏跟東南亞一些國家，Avalokitesvara是宇宙的統治者。在敦煌的洞窟壁畫中，觀音是以肌肉結實，而且留有短髭的男性表情出現。不過到了晚唐和宋朝，觀音逐漸地女性化，慢慢演變成好幾種不同角色的女性偶像，包括在河南一帶盛傳的妙善公主、陝西的魚籃觀音（或稱馬郎婦）、杭州的白衣觀音，以及普陀山的南海觀音。這些女性觀音的背後，都摻雜一些令人津津樂道的傳奇故事。譬如說，相傳在第九世紀初的唐朝，陝西東部一帶的人大多不信奉佛教，觀世音菩薩於是轉世為一位年輕美麗的賣魚姑娘，並且對二十位求婚的男人說，誰能記熟《金剛經》，她就嫁給誰。其中有十幾位求婚者通過這個考驗，不過只有男子「馬郎」也同時能熟讀《法華經》。婚期接近時，這位女子突然病死了，在她的墳墓裡，只剩下一身骨頭串著一條金鍊。最後，來了一位和尚將女子的骨頭繫在他的神杖上，驟時，和尚便騰空消失，從此不見蹤跡。當時圍在墓旁的匹夫匹婦都看傻了眼，慢慢地，便將「魚籃觀音」顯靈的故事傳到全中國。

浙江南海的普陀山，就傳說曾有大士顯靈現身過，才成為佛家聖地。一位稱為「廣野山人」的密宗人物，說他有一天往普陀山途中，因遇到狂風暴雨，於是將船停泊在海岸旁，躲到一山壁時，無意中看到一個石門，鐫刻有「朝元洞」三個字。廣野山人在石洞裡頭，撿拾到一本《觀音濟度本願真經》，在「真經」的卷首，有一幅觀音像，而且上面還印有四句七言詩：

無上甚深微妙法，百千萬劫難遭遇，
我今見聞得受持，願解如來真實意。

萬曆年間，普陀山的佛寺被大火燒毀，萬曆的母親李皇太后因此發願修復，捐了萬兩銀子，把佛寺在原地址蓋造完成。完工之後，皇帝請有學問的大臣撰文造匾，頌讚李皇太后的無量功德。除此之外，萬曆還詔令宮廷匠工臨摹複製一千份吳道子畫的大觀音圖像，捐贈給全國每座大的梵刹寺觀，使佛教徒有機會看到觀音的慈悲貌像。

觀世音菩薩女性化，最完整的記載是妙善公主立志修行，不要嫁人，抗拒暴虐父親妙莊王的故事。妙莊王為了懲罰抗命的女兒，把妙善公主送到尼姑庵，連同五百多位女尼一起燒死；可是妙善因山神保佑而脫險，之後還用自己的手指和眼睛配丹藥去救父親。最後妙善公主化度了自己的父親、母親、姊姊和姊夫，他們都變成虔誠的佛教徒而得到正果。十二世紀時，河南香山的大悲寶剎出現一座刻有一千隻手和一千隻眼睛的觀音雕像，從此當地苦難的農民信徒，就傳說香山的大悲寺就是妙善出家所住的尼姑庵白雀寺。

觀世音的女性化形象，無形中吸引了更多明代的婦女香客，因為妙善公主（很類似基督教的Virgin Mary）代表著女人的純潔。白衣觀音可幫助虔誠的婦女信徒懷孕生子；白衣觀音身上穿著披蓋頭髮的白色披風，一手拿瓶，一手拿蓮花，往往在救助婦女的夢中出現。南海觀音可化解人世間的災難，甚至還可轉世變成各種女性的神祇，包括天后、媽祖、碧霞元君、和無生老母。其中宋代的媽祖和明朝末期盛行的無生老母，跟妙善公主一樣，都是純潔的處女。

明代尼姑庵的數量與修行的尼姑數字無法確定，可是每當尼姑有重大的淫穢事件發生時，官方還是多少會加以記載的，諸如嘉靖年間，在北京西郊皇姑寺和保明寺發生的醜聞。一五二七年歲末，吏部尚書桂萼（字子實）接到密告說，距離皇城數里外的名尼姑庵皇姑寺中，住的多數是妓女，從事淫亂賣春的工作。嘉靖皇帝接到報告之後，隨即派桂萼親自到皇姑寺調查真相。桂萼證實掛羊頭賣狗肉的皇姑寺，的確已經變成了實質的妓院時，怒不可遏的嘉靖下詔廢毀全國的尼姑庵，命所有的尼姑還俗。當這件事傳到鄰近的保明寺時，全體的女尼震驚不已。她們馬上運用跟內宮太監的關係，央求兩位皇太后（嘉靖伯母張太后與生母興獻蔣太后）向皇帝求情，結果保明寺是保住了，可是皇姑寺跟其他很多尼姑庵不是被毀、就是被關閉。至於潔身自好的女尼則暫時遷移到保明寺居住。朝廷為了警告尼姑不能再做淫亂之事，特別在保明寺的天井邊，立了一個「毀尼碑」。至於桂萼呢，他因為處理皇姑寺事件有功，得到皇帝的信賴，第二年（一五二八）的一月三十一日晉升為太子太保，可是隔年因「大禮議」衍生出來的政治鬥爭，桂萼被免職，一五三一年十月三日死於老家江西安仁。

尼姑庵包藏淫亂女子的事件真是剪不斷、理還亂。一五三七年駐在南京的「行在」禮部尚書霍韜（字渭先，一四八七—一五四〇）接到詔旨要封閉南京地區所有的尼姑庵，理由和上述北京皇姑寺毀尼事件一模一樣。結果是，南京地區的七十八間尼姑庵全部被改造成學校或祠廟，尼姑庵佔有的農地悉數沒收歸公，其中二百三十八名年紀大的尼姑或者被遣送回家、或者被安置在養老院。至於二百一十位年紀較輕的女尼，政府限定她們需在三個月之內，自己選擇跟男人結婚。如果三個月期限已到而尚未結婚者，政府將強制把她們分配給未婚的士兵當妻子。

尼姑從事淫蕩行為有時是由男人造成的，明末名士李贄（自號百泉居士，一五二七—一六〇二）公開反對孔孟儒學，他在一五八五年把妻子家人遣送回福建晉江老家，自己住在湖廣東北部的麻城（靠近黃安）宣教佛經。據載，仰慕他名氣的麻城良家婦女，扶老攜幼，帶著自己的枕頭和草蓆，趕到佛寺來聆聽他的「虛實說」、「高潔說」，以及寫作《焚書》（一五九〇年出刊）的始末。更令傳統佛門修行人吃驚的是，李贄竟在光天化日之下與妓女一起沐浴。行逕和李贄恰恰相反的，是著名的雲棲大師袾宏與婦女的互動關係。袾宏是因為每天聽到鄰居一位老寡母禱念「阿彌陀佛」，才決心出家宣導「淨土宗」的佛理。袾宏的妻子（繼配）也削髮為尼，不僅如此，袾宏在一五七一年回到家鄉杭州，在雲棲山的一個小茅屋面壁修行，一天只吃一餐，發誓除非鐵樹開花，否則不跟任何人講話。一五七七年雲棲寺落成，袾宏熱心地把淨土宗跟禪宗揉合為一，強調「自性彌陀，惟心淨土」，講究「戒壇」。他著有《具戒便蒙》、《沙彌要略》以及《尼戒錄要》。袾宏的注重戒與修，吸引了眾多的男女信徒，跟李贄的放肆恰好形成強烈的對比。

明朝崩潰之後的幾年內，南明的政權和尚可喜的軍隊有多次血腥戰爭，導致數十萬以上無辜百姓的死亡。一六四七年有一名叫函昰（字天然，一六〇八—一六八五）的廣東人，私下將幾位戰死的明朝遺臣火葬收埋，然後逃到位於廣州東南二十多里的雷峯地方，當隆興寺（一六五八年改名海雲寺）的住持。一六四二年函昰的母親和妻子出家當尼姑，五年後，兩位姊妹相繼遁入空門，等到一六五〇年時，他的兒子函琮改佛名為今摩，隔年他的媳婦（函琮的妻子）也削髮為尼！此外，函昰的很多親友要不是吃齋，就是出家托缽為僧、尼。一六五四年函昰在江西的雄偉廬山建造了一座尼姑庵，除了安置他的母親、姊妹之外，也收容南明一批無家可歸的婦女。函昰信奉禪學，特別精通曹洞宗的教義，著有《禪師語錄》、《楞伽心印》、《梅花詩》等，對於救濟明末女尼做出了重大的貢獻。此外，有關於信仰天主教的明代婦女在第三章已經稍作交代。至於信仰伊斯蘭教的明代婦女，因史料匱乏，在此就無法討論了！

女妖

可是有野心的男人、婦女也常利用觀音佛祖來煽惑民眾、為非作歹。明代的宗教領袖除了「佛母」唐賽兒之外，還有正統年間的尼姑呂牛。呂牛本來是男身，但假稱女身，自稱為呂菩薩。萬曆期間則有米奶奶（曾經嫁給劉姓男人）創立秘密教派叫龍門教。龍門教在河北南部受到貧苦農民的支持，在明末時，參加反抗朱氏皇室的起義鬥爭。當時在山東自稱「混元祖師」的王倫益妻子，也率領她們的信徒反抗明朝政府。鳳陽劉天緒自稱「無為教主」，他的教民寡婦岳氏，自稱觀音再世，也起兵造反。一六三九年刊行的《崇禎烏程縣志》記載，縣內村庄流行佛經「勸世文」，農村的婦女群集唱和。還有八卦教的女教徒都穿窄袖短衣，揮刀善鬥，組成「紅衣健婦營」，學習武事，準備作戰。

女性可假菩薩之名而興風作浪、抵抗公權力，但也有時被誣告為女妖。正德初年，霸州人王智生了一位美豔的女兒叫王滿堂。當時正德皇帝正在選嬪妃，王滿堂參加甄選，但卻沒被選中。這位年輕美女回家之後，覺得羞恥，發誓再不嫁人。可是不久之後，王滿堂連續做了幾次夢，夢見有一位富貴的男子叫萬興要來求婚，於是改變了她不嫁人的初衷。不過王滿堂做夢許聘的事，被一位經常出入王智家裡的雲遊和尚知道，這位和尚私下把這件離奇的事，告訴一位懂得妖術的道士段鋹。段鋹貪戀王女的美貌，便賄賂和尚，改名萬興，然後拿著聘金到王家求親。就這樣，王滿堂被騙，嫁給了道士段鋹（萬興），終於成了「妖女」。

段鋹娶到王滿堂之後，信心大增，不期然間拿出妖書，轉相煽惑。一般鄉民因為相信王滿堂的夢是真的，所以跟隨段鋹的信徒就愈來愈多。不過段鋹深怕露出破綻，於是攜帶妻子滿堂逃到山東。恰好迂腐的嶧縣儒生潘依道和孫爵，也相信段鋹是神仙轉世，於是策杖跟隨，伏地稱臣。受到這批人擁戴之後，段鋹大膽地僭號稱帝，改元大順平定，在牛蘭與神仙兩山之間，招兵買馬。段鋹後來被新城人捉獲，並沒收他所謂的妖書。朝廷依法誅斬段鋹、潘依道和孫爵，不過釋放所有被段氏拐誘的無知百姓，而且正德皇帝特別下旨，將「妖女」王滿堂送到內宮的浣衣局。很快地，正德看上了滿堂的美豔，因此命她轉到豹房服侍，一直等到正德駕崩（一五二一年四月二十日）後，才被釋放出宮。

宦官劉若愚撰寫的《酌中志》，記述明末一件女囚冤獄案變成女妖的故事，因為《明神宗實錄》也記載此事，所以可信程度應該是相當高的。事情發生的時間大概是一六〇二—一六〇五年間，而無辜冤死的女人叫荷花兒。這件事發生在北京周皇親家辦喪事時，有強盜乘機而入，殺死了周皇親，並搶走錢財逃之夭夭。當天晚上，有一名巡邏的衙卒路過周家，看到周家婢女荷花兒獨自一人伏地哭泣。這位巡邏卒不問青紅皂白就逮捕了荷花兒，然後具狀把她送到司法單位。在審訊過程中，荷花兒不堪虐刑，沒辦法，只好承認她跟某某男人通姦，與他共謀，利用喪事殺主取財。

當時主審這件兇殺案的，是一位姓翁的刑部大司寇和曹郎徐貿源。這位翁公不久前才從南京調到北京，而且早已聽到這件兇殺搶劫案件。可能由於先入為主的偏見，加上明朝法曹的草率，翁公很快就宣判要荷花兒坐法凌遲。等到臨刑時，觀看的人雲集在法場，突然有一男人大聲呼喊，說荷花兒是冤枉的，因為他才是殺人的兇手。不過已經太遲太慢了，荷花兒的凌遲極刑也差不多完畢了。劉若愚寫道，當劊子手開始要動刑臠割荷花兒時，她向劊子手說，她是冤枉的，而且哀求他先將她砍頭，等她斷氣之後，再執行割肉，否則的話，她死了之後，會成為一名厲鬼。劊子手還是不肯答允荷花兒的請求，依規執行凌遲。

話說在法場的兵卒，將自稱是兇手的漢子戴上枷鎖之後，法司重新審問，證實他的供詞與案情的實況細節吻合，於是伏法刑畢不在話下。倒是翁大司寇跟曹郎徐貿源都因失職誤判而丟官去職。雖然這件冤獄獲得平反，但是荷花兒究竟不能回生。劉若愚又說，那位執刑的劊子手有一天坐在順成門外的一家麵鋪，忽然大呼說「荷花兒殺我」，驟然間，劊子手七孔流血，倒地暴斃。當時有很多人聯想，那是荷花兒顯靈變成女妖來報仇的嗎？

少數民族婦女的婚俗

大明帝國的西南地區，包括四川、雲南、貴州、廣西以及部分的湖廣，在地理上滿布著巍峨繚繞的山谷峻嶺，原始的大片森林，以及各式各樣的湖泊及溪河。在經濟上，這塊僻遠的地帶擁有非常豐富的資源，包括銀銅、木材、井鹽，與可用來製造肥皂、油布、油漆和罩光漆的桐油。在種族上，這個地區住有數量眾多的壯族，瑤、白、傣、彝、仡佬、布依、壯、僮、苗等族。幾個世紀以來，他們跟漢族有著或深或淺的交流和密切的從屬關係。壯族跟另一種少數民族傣族有共同的語言，喜愛歡宴歌舞。壯族結婚嫁娶禮儀完成的當天，新娘就回娘家，一直等到生下兒子以後，才再到夫家，正式當起夫家的媳婦。這種「不落夫家」的習俗，跟明代漢人所提倡的男尊女卑、重視貞潔、孝順公婆的儒家傳統，實在是大異其趣，絕然不同。鄺露在《赤雅》卷一〈丁婦〉中記述：壯族「娶日，其女即返母家，與鄰女作處，間與其夫野合有身，乃潛告其夫，作欄以待子生，始稱為婦也。」

「不落夫家」以及「與夫野合」的奇異婚俗也出現在散居於崎嶇山脈裡小村寨的瑤族。跟白族一樣，瑤族以農耕栽種稻米、玉米和蔬菜維生。瑤族女子新婚洞房夜不會馬上和新郎上床睡覺，而是當夜返回娘家。往後的日子，這位「已婚」的新娘可以自由自在地社交，以唱歌物色對象，等到懷孕之後，才回到夫家。在此期間，當丈夫的男人也可以跟其他的女人睡覺，因此他不會介意自己妻子懷的是哪家的孩子，正如王仕性在《桂海志續》所記述的瑤族男女嫁娶如下：

新娶入門，不即合，其妻有數鄰女相隨，夫亦挽數男相隨，答歌通宵，至晚而散，返父母家。遇正月旦、三月三、八月半，出與人歌，和通，及有娠，乃歸夫家。已後再不如作女子時歌唱也。

這種叫做「坐家」或者「回親」的婚俗也發生在母系文化濃厚的彝族、仡佬族和布依族。彝族人信奉一種以神聖經典為基礎的宗教，他們是好鬥的戰士，而且往往將戰俘當作奴隸，甚至連資深的奴隸也可把新捉到的戰利品，當作他自己的小奴隸。此外，布依族、白族以及其他苗族則四散在雲南和貴州高原，生活於迷人的石灰岩丘陵、河川和崇山深箐之間。陳鼎在他的《滇黔土司婚禮記》寫說，婚儀「既成，則就於女，必生子然後歸夫家。」但是如果女的不生子，她就「不落夫家」。在孔孟儒學興盛的明代社會，新娘子這種作風，自然被視為是傷害風化的惡習俗，因此通通被明朝統治者，以嗜淫好殺的「野蠻民族」看待。不過如果從另一個角度來檢視，在「蠻夷」社會生活的女人，她們享有的自由與地位，卻遠遠高出於同時代的漢族婦女。在這些少數民族的眼中，女人一生不出閨門一步，夫死要殉節，才真正是沒道理，不可思議的野蠻傳統惡習俗呢！

其實明代的嶺南漢人，由於長期跟瑤、壯、僮、苗族雜居互動的影響所及，在中國西南的零星地區也常有「不落夫家」，甚至「自梳女」的流風，等於當今台灣所謂的

「單身貴族」。廣東省的順德、番禺、南海、香山、新會和廣州地區，漢朝時屬於交趾與鬱林，後來雖歷經唐、宋、元的統治，可是流寓在中華帝國最南端的這些不同人種，依然無法被納入漢族文化圈的主流。甚至到了清朝統治時期，他們的文化特徵在很多地方，依然是處於「漢」、「蠻」混雜的邊際圈。總之，在明朝的華南社會，受漢化較深的宗族已經採納了「明媒聘娶」、「六禮」和「不事二夫」的婚俗傳統，可是在上述的廣東零星地區，或者是廣西的南寧以及福建的惠安，卻時常有「長住娘家」，及獨立生活的「自梳」女性出現。

一般說來，西南各省的少數民族對漢族還是多少存有疑懼與戒心，而對統治他們的明朝政府總是抱著警慎敵意的態度。反過來看，大明的統治者，則是運用姑息、計謀以及歷代王朝所採取的「羈縻」政策來對付他們。明朝政府對於歸附的土著部族，為了方便統治和控制地方的資源，皇帝以名義上的武職或文職，冊封地方酋長為土官，形式上讓他們「自治」，但實質上，中央政府會指派官員來統治這些邊陲的地方。所謂羈縻，原來的意思是把牛馬之類的牲口用繩索繫住。舉例來說，為了穩定雲南地區的局勢，朱元璋在一三八二年，任命當地最先歸降，名叫商勝的女土官為武定知府，而且還封了其他的地方酋長當宣慰使（從三品）和宣撫使（從四品）。可是他同時又在雲南設立了承宣布政使司（管轄民政）和都指揮使司（負責軍事），而且於一三九七年設立提刑按察使司（司法公權力），從而完備了雲南地方政府的三合一的行省機構。

之後，隨著時間的轉移，大明政府逐漸以真正的漢人執行官員，來取代「已經入流」的部落酋長。一般說來，這種羈縻的政策效果不錯，可是當少數民族被欺侮得不能忍受，而組織抗暴行動時（明朝官方所稱的作亂），中央政府還是要派遣軍隊以武力招討鎮壓，諸如此類的血腥鎮壓情形，真是不勝枚舉！到底沒有龐大武力做後盾的話，還是無法叫牲口乖乖地待在栓欄槽房呢！趙翼的《廿二史劄記》卷三十四寫說：

> 明邊省凡有攻剿，兵數最多。考永樂中征安南，用兵八十萬；正統中征麓川，用兵十五萬；景泰中討都勻苗也富架，用兵八萬；成化中韓雍討大藤峽，先以兵十五萬，破修仁荔浦賊巢……；弘治中，閔珪討永安猺，用兵六萬；正德中，思恩府岑濬，與田州岑猛相讎殺，總督潘蕃討之，用兵十萬；嘉靖中，岑猛謀亂，總督姚鏌討之，用兵八萬；元江土舍那鑑亂，巡撫鮑象賢討之，用兵七萬；吳桂芳令俞大猷討韋銀豹，用兵十四萬；曾省吾令劉顯討都掌蠻，用兵十四萬；李錫討府江猺，用兵六萬，討古田猺，用兵十萬……。

女土官

朱元璋建立明朝後的第七年（一三七五）在中國西南所謂的「蠻夷」地帶，設立土官，並訂定征徭差發法規。這些土官的行政系統包括十一處宣慰司（由從三品的宣慰使領導），十處宣撫司（宣撫使是從四品），十九處安撫司（主管安撫使是從五品），一百七十三個長官司（長官一人正六品，副長官從七品）以及一處招討司（主管招討使一人是從五品，副招討使一人官階是正六品）。《英宗實錄》卷二十七載說：「土官的承襲，或以子孫，或以兄弟，或以妻繼夫，或以妾紹嫡，皆無預定。」在這些世襲的土官職位，除了湖廣諸土司沒有女土官之外，其他西南所有的蠻族，大多以女人為領導。

明初最早的女土官是貴州普定府女總管適爾，在明朝剛剛建立後的第五年（一三七三），適爾帶著她的弟弟阿甕到南京納款朝覲朱元璋，於是朝廷命她當普定的知府，而且允許世襲。貴州多丘陵與岩石，毗連雲南和湖廣，介於四川和廣西之間，主要的人種是苗族和布依族，他們在小山的梯田，種植小麥、稻米、茶葉和油桐樹為生。位於貴州西北的普定，在東南有九溪河，西南有北盤江（自雲南霑益州流入），北面有喜歡嶺與思臘河，東有巖孔山，西北有舊坡山，洪武十五年改屬四川布政司，十八年夏廢掉。

奢香

其實在大明建立王朝之前的幾十年，貴州地區經驗了一連串的種族衝突與持續不斷的戰爭。貴州的經濟與社會秩序因此遭受到相當程度的破壞。朱元璋建立大明王朝之後，劃烏江為界，任命宋氏宗族處理烏江以東的事務，而以安氏宗族管轄烏江西邊的苗民四十八族。早先，靄翠是安氏族的首領，在一三七三年任貴州宣慰使，他死後，宣慰使的職位由他的妻子奢香繼承。同樣地，宋氏宗族的首領宋欽死後，也由他的妻子劉淑貞繼承為宋氏宗族的領袖。十四世紀末年，兩位女強人和衷共濟，對貴州的開發做出了重要的貢獻。

當是時，大明政府在貴陽首度設立了布政使司，以馬曄當第一任都督。馬曄對少數民族和女性帶有偏見，企圖用流官接替所有的世襲土官，以達到消滅所有部落的地方勢力。馬曄於是做了一連串傷害苗人的事情，包括肇事撻伐奢香。馬曄的政策立刻招惹了眾部落土官的憤怒，私下商量如何起兵造反，在此情形下，負責水東的劉淑貞趕緊出面勸阻，並且決定要親自到京師做一次述職的旅行。

一三八二年貴州宋氏宗族首領劉淑貞帶領她的兒子宋誠到南京覲見洪武皇帝。劉淑貞穿著不同顏色和花紋的開襟圍裙，把一頂具有貴州代表形象的帽子壓在細膩整理過的頭髮上，讓大明滿朝的文武百官讚賞不已。她在南京期間，也受到馬皇后的盛情接待。洪武接見劉淑貞時，頻頻詢問貴州的情勢，並且囑她回去之後，要盡力安撫水西的奢香。劉淑貞帶著皇帝所賜的米、鈔和三件襲衣，高高興興地回到貴州，並把皇帝交代的話轉給正在跟馬曄交纏不清的奢香。

奢香獲知大明皇帝有意支持她的信息之後，也決定要長途跋涉到南京。一三八五年當洪武皇帝召見奢香時，看到的是一位穿著一襲暗色長袍，戴著尖頂帽子的大方番婦。奢香向皇帝陳述她的苦衷以及開發黔西的決心，同時也控訴馬曄在貴州的種種暴政。奢香誓言要世世保境，當一名忠誠的大明土官，顯然打動了皇帝的心。洪武皇帝不僅賜給她錦綺、珠翠、如意冠、金環和襲衣，囑她努力以赴，而且不久召回馬曄並給予懲罰。依照兩方所訂的協議，奢香是名正言順的大明宣慰使，而她每年則要進納三萬石穀糧租賦以及二十三匹貢馬給中央政府。三年之後（一三八八年），奢香再度拜訪南京，向朝廷述職，一直到她過世之前，這位「蠻夷」女中丈夫，善用她手下的人力跟資源，致力於開發貴州的西部，包括築橋造路到偏橋和水東兩地，而且打開黔西的交通瓶頸，自此就可直接從貴陽通達到烏蒙、烏撒、容山以及草塘等地方。除此以外，奢香還建立龍場九驛，其中的隆昌驛，後來是著名理學家王陽明流放（一五〇八—一五一〇）的所在地。

奢香在一三九七年過世，朝廷派遣專使到貴州悼祭，她的兒子名叫安的，承襲宣慰使的封位，她的媳婦奢助也曾帶領苗族部落酋長到南京進貢六十六匹良馬。此後的水西安氏宗族持續有女性當領導人物。在萬曆四十一年（一六一四）宣慰使安堯臣病歿後，他的寡婦奢社輝軟弱無能，以致引起同族安邦彥的乘機叛亂。當時明朝的中央政府已經腐敗不振，所以貴州局勢大亂，在天翻地覆的明末，水西安氏宗族，也隨著逐漸的衰微沒落。至於水東的宋氏呢？繼承劉淑貞的後人不少是貪淫之輩。譬如說，一四〇一年兩位宋氏族長，田琛和田宗鼎開始爭奪礦產的所有權，永樂皇帝乘此機會派老將顧成前往貴州平定騷亂，而且在一四一三年在貴州設省，隨後部署了十八個衛所，真正達到了「羈縻」的功效！

貴州的鄰省雲南也出現不少女土官，其中高低不等，優劣都有。商勝是元末明初雲南武定府的女土官，洪武十四年（一三八二）明軍攻進雲南時，商勝最先投降歸附。隔年，南京的中央政府把武定改為軍民府，照樣用懷柔的辦法，以商勝統轄管理府事。一三八四年商勝派遣專使到南京納貢駿馬，皇帝賜給商勝誥命、朝服和錦幣、鈔錠（是一般標準的皇帝賜物）。過了五年，大明政府在武定、德昌、會川等地用茶換買了三千匹騎兵用的馬。等到嘉靖十六年（一五三八）武定的土知府鳳詔早逝，他的母親瞿氏則以「母襲子官」的舊例要求統轄所屬的四十七馬頭等地。當時北京的吏部，全部依瞿氏所請，把知府的印信交給瞿氏掌控，不僅如此，寡婦瞿氏老邁時，又推舉她的媳婦（名叫索林）代理攝事。此間的二十多年，武定府平安無事，不過索林後來得罪了老婦人瞿氏，瞿氏改變初衷，收養了一位異姓孩子來謀襲鳳詔的職位。索林得知消息，抱著府印出奔，兩方導致搆殺，造成部分雲南地區生靈塗炭，不在話下。

《蠻女貢象圖》

雲南省除了武定府有女土官之外，宣德期間的楚雄也有母女承襲當土官的情事。明朝立國不久。高政原先是當楚雄府的同知，永樂當皇帝時，高政到京師覲見皇太子朱高熾，朱高熾因欣賞高政的勤誠，陞他為知府。後來高政死時沒有兒子，於是他的妻子就依慣例承襲為楚雄府的知府。高政的妻子死後，這個知府的職位又傳給高政的女兒高思弄。高思弄當女土官期間並沒有什麼太大的作為，不過在宣德初年，高思弄入朝聖闕，騎著一隻大象進入北京城時，萬人空巷，大家都要爭睹蠻女的儀飾，甚至還有一名畫師為了這件事，畫了一張《蠻女貢象圖》，在當時的確轟動一時。

雲南省較重要的府除了雲南府（昆明）、武定府、楚雄府之外，還有曲靖府。曲靖府管轄的霑益州有一名土知州名叫安世鼎。嘉靖年間，安世鼎去世，他的妻子安素儀接掌霑益州的州事。安素儀這位女土官時常帶兵打戰，而且也會私通男性的軍官，所以名聲不太好。安素儀雖然行為淫亂，可是卻生不出孩子，所以死後沒有子嗣，弄得曲靖府的幾個州也是雞犬不寧。

在明朝統治中國期間的西南諸省，四川出現最多的女土官，雖然良莠不齊，不過正如列寧所說，有量就有質，因此在眾多優劣的女土官中，也有一些引領風騷、綻放異彩的少數民族女首領。《明史》卷三百十一「四川土司」就記載了一位烏撒女土官實卜的事蹟。實卜原本是元朝末年的右丞，在一三八三年得知明朝征南將軍傅友德，已經遣派都督胡海洋率師五萬軍隊要佔取烏撒時，實卜先是聚兵於赤水河抵抗，然後會合從芒部土酋帶來的蠻民，縱兵接戰，不過蠻軍最後還是不支潰散。在此情況下，很多蠻族部落，望風降附，可是實卜卻率領殘餘的子弟兵逃遁到山中。這時候大明政府又使出懷柔羈縻的手段，朱元璋詔諭傳友德說：「貴州已設都指揮使，然地勢偏東，今宜於實卜所居之地立司，以便控制，卿其審之。」（《明史》卷三百十一）。識時務的實卜最後決定歸附大明，隔年（一三八四）率東川、烏撒、烏蒙、芒部等酋長一百二十人，一齊到南京進貢土產方物並覲見洪武皇帝，實卜也因此當上烏撒土知府，並獲得皇帝加賜珠翠。

在這趟長途旅程中，或許因過度勞累、或許因水土不服，芒部（即鎮雄）的知府（名叫發紹）和烏蒙知府阿普都病卒。大明政府賜給綺衣及棺殮用具，而且遣官將柩棺運回四川埋葬。東川府在嘉靖三十九年（一五六一）發生了一件「阿堂之亂」。阿堂是東川府營長阿得革的兒子，當時東川知府祿慶死時，兒子年幼，於是祿慶的寡婦安氏攝視管理府事。可是擅權有野心的阿得革，垂涎安氏的美色，得不到她，就老羞成怒，縱火焚燒府署。阿得革後來在武定川被土官殺死，阿得革的兒子阿堂就賄結烏撒土官（名叫安泰），領兵進入東川，將女知府安氏關在囚牢，而且奪走了東川府的官印。反正，所謂的「阿堂之亂」也顯示出女土官之中有強、有弱；有像實卜般弇驁難制的，但也有像東川安氏般的軟弱如土。

其實四川烏撒軍民府和雲南的霑益州，雖然隸屬於兩個不同的行省，但它們仍是源自同一個宗族。實卜的丈夫姓安，所以之後襲替她當烏撒土知府的兒子、孫女也都姓安；而霑益州的土知州也多姓安。兩地安姓宗族的複雜關係與女土官的繼承問題，在明末把滇蜀邊界搞得烏煙瘴氣，就連封疆大吏也束手無策。舉例來說，泰昌年間（一六二〇—一六二一），烏撒土知府安効良戰死，他的元配妻子安氏沒有兒子，可是妾（名叫設白）卻生了兩個兒子，一名其爵，一名其祿。安効良的這兩位未亡人素來不和睦相處，因此妻子安氏住在鹽倉，他的妾設白則跟兒子住在抱渡（地名）。安氏襲代劾良為土知府之後，其爵和其祿就稱安氏為安姊姊，也不敢抗拒。沒想到崇禎元年（一六二八），四川巡撫差官李友芝以齎冠帶獎賞給其爵母子，並令其爵管理烏撒。這時嫡妻女土知府安氏當然不高興，懼怕之餘，就跟雲南霑益州的土官（名叫安邊）在鹽倉結婚，並授權給安邊以抗拒其爵、其祿母子。在這種家族爭權、女土官互鬥之間，總督朱燮元和巡撫謝存仁也只能調集漢軍與土兵，移鎮觀變而已。而北京廟堂之上（皇帝）因為要應付流寇與清兵，也無暇過問矣！

四川土官之中，連續有寡婦當領袖的是成立於洪武後期的建昌衛。建昌衛所轄四驛（祿馬、阿用、白水、瀘沽），並管理四十八馬站，由安氏世襲當指揮使，但不給印。《明史》卷三百十一〈四川土司〉記載建昌衛的沿革如下：

> （安）配六世孫安忠無後，妻鳳氏管指揮使事。鳳氏死，族人安登繼襲，復無子，妻瞿氏管事，以族人世隆嗣。世隆復無子，繼妻祿氏管事。

建昌衛的女土官在任期中，似乎沒有太大的風浪，可是永寧衛倒是出了幾位能呼風喚雨的女土官，而且全部都姓奢。永寧土官的頭銜是宣撫使，第一位宣撫使的名字叫祿照，洪武八年任職。祿照因故被逮到南京，在回家途中過世，當時他的兒子阿聶還在太學讀書，所以阿聶的庶母奢尾就代為攝事。奢尾後來到南京述職時提出請求，乃在洪武二十六年由阿聶繼承，阿聶的寡婦名叫奢蘇，也在宣德八年（一四三四）以宣撫使的身分入朝，她還要求朝廷派儒家學者到永寧教導漢語，俾能增進少數民族與漢族在語言上的溝通。永寧是雲南和貴州之間的要衝，南跨赤水，畢節六、七百里，在這個偏遠的地方，往往一個柔睿的婦人卻能克制數萬強梁之眾。正德末年，芒部的領導人爭鬥襲位，互相仇殺，其間有酋長阿又磉等乘機劫掠。這時永寧女宣撫使奢爵出兵平亂，擒拿阿又磉等四十三人，斬一百十九首級，終於恢復了當地的治安。此外，嘉靖二十五年（一五四七），永寧宣撫司女土官奢祿進獻當地出產的大木給朝廷。還有在萬曆初年，永寧由兩位都獲朝廷授予冠帶的土婦奢世統和奢世續分地各管所屬。

狼兵女指揮官瓦氏

明朝西南邊省的女土官，除了上述幾位之外，還有廣西田州的瓦氏。瓦氏本是田州土官岑猛的妻屬，弘治十二年（一五〇〇）當岑猛還不到四歲時，他的哥哥岑猇弒殺自己的父親岑溥，然後自殺。岑猛就是在這背景下，由母親及頭目黃驥庇護長大，承襲田州知府的官銜。嘉靖二年（一五二四）岑猛造反，不久被都指揮沈希儀、張經分道追擊，將岑猛跟他的大兒子岑邦彥斬首，並將田州由府降為州，於嘉靖六年改派流官。後再經一場動亂，由王守仁指揮平定後，建議由岑猛的次子岑邦相接任田州知州。岑邦相的大哥岑邦彥有個兒子名叫岑芝，當時跟祖母瓦氏住在一起，岑邦相不久之後，決定不給瓦氏生活費用，同時又跟蠻將盧蘇翻臉交惡，而且計謀誅殺未來可能威脅他職位的姪兒岑芝。當瓦氏察覺出這項陰謀時，她帶著孫兒，夜奔梧州，而且連合盧蘇的力量來對抗自己的兒子岑邦相。盧蘇的兵馬把岑邦相的住宅團團圍住幾天之後，便騙誘岑邦相出來和談，卻乘著夜晚，會合瓦氏將岑邦相縊殺掉，然後奏請朝廷立岑芝襲任為田州府知州。

嘉靖三十二年（一五五四），岑芝過世，遺有一個四歲的兒子岑大壽，自此田州的大小事全由瓦氏作主決定。恰好這個時候，中國東南沿海正遭受倭寇的侵擾，瓦氏為了要立功贖罪，於是率領她的狼兵，志願到江蘇浙江一帶作戰。《明史》卷三百十八〈廣西土司〉有如下的記載：

（嘉靖）三十四年，田州土官婦瓦氏以狼兵應調至蘇州剿倭，隸於總兵俞大猷麾下。以殺賊多，詔賞瓦氏及其孫男岑大壽、大祿銀幣，餘令軍門獎賞。四十二年以平廣西瑤、僮功，准岑大祿實受知州職。

廣西田州的瓦氏的確是一位非凡的女性，她經歷丈夫岑猛、兒子岑邦彥、岑邦相，孫子岑芝，曾孫岑大壽、岑大祿四代男人的政治軍事滄桑，終能名垂史冊，豈是一般漢人名家閨婦所能望其項背的呢？其實，除了廣西的瓦氏以外，還有一位四川石柱的女土官秦良玉，更是能以她的善戰忠義留名千古（詳見第四章）。

這裡讀者也許要問一個很困難、但是很值得探討的「歷史文化」問題：如果明朝政府從建國開始，就放手讓中國一半的人口（女性）自由，充分地發揮她們的腦力、智力、精力與體力的話（包括參加科舉考試與從軍），那麼十六、十七世紀的中國，又會變成怎樣的一個社會呢？

為禮教而生、為名節而死的婦女

明代初期的列女

明代對綱常名教的宣揚不遺餘力。朝廷用準確的文字頒布規條，藉以教導孔孟保守思想，深植傳統道德觀念。準此，皇帝每年都要派遣督學巡視各地，對於才行高秀、殉義節烈，為里巷社會所稱道的婦女，加以獎勵褒揚。比較有突出表現者，皇帝會賜祠祀，一般的烈女貞婦，也可獲得政府樹立的坊表來照耀井閭。不僅如此，文人墨客往往藉這些婦女的非常行為，寫出偉麗激發人心的文章，於是她們的故事就一傳十、十傳百，由近到遠，由遠到全中國。結果是，連窮鄉僻壤，下層階級的女人也都受到這種流行的風俗所震駭與感染，也都要以貞潔節烈來砥礪自己。其中僅是記載在明朝實錄和地方府志、縣志的烈女，就有一萬多人。撰修《明史》的清代翰林學士，從中再篩選出最貞烈的三百零八人，簡錄這些女人貞烈的情事。不過這個數字比起《唐書》所列的五十四位列女，以及《宋史》的五十五位和《元史》的一百八十七位，都高出了很多。但是如果以現代人的尺度來衡量，生活在十四世紀到十七世紀間的中國女人，實在可憐、可悲。她們的確是在重名節、被禮教所蒙，被禮教洗腦下的犧牲者！

明代律法明確規定婚姻成立條件需要遵循《朱子家禮》，包括由媒人向男女雙方討得生辰八字（所謂的庚書），然後「合八字」（又稱「合江庚」或「合婚」）。如果八字相合，男女就得寫定婚書，依禮聘嫁，男家交付財禮，女家準備嫁妝。《大明律》規定：「凡男女定婚之初，若有殘疾老幼庶出過房乞養者，務要兩家明白通知，各從所願。寫立婚書，依禮聘嫁。若許嫁女已報婚書，及有私約而輒悔者，笞五十。雖無婚書，但曾受聘財者，亦是。若再許他人，未成婚者杖七十，已成婚者杖八十。」從上述的禮法條律，可見八字、婚書、聘禮在明人婚姻締結過程的重要性。但要注意的是，明朝律法禁止同姓結婚，違反此禁令者，各判徒刑兩年。

依《明史·列女傳》所載，明代女子結婚的年齡一般都在十七、十八歲左右，其中最年輕的是蔡本澄的妻子，她嫁時才十四歲，最年長的是玉亭縣君，成婚時是二十四歲。明代的社會強調子女不得有婚姻的自主權（當然沒有現代人所謂的自由戀愛），一切嫁娶皆由祖父母、父母主婚；若祖父母、父母都去世者，則由宗族族長親戚主婚。在極端保守的社會傳統中，子女假如不服從父母的意思，就是不孝，而且對於不孝的子女，父母可以隨時向官府提出控告。在此情形下，官府一般都依照所控辦理，不必審訊。相反地，幾乎很少看到有子女控告父母虐待他們的情事。可見家長的權力很大，不僅有權為子女的婚事作主，而且可以包辦家裡奴婢的嫁娶。雖然明代的律令禁止「良民」跟「賤民」通婚，可是很多家長為了貪圖聘禮，時常把他們奴婢的賤民身分改成良人。當然，如果被官方查出來的話，賤民的主人是要受刑責的，此外還有自私的家長為便利自己，不願讓家裡的奴婢結婚。明代做奴婢做到三、四十歲才出嫁的情形相當普遍，甚至還有服侍主人終生都沒嫁人的。當然啦，奴婢偷情私孕、或遭主人虐待、姦污，或者是忠僕義婢的事情，也都時有所聞。

明代社會重男輕女，因此夫妻在家庭享有的權力和所負擔的責任極不平等。譬如說，妻子有下述的任何一樣差錯現象，丈夫就可以請求「出妻」，把妻子趕出家門。所謂的「七出」包括：無子、淫佚、不事舅姑（明朝人稱公公為舅、稱婆婆為姑）、多言、盜竊、妒忌，及惡疾。當然在實際的生活環境以及親族大家庭的運作互動之下，丈夫出妻的權利還是受到很多的限制。反過來看，丈夫必須有「抑勒妻妾與人通姦，或強賣為娼，或逃亡三年以上不回家，或虐待妻妾、毆打重傷的程度者」，妻方才可告上法庭，請求官方允許離婚並發給執照另行改嫁。

明朝的創始者朱元璋，本身年輕時雖然當過和尚，但當了皇帝之後，卻重用如宋濂、孔克仁之輩的理學家，主張要實行王化必須先有內行之修。內行之修強調婦人應少出閨門，處處要履順，常常要貞靜和平，做到漢朝班昭所訂定的三從四德。為了以身作則當楷模，朱元璋的皇后馬氏要求內宮的女人都要讀劉向所著的《列女傳》，並由女史帶頭討論此書，取古人行事高超者當作借鑑。等到朱棣登基為永樂帝之後，他就答應徐皇后的請求，命內閣大學士解縉撰寫了《古今列女傳》一書。永樂在御製本的序寫道：

「人之大倫有五，而男女夫婦為先。有夫婦而後有父子，有父子而後有君臣。妃匹之際，生民之始，萬福之原，經訓之作，皆載之首篇。」他要求中國的婦女上自后妃，下到庶人之妻，要「貴而勤，富而儉，長而敬，不弛於師，嫁而孝，不衰於父母，樂而不淫，憂而不傷。」

《古今列女傳》

在《古今列女傳》一書中，徐皇后特別褒揚十位明朝初期的孝女、孝婦、貞女、節婦。第一位是欒城李大妻甄氏。這位甄氏媳婦非常孝順她的公公婆婆（舅姑）。當時李大和他的弟弟異地而居，每一次婆婆要到李大弟弟家時，當媳婦的甄氏一定跟著在婆婆身邊，隨時伺候不忍離開。有一次婆婆命甄氏先回家照料李大，可是三天過後，甄氏突然心跳不停而且全身流汗。少頃之後，果然有人來報消息，說她的婆婆病重。聽到這消息的甄氏於是沿路祈禱，要觀音佛祖來保佑她婆婆康復。到了李大弟弟家後，甄氏寸步不離地服侍婆婆，果然幾天之後，老人家就病癒康復。這位李大的老媽媽活到九十歲才病歿。甄氏將她跟李大的父親合葬在一起，而且在墓旁的一個小廬守喪三年，朝夕悲慟不輟。村莊鄉里的人無不稱讚甄氏的孝行。因此在洪武年間，朝廷賜給一面旌旗，表揚孝婦甄氏的家門。

甄氏的孝行在現代工商業發達的社會或許還多少存在（當然不可能在墓旁守喪三年），可是下面的一則故事大概不可能再發生。這則為名節犧牲的事件發生在一個未婚的甯氏姑娘身上。甯氏很小就跟安丘地方一位名叫劉真的兒子訂婚，可是尚未嫁到劉家時，她的未婚夫就已經死亡。還未滿十六歲的甯氏聽到訃聞時，放聲大哭，非常的悲哀，然後對她的父母說：「自古以來，烈女不更二夫。我的身體雖然沒跟未婚夫醮配，不過既然已經媒妁文定，而且雙方父母都已收送聘幣禮物，現在未婚夫不幸病亡，他家的父母老而無所依靠，我怎麼忍心讓老人家做箕掃之類的操勞工作？」甯姑娘因此請求她自己的父母讓她到夫家奉養公婆。甯家人原先不允許，不過由於自己的女兒非常堅持，後來終於答應了她的請求。甯氏到劉真家時，依照禮俗到未婚夫的墓前喪祭哭拜。往後的五十二個年頭，甯氏皆恭恭敬敬地克盡婦道，以織布縫衣來供養夫家人口，如此一直活到六十八歲才去世。甯氏的所作所為博得鄉里老幼上下的稱讚，後來又傳到朝廷，因此皇帝詔賜一支「貞節」的旗子，掛在甯氏的家門。

現今每個文明國家都設有勸人不要自殺的熱線（hot line），以及如何減低或避免自殺的心理輔導措施。可是明朝的永樂皇帝跟他的元配徐皇后，卻極力褒揚為名節而自殺的年輕女子。被他們選中的十名烈女當中，竟然就有八名是因自經、自縊而死的婦女，其中之一是延安人張敏道的妻子趙氏。趙氏才二十歲時，張敏道就得了重病，當張敏道奄奄一息時，趙氏對丈夫發誓，絕不再嫁人。等丈夫死後，趙氏日夜嚎慟，終於自經而死。趙氏因此得到「貞烈」的詔旌。安慶府懷寧地方有位叫李忠的人娶了王氏為妻。李忠不慎溺斃，王氏撈到丈夫屍體後，慟哭到不省人事。等到鄰居把屍體移走時，王氏才清醒過來，可是後來在李忠的屍體要收殮入棺時，王氏又要跳水尋死。這一次幸好婆婆救了她，但回家之後，王氏仍然日夜大哭慟戚，絕不飲食，幾天之後，就自經身亡。

陳姓人家為女兒招贅一名叫（山少）善慶的男人為女婿，可是婚後不久，這位女婿就去世了。陳家女兒依照傳統守喪三年，一直在哀痛中過生活。等到服喪完畢之後，陳女向自己的父母兄嫂說，她的夫家貧窮無法依靠，希望娘家能夠養她終身。可是陳女的父親回答說：「女兒呀，妳還年輕，為父的，將會替妳再找一個夫婿。」這位被禮教洗腦過深的陳女堅決不答允，不久便自經而死。還有，在安吉地方一位名叫李茂的男子死後，他的妻子高氏買了一具棺材，將丈夫埋葬後，就在墓的旁邊自殺，希望能跟李茂成為連理枝或是比翼鳥。真定府高邑地方有位叫做許顒的人，娶了兩個妾，分別為陳氏與牛氏。許顒死後，陳氏與牛氏不久也雙雙自殺。消息傳到京師之後，朝廷竟然詔旌許顒家為「雙節之門」。這種獎勵是草菅人命的心態，還是禮教吃人的現象？不僅如此，另外一則年輕女子貞烈的故事，也發生在真定府的深州地方。有位姓傅的人家，討了一位不到十八歲的岳姓女孩為妻，當丈夫病重將死時，傳呼妻子岳氏說，妳還年輕，應該好好侍候妳未來的丈夫（明人稱後夫）。這時岳氏涕淚滿頰地回答說：「我怎麼忍心再跟其他男人同寢，我寧可死也不會為了偷生再醮。」一樣地，在她丈夫死後不久，岳氏就上吊自殺。

饒州府樂平縣有位叫徐德安的人，娶了陳氏為妻。陳氏才滿十九歲（實歲，非虛歲）時，徐德安就病危。臨死時，丈夫告訴妻子說，我們沒有兒子。我死了以後，妳要再嫁他人。這時陳氏哭泣答說：既然已是徐家婦，我豈可再事第二姓乎？於是用剪刀剪下一個耳朵，並剪掉自己的頭髮來表示她的貞烈諾言。徐德安死後，陳氏親自將他納入棺中，以後終身恪守誓言，孀居至死。這件事傳到京師之後，朝廷決定詔旌表揚。

《古今列女傳》還選了兩則情節較為複雜的故事，一則是有關山陰人徐允讓與妻子潘氏的遭遇，另一則報導了遼東地區一家兀良哈籍的五位貞烈女性。徐允讓一家人在元朝末年，群雄起義、反抗攻擊蒙古軍的紊亂時期，搬到山谷逃避兵禍。不幸的是，徐家人還是碰上元朝的官兵，而且徐允讓父親徐安的頭頸被官兵砍傷流血。這時徐允讓大聲呼喊說，你們要殺就殺我，不要殺我老邁的父親。元朝官兵果然放走徐安，但殺掉了徐允讓。這些毫無紀律的官兵接著便要來姦辱徐妻潘氏。潘氏很鎮靜地說，我的丈夫已經死了，我只好依從你們，要怎樣就怎樣。不過假如能讓我焚燒我丈夫的屍體，我以後跟你們在一起就不會有任何的遺憾和內疚。這些官兵果然聽信潘氏的話，還幫她搜薪火、柴木，給徐允讓一個火葬儀式。可是正當烈焰衝天的頃刻，潘氏突然投身躍進火堆，自焚殉節。這件事在明朝開國不久，經過禮部的討論之後，認為徐允讓為自己父親而捐軀，潘妻以自己的生命來保全婦道，實在是「孝節」兩全，難能可貴，因此朱元璋下詔表揚徐家。

明朝光州府固始縣是兀良哈少數民族的根據地，兀良哈是當時遼東（近代的名稱為滿洲，現稱為東北）的一支游牧民族，以畜牧、打獵和少許漁業維生。一名漢化的兀良哈人高希鳳娶了石城人劉氏為妻，但高希鳳在遼東被亂軍抓到時，拒不下跪求饒，因此被打斷手腕致死。劉氏也同時被俘虜，但走了十幾里路，劉氏依然罵不絕口，最後也被亂軍所殺。高希鳳的二弟是個藥師，也遭難而死，留下朝鮮籍的妻子李氏為未亡人。李氏因為戰亂之故，攜帶兒子高文殊以及孤苦伶仃的侄兒高僧保回到高麗避難。在途中，因自己一個寡婦無法同時照顧兩個孩子，只好放棄她親生的兒子（高文殊年紀較大），獨自帶著侄兒高僧保同行。元朝崩亡，明朝建立之初，李氏又找到了兒子高文殊，於是全家回到中國，居住在應天府，守著丈夫的神主牌並發誓不再嫁人。高希鳳的三弟叫伯顏不花，被蒙古太尉納哈出（死於一三八八年）所殺，伯顏不花的妻子郭氏聞訊後，在馬櫪老家自縊身亡。此外，高希鳳的養子高塔失丁為了替養父報仇，而被人誣陷害死。高塔失丁的妻子全氏與高塔失丁的岳母邢氏，後來一起在自己家裡吊死，高氏這一家門義不受辱，五節並著，一齊受到明朝洪武皇帝的褒揚。

嚴格地說，有權力的人，特別是掌有絕對權力的皇帝，是沒有資格替社會訂定道德標準的，因為道德是相對的，而不是絕對的。在中國，皇帝可以擁有三十六宮、七十二院的妻妾；在英國，國王亨利八世（一四九一—一五四七）因為偷腥私下使一個年輕女子Anne Boleyn（一五〇七—一五三六）懷孕，被逼得非跟他的皇后Catherine離婚不可，同時他還被羅馬教皇譴責，說此事為不道德的行為。亨利八世因而受到了不能到天主教堂做禮拜、領聖水的處罰（Excommunication），等於是給教會開除了！這是發生在一五三三年的事；之後，當然引發了英國的宗教改革，英國人因此自己成立了聖公會（Anglican Church），不受羅馬教皇的管轄。反過來看，明代的掌權者，包括內閣大學士、六部尚書等等，哪一個沒有納二房、甚至三房的呢？而且這些自命是孔孟信徒的衛道者，不但犯有重婚罪（polygamy），竟從來沒人站出來，大聲地反對、譴責年輕女子自殺。反之，卻滿口仁義道德，在萬千自縊、自焚的婦女中，篩選最貞烈者，替她們立傳、作文章。如果以現代法律的標準來看，這些明清的進士、大學士們，也許全部都是幫人「自殺」的劊子手？

明代的社會，沿襲中國傳統禮法制度，對性別的規範相當偏頗，造成極端的男性中心意識與女性禁慾風氣的流行。雖然戲劇小說創作出不少紅顏薄命、才子佳人的故事，但明朝國史卻同時記載了數量相當多的貞節烈婦，處處顯示出兩性極端的差別待遇。因此，如何以現代人的觀點來重新塑造明代女性的形象，重新體認十四世紀到十七世紀的女人心理，實在不是一件容易的事情。現在讓筆者抱著「不是一番寒徹骨，怎得梅花撲鼻香」的態度，把《明史》篩選出的三百零八名（大都只有姓，但沒有名）的列女，依類別，有系統的評介一下：（一）節婦：是指三十歲以前守寡到五十歲，都不變節的女性；（二）烈女：僅包括殉家室之難和拒絕姦淫致死的女子；（三）孝婦：要證明確實有孝敬公公婆婆行蹟的媳婦；（四）孝女：指的是終身不嫁，願意留在家裡侍奉自己父母的女人；（五）貞女：包括聽到未婚夫死時，自己尋死自殺的閨女，以及未婚夫死後，還決定哭往夫家終身守寡的女人。

節婦

慈谿有位姓孫的女子嫁給定海人黃誼昭為妻，生下了一個兒子黃淯，但沒幾年後，黃誼昭病亡，守寡的孫氏自己把黃湑養育成人。黃湑在弱冠之年跟母舅的女兒（等於是姑親表妹）結婚，生了兩個兒子後，不久也逝世。明朝當時的農作物和建材的三十分之一，在個人使用之前，或者，在市場裡販售之前，必須自己運輸存放在國家的倉庫或糧倉。此一習慣性做法，就是大明財政部（戶部）用語裡所謂的「抽分」。在此情況下，孫祖母（明人稱姑婦）相率攜帶著兩個小孫兒輸運賦稅到南京。交完稅後，孫氏向尚書蹇義申訴說：「定海縣瀕臨海邊，經常遭到大潮大浪的災害，十年之中有九年，居民都要鬧饑荒，乞求政府趕快建築海塘來障擋潮患。」

在明朝初期的當權派大官當中，一三八五年舉進士的蹇義算是最勤勞，也是質直孝友的一位名臣。蹇義是四川巴縣人，從一四〇二—一四二二年擔任大明的吏部尚書，負責所有文職官員的任免、考核和升降。蹇義看出孫氏很孤苦，於是問她為什麼不再嫁人？孫氏直接了當地回答說：「**餓死事極小，失節事極大！**」自此，這句話就變成明清提倡名節人士的一句口號，也是後來五四運動新思潮派，用來詆毀痛罵舊禮教時，常掛在嘴邊的口頭禪。

據載，蹇義聽到這句話時，嗟歎很久。果然在第二天上朝時，向永樂皇帝奏請，派遣官員到定海去勘查實況。最後朝廷命工部從龍山到觀海的沿岸，全部建了防波堤岸，自此，當地的居民才永免於潮患汐害。孫氏死後，她的故鄉慈谿人以她為傲，便在堤塘上建造了一座紀念孫氏的廟祀。

潞州有位廩生（靠地方政府按時給銀子和生活補助的學生）叫盧清，娶了吳氏為妻。吳氏的公公婆婆在旅行到臨洛的地方病歿，他們的屍體暫時在途中掩埋一番。當廩生的盧清，一方面準備上京考試，一方面教授學生，自給自足。可是盧清仕途不順，後來失去了廩生的資格，甚至於流浪汴州，做些打雜充掾的臨時工作維生，終於憤恥發狂病死。吳氏聞訃之餘，痛絕不想再活，但是又想到公婆的屍骨還殘留在北方，還有丈夫死了，需要有人處理善後，怎麼忍心棄之不顧呢？吳氏因此將她幼小的長子寄在姊夫家，把第二個女兒賣給人家，用賣女兒的錢艱苦跋涉到臨洛。但在尋找暫時掩埋公婆屍骨的地方，因不得要領而花費了長久的時間，吳氏因此傷心至極，竟在荒野中嚎啕大哭。忽然間有一男子出現，原來是他丈夫盧清教授過的學生，經過這位學生的指引幫忙，吳氏終於將兩老的骸骨收好，帶回潞州的家。然後再冒著大暑的炎熱天氣，到汴州去背負她丈夫的骨灰回來。吳氏忍耐著飢餓辛苦，立志把這三項喪禮有板有眼地辦理完畢。後來一位名叫劉崧的教育界學士，把吳氏的孝行報告給潞州的首長馬暾。馬暾受到吳氏孝行忠貞的感動，便幫劉氏贖回她的次女，並以厚禮撫卹吳氏，吳氏活到七十四歲才病逝歸天。

上海女子湯慧信，通曉《孝經》、《列女傳》等書，嫁給華亭人鄧林。不幸地，湯慧信才二十四歲時，她的丈夫鄧林就過世，遺留一個還不到七歲的小女兒。鄧家的族人勢利眼，想要霸佔鄧林的房子，因此逼迫湯婦回娘家過活，湯慧信堅持不肯，說她生為鄧家婦，要死為鄧家鬼，為什麼要搬回娘家呢？鄧族人知道無法奪取湯慧信的房子，因此又出了主意，要用一間較大的房屋來交換湯氏的住宅。湯婦哭泣地說：「我把先夫的骨灰都收藏安奉在這個房子，我與他同存亡，怎可隨便放棄這間宅屋呢？」一邊說，一邊氣憤到想自盡。這樣的議論後來又不了了之。湯婦這時知道鄧族的人就是要吞侵她的財產，於是乾脆把家裡的銀資，全部散發給這些貪婪的族人，自己靠績紝來過生活。

有一年華亭這個地方洪水氾濫，湯慧信居住的地方一下子變成荒野低溼的危屋。那時已經出嫁的女兒划著一條船來請求母親搬家，可是湯婦卻不肯，甚至連到船上暫時棲身一下，也不要，湯婦向女兒說：「我在這個地方已經守了六十年，假如因為洪水而把我淹死，去跟妳的父親作伴，我也是心甘情願的，為什麼還要搬家呢？」在固執的母親與孝順的女兒還在依依不捨時間，洪水真的肆虐地灌進了湯氏的屋子，把老母親活活地淹死。筆者按：如果湯婦的女婿也在場的話，他會讓岳母活活地被洪水淹死嗎？

武邑地方有位姓高的婦女，嫁給了一位叫陳和的讀書人。陳和英年早逝，孀居的高氏自食其力地挑起家中的重擔，而且很孝順地奉養公婆。到了宣德年間，公婆都相繼去世，這時年紀將近五十的寡婦高氏，先將公婆以傳統的殯禮埋葬之後，對著自己的兒子陳剛哭哭啼啼地說：「我父親（陳剛的外祖父）於洪武年間，全家搬到河南省的虞城客居，死時，隨便潦草地將他的屍體埋在城北，我母親（陳剛的外婆）當時用棗木做了一個小車輞，作為未來識別的記號，後來母親搬回老家，不久就撒手人寰。可是我懦弱的弟弟（陳剛的母舅）從來就不振作，因此對自己父母的後事毫不在意，當你的祖母還活著時，我自然朝夕不能遠離，而現在這些需要用心侍養的大事都已經結束了，我想把我自己父母的遺骸歸葬在一起。」

陳剛聽了母親一席話之後，唯唯諾諾，就跟隨母親到虞城，可是等高氏抵達她父親掩埋的地方時，看到的卻是一堆又一堆無法識別的墓塚。高氏靈機一動，於是用她自己的頭髮綁繫在馬鞍上，然後讓馬倒著行走，這樣從早上走到傍晚，終於走到一個小纍塚。驟然間，馬兒突然感覺到它的鞍太重，就停下不走。高氏跟陳剛於是挖開馬蹄所踩踏的小塚，果然發現她母親用棗木製造的小車輞還埋在裡頭。當時遠近旁觀的好奇民眾都為之驚異，七手八腳地自動來幫高氏母子收拾骨骸。之後高氏回到娘家，打開母親的墓窆，然後把父親的骨骸也跟著葬在一起。

守寡而能長壽的婦人也比比皆是。桐城有戶姓陶的人家，連續三代都是男人早死、女人長壽。先是陶鏞，娶了鍾氏為妻，陶鏞因犯罪戍邊，死在千里之外；死時，鍾氏才二十四歲，而且兒子陶繼還只是在懷抱中的嬰孩。鍾氏便隻身帶著男嬰，背著陶鏞的骨灰，跋涉四千多里的水旱路途回到桐城。安葬了丈夫之後，鍾氏就剪斷頭髮，閉門守節，一直活到八十一歲才壽終正寢。

說來真巧，陶繼也早死，他的妻子方氏當時才二十六歲，兒子陶亮還不到兩歲。方氏的哥哥同情妹妹年輕守寡，便稍微試探她是否想再嫁人；方氏馬上以堅決的口吻回絕，並且還發誓說，如果哥哥再提此事，她就要尋死！

景泰年間（一四五〇—一四五七），陶亮在鄉試中了榜，但等他開始在太學繼續深造時，就又英年猝逝了！當時陶亮的妻子王氏才二十七歲，妾吳氏才二十一歲，而且兩人都還沒有兒子。王氏與吳氏扶著櫬柩回到桐城，把陶亮安葬好，可是卻因家貧而無法應付家中的日常開支。很多親友都勸兩位年紀輕輕的寡婦再醮，可是她們卻都哭著回答說：「你們都不了解我們決心要當節婦嗎？」此後，王氏跟吳氏以紡績度日，這種相依為命的清苦日子一共過了二十六年之後，終於給桐城縣的縣令知道了，於是將此事報呈朝廷，陶家因而獲得三代詔旌（即鍾氏、方氏，與王、吳兩寡婦）。當時的人稱陶家住的地方為：「四節里」。

海寧有一位叫許釗的人娶了潘氏為妻，生了一個兒子許淮，不幸的是，還不到一年，許釗就病亡。許釗的妻子把丈夫收殮安葬之後，也想自經尋死，可是被一名老嫗及時發現，用藥餌救活回生。不過帶有勢利眼的許釗族兄，因不願意被寡婦潘氏及孤兒許淮所拖累，不時唆使潘氏再嫁。潘氏死不答允，並矢言要以毀容表明志節。這位族兄還是不輕易放過潘氏，有一次他利用夜晚，帶領家僕數人，敲推潘氏家門，說潘家欠他錢未還，要來討債。機警的潘氏背負著兒子許淮，冒著風雨，越過牆垣逃走，一直跑到附近的一條大河。幸好當時有一塊大木板漂浮在一邊，因此潘氏才能依靠它驚險地渡河，回到娘家。

潘氏在娘家住了相當久的一段時間，一直等到兒子許淮十八歲，補了一個生員的名位後，才再度踏入許家大門。潘氏五十歲（虛歲）時，許淮的妻子已經替她生了五個孫子，並邀請宗人親友一齊來祝賀她的生日。這一次許釗的族兄也前來看個究竟。潘氏面對他說：「我之所以有今天，全都是靠大伯的玉成幫忙！」潘氏一邊說，一邊看著兒子許淮跟他的族人飲酒。接著，潘氏轉身向北鞠躬揖拜又說：「未亡人，三十年來好幾次面臨死亡的邊緣，可是都堅強的忍辱偷生，為的是要照顧撫養兒子許淮。今天有幸兒子已經成功立業，而且還有好幾個孫子，我死了還有什麼遺憾呢？」說完之後便進入內室，等到宴會終了，諸位宗人及客人連同許淮，要到裡面向潘氏致謝時，竟然發現潘氏已經吊死在橫樑上。

筆者按：寫這則故事的翰林史家，並沒有交代那位三番兩次欺凌潘氏的族兄，看到潘氏自縊的情景是做何反應！以及許淮是否有替母親報仇的後續結果。

桐城縣有位讀書人吳道震，娶湖南湘潭知縣姚之騏的女兒為妻。姚氏才十八歲時，丈夫就過世，留下一個還在襁褓的嬰孩吳德堅。姚氏撙節日常家計，忍死撫養著兒子長大。二十六年過後，恰好是崇禎末年，流賊竄掠桐城。這時姚氏的哥哥姚孫林聽從母親的話，到灊山的地方避難。四十四歲的寡婦姚氏也隨行，可是途中還是遭遇到流賊。姚孫林和賊兵格鬥幾下便被殺死，吳德堅背負著母親姚氏僥倖暫時逃離。這時姚氏對兒子說：「事急了，你這書生怎能負我遠行，倘若賊人追到的話，我們都會死，你無法保全母親，但不能斷絕你父親的宗嗣呀？」說完，她便叱命兒子趕緊自己逃命。吳德堅還在哭著猶豫，不忍心丟下母親時，姚氏便用全力將他推下層崖。須臾之間，賊寇到來，大聲嚷著要姚氏拿出金子首飾，否則便要殺死她。姚氏答說：「我流離遠道，哪會有金子？」這時賊首命姚氏脫掉衣服，要搜驗她全身。姚氏不但拒絕，而且還一邊痛罵，最後被這群亂賊當場用刀砍死。

桐城人方孟式的父親是大理卿方大鎮，弟弟是兵部侍郎方孔炤，丈夫張秉文在萬曆庚戌（三十八年）中進士。方孟式志篤詩書，備有婦德，二十多歲還沒有兒子時，便自行替丈夫找到一位妾。崇禎末年，張秉文是山東布政使，奉命要守住濟南。可是叛軍太強，張秉文殉職死於城上。這時方孟式告誡她的婢女說，事情到緊要關頭時，要推她到池水中。果然，濟南城淪陷時，方孟式跑到深池旁痛哭，命令婢女說：「推我，推我！」於是墮入池水而死。方孟式死時，遺留有八卷的詩稿叫《紉蘭閣前後集》。

臨海人陳珍（字爾玉）是馮元鼎的元配夫人，生長在高門望族，可是早年守寡，需要親自撫育兒孫，其中有一個孫子馮甦之考中了進士。陳珍宏詞博學，所寫的名媛詩句，應屬上乘之選。請看她的：

〈曙窗〉

雙峰掩映小樓前，樹影窺櫺一枕偏；
喚醒愁人無箇事，數聲啼鳥落花天。

〈閨情〉

蝶去花無語，鶯愁春不知；
他鄉明月夜，閨閣斷腸時。

〈宮詞〉

風雨送黃昏，深宮日閉門；
春光將已矣，何處更承恩？

〈從軍行〉

其一

黃花塞上野雲飛，白草城頭片月低；

百戰將軍身不死，十年壯士老歸期。

其二

蕩子從軍不記年，只知臨陣自當先；

月明忽作江南夢，驚起沙場一夜眠。

烈女

丁月娥是元朝末年，一位名叫職馬祿丁（西域人）的武昌府府尹的女兒。丁月娥小時就很聰慧，時常聽她幾位哥哥誦說經史，因此能通曉倫常大義，而且還口授她的胞弟丁鶴年吟誦詩文。長大之後，丁月娥嫁給蕪湖人葛通甫為妾。她嫁入葛家後，一切都能秉照禮法，事上撫下，連葛家的元配大奶奶盧氏都率領家中婦女，聆聽丁月娥的教誨。

一三六二年，朱元璋的紅巾軍跟陳友諒（自稱為漢王）強大的水軍，在長江中游進行決定性的生死戰，這時葛家大奶奶盧氏說：太平那地方有城郭，而且有重兵防守，可以保護我們，於是要丁月娥帶領全家女眷到太平城避難。可是不久，陳友諒的軍隊攻陷了太平城，丁月娥向諸婦女說：「我生長在詩文禮教的家庭，怎麼可以失節於賊軍呀！」說完，便抱著幼女投水自盡。接著，九位葛家女眷也跟隨丁月娥投水。當時恰好是盛溽的夏天，但奇怪的是，所有沉水的屍體在七天之內，皆不曾浮上水面，等到第八天，浮上後的顏色仍栩栩如生。後來鄉人在武昌的南郊挖了一個大洞穴，把所有的屍體埋葬在一起，並命名為「十女墓」。不久，丁月娥的丈夫葛通甫與元配夫人盧氏，也全都被陳友諒的軍隊殺害。

大部分的貞節烈女都只有姓沒有名，可是卻有少許例外，其中之一是丁錦孥的貞烈故事。丁錦孥是浙江新昌人，嫁給山東僉事唐方為妻。朱元璋當皇帝時，唐方犯了罪，被判處死刑，當妻子的丁錦孥也因連坐罪，被收為官婢。等執法的官員按籍要來押收丁錦孥時，看到她色美漂亮，於是垂涎三尺，故意找藉口向丁氏借梳子要掠髮。這時丁錦孥把梳子扔擲在地，這位色迷迷的官員馬上蹲到地上要把梳子撿起來，然後走近丁氏的身體，說要將梳子還給她。丁氏看破這位官員心懷不軌，於是破口大罵，堅不接回梳子，然後告訴家人說：「這種人沒禮，一定會污辱我，我除死以外，無法保全我的貞節。」等到抬她的轎子經過陰澤時，丁錦孥看到崖峭水深，於是從轎輿中躍身而出，投入水中。可是丁氏穿的衣服太厚，導致身體無法立刻沉入水底，丁錦孥臨機一動，從容地用手斂起裙子，讓她的身體隨著水流浪花慢慢地沉沒。死時，丁錦孥還只是如花似錦的二十七歲少婦，當時的人稱這個地方為「夫人潭」。

吳縣女子王妙鳳嫁給吳奎為妻室，可是盛年的婆婆是位淫蕩的婦人。正統年間，吳奎到外經商，婆婆跟姦夫在房間飲酒作樂，這位姦夫意圖不軌地打起了王妙鳳的歪主意，於是命王妙鳳取酒，可是妙鳳不聽從，不願拿酒瓶。姦夫再三催促，妙鳳不得已進入房間，姦夫一看到年輕的媳婦，竟用他的魔手戲摸王妙鳳的手臂。妙鳳又氣憤又羞辱，於是拿起一把菜刀，將被姦夫摸觸過的手臂猛砍一刀，第一次沒砍斷，再砍一次，手臂終於應聲而斷。聽到這消息，王妙鳳的父母親要到法曹按鈴訴訟，可是妙鳳卻說：「我死就死了。哪有理由要控告自己的婆婆呢？」不到十天，王妙鳳因流血過多而死亡。

這類婆婆通姦連累到媳婦的故事，也發生在貴池女人唐貴梅身上。唐女嫁給同鄉的朱姓男子為妻，她的婆婆跟一位有錢的商人私通。這位富商見到唐貴梅長相出眾，便很想要她，因此用金錢布帛來賄賂貴梅的婆婆。婆婆苦口婆心地勸媳婦跟富商睡覺，可是唐貴梅百端不聽從；婆婆用鞭條箠打，她也不願順從，再用炮火燒烙，唐貴梅依然不為所動。最後，婆婆竟以「不孝順」為由，將媳婦訴訟於官。這時法院的通判也收了富商的賄賂，因此將唐貴梅拷打到半死，企圖逼貴梅改變主意。等到婆婆將她從獄中領回家，貴梅還是不肯失貞節。一些好心的親朋鄉黨好奇地追問朱家到底發生了什麼事，唐貴梅僅略略地說幾句話：「到現在，我的名聲還保全得好好的，為什麼要散播我婆婆的惡名呢？」不久後的一個晚上，唐貴梅換了衣服，跑到後園，在一棵梅樹上自己上吊身亡。第二天早上，她的婆婆還想鞭撻她時，才知道媳婦已經在梅園自殺。據聞，義婦唐貴梅的屍體懸掛在樹上三天三夜，卻保持得有如生人一般。唐貴梅自己的丈夫是龜孫子，對自己的母親一點辦法也沒有嗎？

淫蕩婆婆加害年少媳婦的故事，還有一則更加複雜。西元一五四五年朱厚熜（嘉靖）當皇帝時，有一位嘉定縣的女子張氏嫁給汪客的兒子。汪客自己終年帶綠巾，因為他的夫人（張氏的婆婆）經常和生張熟李的男人通姦，其中有一位叫胡巖的惡少最為桀黠，鄉里的黨徒都聽從他的指揮。這惡棍胡巖跟汪客的老婆共謀，將汪客的兒子（即張氏的小丈夫）送到縣衙門去當一個小差使。這樣胡巖和他的酒肉朋友就可跟汪客的老婆日夜在家縱情作樂。有一天，胡巖叫年輕的媳婦張氏陪坐敬酒，但張氏不答應。胡巖老羞成怒，從張氏身後攫取她的髮梳。可是張氏馬上撿回自己的梳子，然後將它折斷投擲在地下。這事情過後不久，胡巖竟然自己闖進張婦的房間要姦犯她。這時張婦大呼，殺人呀，有人要殺我呀，而且拿一條鐵杵向胡巖敲擊。胡巖看情勢不對，憤怒地走離張氏的房間，但張氏因受屈辱又心存恐懼，於是自投於地上，整夜痛哭的聲音不絕於耳，終至奄奄一息。胡巖這傢伙跟張氏的姦淫婆婆害怕事情會洩漏出去，於是把張氏縶繫在床腳，並派人看守。

第二天，胡巖召請其他惡少年一起在張家大吃大喝，等到二更鼓時辰，便開始用槌、用斧虐打張婦。承受不了痛苦的張婦乞求惡徒們趕快用利刃把她刺死，果然其中一人用刀刺入她的頸部，另一個人則刺她的脅部，而且又椓害她的陰部。以胡巖為首的惡棍，將未滿十九歲的張婦凌遲後害死，準備將她的屍首燒焚。奇怪的是，屍首卻重得無法抬起，於是胡巖等人便乾脆把整個屋子放火燒掉。當鄰里的人看到火光冒出，蜂擁地趕來救火，破門進入時，赫然看到張婦的屍體，於是立刻報告官方處理。官方終於逮捕到汪家的小奴婢以及諸惡少年，一一筆錄取供，把事實查得水落石出後，便將所有主犯和從犯，依照犯罪的輕重判刑。嘉定這地方本來就蓋有一間「烈婦祠」，據說，張婦死前的三天，住在祠旁的人曾聽到空中有鼓樂聲，而且有火光從祠柱中炎炎地閃爍出來。很多嘉定的鄉親認為這是貞婦要死以前的徵兆。

雙烈的故事

吳縣有兩位姓沈的人，一名叫沈思道，一名叫沈樹田，思道娶孫氏為妻，樹田的老婆則是宣氏。這兩家接鄰而居，交情深厚。思道與妻子孫氏相親相愛，感情融洽。反之，樹田為人暴戾，因此鄉里的人都不跟他交往。樹田的妻子宣氏回娘家向自己的父母訴苦，弄得當父母的都替女兒的遭遇傷心落淚。宣氏卻反過來安慰自己的爸媽說，這是女兒的命不好，請老人家不必為此事傷心。後來沈思道死了，他的髮妻孫氏送夫喪過河下，鄰居的宣氏也是哭極悲哀。之後不久，宣氏自己的丈夫沈樹田病重，宣氏拿藥給丈夫喝用時，沈樹田卻將裝藥湯的碗砸翻掉，而且還說，假如妳毒死我，我死後將會變成討命的厲鬼。沈樹田的病拖了相當一陣子，後來終究逝世。這時兩位守寡的年輕婦人孫氏與宣氏竟然以死相約，同日自縊。可是事違人願，孫氏固然吊死，宣氏卻被人及時救活復甦。此事發生後的三年，宣氏父母積極地找媒人，想要讓女兒再改嫁。宣氏發覺了父母的用意之後，再一次尋死自縊，這次果然一命嗚呼！

下面談到兩位因抗拒姦污，為亡夫守節的婦人。海康人吳金童的妻子莊氏，在成化初年，因廣西流寇擾掠鄉邑，便隨著丈夫避居廣東新會，在劉銘家中幫傭。好色鬼劉銘看到莊氏美色，垂涎三尺地想跟她要好，可是怎麼拐誘都不成功。劉銘因此私下收買無賴梁狗，叫吳金童一起入海捕魚，然後設計使吳金童溺水而死。莊氏因等了三天還見不到丈夫，前往海邊搜尋時，看到吳金童腫腐的屍體漂浮在岸邊，而且手腳都被繩索所縛。莊氏靠著丈夫所穿的衣褲辨識出屍體之後，回家攜帶女兒來到海邊，然後抱著丈夫的屍體，一起沉沒在海水之中。隔天，三具屍體陰魂不散地隨著海水漂遶到劉銘的家門口，去了又回，復還好幾次。當地的人感到詫異，將屍體收殯，可是卻不知道這是劉銘幹的好事。一直等到梁狗後來失言，落了風聲，官廳才派人捕拿殺人犯，並且處以極刑。

汝陽人陳旺有個年輕的妻子唐氏，到處跟他以歌舞賣唱維生。一五〇九年的秋天，陳旺帶著他的妻子唐氏、女兒陳環、以及侄子陳成來到江夏地帶的九峯山獻唱。當地有位演傀儡戲為業的人叫史聰，看到唐氏與陳環都很豔麗迷人，加上陳旺已經老態龍鍾，史聰因而起了淫念，將陳旺誘到青山喝酒，趁夜晚時刻將陳旺給殺害。隔天，史聰獨自回到九峯山，再哄騙陳旺的妻子唐氏、女兒以及幼小的侄子到武昌山吳王祠，然後拿了一把利劍威脅唐氏，要唐氏跟他發生肉體關係。這時唐氏說：「你殺了我的丈夫，我不能殺你替丈夫報仇，又怎麼能讓你再糟蹋我的身體呢？」後來唐氏遇害，兇手史聰用草蓆隨便包裹唐氏的屍體，然後將它丟到荊棘叢中。第二天，史聰又拿出刀刃，想玷污陳環。陳環邊哭邊罵，聲音振響了林木，可是依舊被奸惡的史聰所殺，史聰還故意讓她的屍體在糞壤中腐爛。一五一〇年的冬至，當史聰喝得爛醉時，陳旺的小侄兒陳成終於成功地逃出魔鬼的掌控，跑到官府向官方控訴。史聰最後在葛店市地方被擒，審判查證後伏誅。

慈谿縣的海濱有一個地方叫沈思橋，住有沈族人口約兩千人上下，平常以驍黠善鬥聞名。嘉靖年間，倭寇入侵，沈族人常常能殺殲倭賊的首領，奪回被搶走的財物，因此這些海盜特別仇視沈思橋的人。在這族群之中，沈祚娶章氏為妻，沈希魯的夫人姓周，沈信奎的妻子為馮氏，沈惟瑞的老婆是柴氏，沈弘量的元配是孟氏，而沈琳的太太是孫氏。有一次，一大群倭寇又到沈思橋擄掠財物婦女。族長對家人叮嚀：「任何一位婦女都不能讓賊寇搶走，不能丟失任何財貨，大家要死守家園，違背者要殺頭！」

這時沈祚的妻子章氏召集族中的婦女，然後發誓說：「男人死鬥，女人死義，無為賊辱。」於是絕大部分的婦女都聽從號令，聚集在一個樓房待命行動。等倭寇攻進樓屋時，章氏最先投河自殺，沈希魯的妻子周氏和沈信奎的妻子馮氏，也跟著溺水而死。沈惟瑞的夫人柴氏當時正在替丈夫磨刀，就順便用刀砍賊寇，然後自刃身亡。沈弘量的妻子孟氏與沈琳的妻子孫氏被倭賊捉走，不過兩個悍婦竟然奪得賊刃，然後自刺身亡。這一次倭患，在整個慈谿沿海當中，沈思橋死亡最多，包括三十多位婦女，其中以上述的「六節婦」最為貞烈。

淳安地方有位名叫項淑美的女孩，嫁給一位喜歡買書藏書的人叫方希文。一六四四年，杭州失守，大帥方國安的潰兵到處掠奪，大江小湖數百里都不得安寧。在此動亂時刻，方希文載運他的藏書到山間躲避。可是不久，他的小兒子突然出了疹病，方希文不得不帶著兒子到外邊延醫求治，於是留下妻子項淑美、一位老嫗，和一位女婢看管臨時的家。那天晚上，亂兵湧到，到處縱火肆掠，這時婢女挽著項淑美的衣服，央求要跟女主人一起逃走。可是淑美卻正色叱責說：「出去則死於亂兵，不出去則死於大火，我們只有死路一條，可是如果在屋裡被火燒死，可免受污辱！」這時，老嫗已經先跑到屋外，看到火焰愈來愈強熾，於是匆忙跑回，大聲地叫喊說：「火已經燒到房子了，為什麼還不出來？」項淑美硬是不聽，一邊急忙地拿著丈夫的書，堆在她的左右，一直到兩邊的書都高過她的頭，她才坐在中間。頃刻間，火迫近了，所有的書也都燒光了，項淑美就如此地被火活活燒死。等亂兵離開之後，方希文才回到家，但他看到的，只是一堆不散的餘燼，好似在保護著項淑美的遺骨。不過當方希文開始慟哭時，如小丘般的灰燼卻立即潰散。

孝婦、貞婦、孝女、貞女、義婢

孝婦、貞婦

元朝末年有一位掌管印信的小官吏，名叫韓太初，娶了劉氏為妻。明朝建立之後，照例將前朝的大小官吏降徙到偏遠地方，受不同層次的監管勞役。韓太初帶著家人前往和州途中，韓家老邁的母親受不了奔波而病倒。平時謹慎服侍婆婆的劉氏媳婦竟然用針刺擠出自己的血，然後摻入藥湯中讓老太太服用。不幸的是，全家才抵達和州不久，丈夫韓太初就猝死過世。自此以後，孀婦劉氏便自己種植蔬菜來奉養婆婆。兩年過後，老太太因罹患風溼病，無法上下床與自行走動，劉氏日夜供奉婆婆湯藥外，更隨侍驅蚊打蠅，不敢遠離老太太身邊。但因沒錢醫病，老太太久臥草蓆的身體生了蛆蟲。劉氏一看到蛆蟲，就用自己的嘴齒去除蛆，使蛆蟲不再復生。後來婆婆病情嚴重，劉氏便刲割自己的肉，煮給老太太食用，婆婆的病情，才又稍稍有起色。

筆者按：依現今的醫學常理，劉氏刲肉以後留下的傷口，要治療也不是那麼簡單的事，搞不好破傷風或發炎，甚至生瘡都是很可能發生的。可是《明史》或《明實錄》的撰寫者在這部分並沒有交代清楚。不過幾個月後，韓家的老母親還是被死神抓走。因為實在太窮，無法把屍體帶回韓太初的老家新樂埋葬，所以就將婆婆的棺材放在房舍的旁邊，劉氏又如此地哀號了五年之久。朱元璋當皇帝後知道了劉氏的這種作為，隨即派官員賜給她一襲衣服，二十錠鈔，又命有司幫劉氏，將她婆婆的喪事處理好，並讓韓家不需再做徭役。

侍御毛鳳韶的女兒毛鈺龍，從小就讀書，過目則可朗誦，嫁給劉守蒙為妻子不到十一年便守寡。毛鈺龍忍死奉養公公婆婆，住在一小樓中，發誓不出家門。毛鈺龍生了三個女兒，但多夭殤早死，所以她自己一個人孤苦零丁地活了六十幾年，可是愈老，寫詩的功力卻愈高，因此鄉里的人都稱她為「文貞」。她年老時，眼睛不好，坐也坐不起來，依然還是臥躺在床上，照樣教導她的外甥唸書。當時有不少聞人名士，想求門一見，或者想跟她書信往來，但毛鈺龍通通回絕不理。下面抄錄的是節婦毛氏悲傷自悼，抽心裂肝寫出的幾首不完整的詩章。

〈春日〉

桃花暮雨烟中閣，燕子春風月下樓；
詩句怕題新節序，淚痕多染舊衣裳。

〈綠窗〉

幽閨永夜燈前淚，孤枕頻年夢裡心；
別思潮回同海水，夢魂春去繞梨花。

〈秋月〉

霜飛衾薄紅棉冷，雲斂天高綠色寒。

深秋滅盡紅粧與，回施胭脂與後生。

〈冬夜〉

玉井無聲戶已扃，一庭霜月冷如凝。

誰憐寂寞書窗下，凍影梅花伴夜燈。

慈谿人楊氏，小時父親以八字許配給同鄉的鄭子琜，在洪武年間，鄭子琜的父親因犯罪戍邊雲南，按照明朝連坐法制度，已成丁的兒子鄭子琜也要隨遣充軍。當時楊氏才十五歲，聽到未婚夫鄭子琜需要離家到雲南服役，便請求自己的父母，讓她先到鄭家一邊照顧她的準婆婆及尚未成丁的鄭家小男孩，一邊等待鄭子琜服役完畢歸來。可是鄭子琜死在戍所，楊氏從此沒有再嫁人，就此留在鄭家，跟永遠是準婆婆的鄭媽撫養「準小叔」長大成人。楊氏後來收養了「準小叔」的一個兒子鄭孔武為嗣，苦苦守節五十多年才過世。

山陰縣王素娥有淑德又擅長詩文，十六歲嫁給胡節為妻，胡節因犯法坐牢而死，王素娥以死自誓，守寡到四十一歲才過世，王素娥寫的詩樸直不粉飾。以下是她遺留的三首作品：

〈悶懷〉

妾淚非易彈，鄉關渺千里；
心事與愁腸，相對何人語。

〈渡錢塘江〉

風微月落早潮平，江國新晴喜不勝；
試看小舟輕似葉，載將山色過西陵。

〈黃昏〉

堦下蟲吟又暮秋，倚欄獨立恨悠悠；
幾多心事三年淚，忍向珊瑚枕上流。

三水人文少白的女兒嫁給葛姓人家，不幸丈夫早死，文氏節烈自守，作〈離騷〉九篇以見志述懷，受到朝廷表揚為節婦。除此之外，文氏還手抄六十卷詩賦。以下是她的兩首典雅簡質的詩章：

〈讀書辭〉

讀既倦兮草草步，蒼苔兮縹緲；
問落花兮多少怨，殘紅兮風掃。
鳥喧喧兮人稀柳，依依兮絮飛；
思悠悠兮春歸惟，把卷兮餘暉。

〈悼懷篇〉

青青山上松，年華不可考；
灼灼園中花，顏色不嘗好。
五月鳴蜩至，八月蝴蝶老；
感物有盛衰，豈忍歸腐草？

鄧鈴是閩縣人鄭坦的妻子，鄭坦死後，鄧鈴刲割雙耳，自誓守節。在嘉靖初年，獲皇帝嘉獎，旌表她的門第。鄧鈴活到八十二歲才過世，她下筆皎然有力，著《風教錄》來勉勵後人，以下是這位女鬚眉的作品：

〈讀岳武穆王傳〉

英雄誓復舊山河，曾奈奸邪誤國何；
鐵馬長驅河雒水，金牌亟返郾城戈。

中原父老空遮訴，南渡君臣不恥和；
五國城頭烟月慘，千年墳樹盡南柯。

〈秋夜聞笛〉

淒風颯颯滿江城，雁叫霜天月正明；
永夜蕭條多少恨，不堪更聽斷腸聲。

孝女、貞女

山陰縣有位姓諸名士吉的人，在洪武初年當地方的糧長，替政府收稅賦。其間，有奸黠的納稅人因遲遲不繳糧稅，竟誣告糧長，說諸士吉貪污。諸士吉因此被判了死刑，而諸士吉的兩個兒子諸炳與諸煥也被牽連罹罪。這時諸士吉的女兒諸娥還不到八歲，就日夜啼哭，後來決定跟母舅陶山長遠涉到京師訴冤陳情。當時的法令規定，要訴冤的人，首先要身臥釘板，否則官方不給予勘問與重新審理。小小的諸娥勇敢地在釘板上，輾轉到差點喪命，終於讓主事者聽到冤情，同意再審。經過詳細的勘問審查之後，僅諸娥的一位哥哥被戍邊充軍受罰，她的父親與另外一位哥哥被判無罪飭回。不過諸娥本人卻因重傷導致死亡，山陰縣的父老皆為這位小女孩哀悼，把她的遺像安放在曹娥廟裡供人祭拜。

新昌人石孝女，還在襁褓嬰孩時，父親石濳出了事情，被官方籍沒，而且關入了牢獄。母親吳氏倖免，以漏籍免罪，回娘家依靠兄弟過活。有一天，石濳逃脫回到家鄉，秘密藏匿在吳家，可是吳家兄弟懼怕連坐受到處罰，竟把他們的姊夫石濳殺死，並置放在大窖中。這一連串的事情發生時，石母都沒有吭聲，等到石濳的女兒長大之後，問她媽媽，說為什麼她沒有父親，沒有石家的父系親戚。母親終於一五一十地告訴了自己的女兒，石女知道後，異常地悲憤。

一四〇二年，石家的女兒已經是亭亭玉立的十五歲姑娘，這時吳家舅父想把石女嫁給吳氏家族的年輕人，可是石女卻對母親說：「殺我父親的是吳家人，妳怎麼要讓我成為父親仇人家的媳婦呢？」雖然母親解釋說，她無法作主，一切都出自無奈，但女兒只頷首不說任何一句話。石女嫁給吳氏家族的當天，婚禮剛剛結束，新娘就在洞房裡自經身亡，這時當母親的仰天長哭說：「我女兒之所以死，是因為她不願意當仇人的媳婦！」嚎慟幾天之後，石濳的寡婦吳氏便死亡，後來官方獲知這件事的來龍去脈，便把殺害石濳的人捉起來治罪。

萬義顓（字祖心）是鄞縣人，父親萬鐘曾任寧波衛指揮僉事。萬氏小時很貞靜又喜愛讀書，她的兩位哥哥萬文、萬武皆世襲成為軍官，但都不幸死於戰場。除此之外，萬義顓沒有其他的血緣親屬。但她倒是有繼母曹氏，還有兩位年紀輕輕但是孀居的嫂子，一名陳氏（萬文的未亡人），一名吳氏（萬武的未亡人）。吳氏守寡時，已經懷孕六個月，因此當小姑的萬義顓，早晚都拜天叩地地禱告說：「萬氏現在已經絕嗣了，願上蒼賜給一名男嬰，好讓萬家傳續忠臣後代。果真上天成全，我萬義顓矢志不嫁人，俾能跟嫂嫂一齊養育萬家子嗣。」

三個月後，吳氏果然生了一個男嬰，命名為萬全。這時，當了姑姑的義顓歡天喜地，逢人就說，萬家有後代了！萬義顓自此跟家裡的三位寡婦共同來照顧這個小侄兒，所有名閥人家來求婚，她一概拒絕，並全心全意地教導萬全讀書，一直到萬全長大成人。第五章詳述明代開國皇帝把中國的社會，分類成四種主要功能的部門，即農人（民戶）、士兵（軍戶）、工匠（匠戶），與「鹽戶」四大職業類別，而且還下詔定制，他們的職業全部都是世襲的。換句話說，職業是從父親傳到兒子，再傳到孫子、曾孫、玄孫等。因此萬全也嗣職當了衛所的指揮僉事。之後萬全生了兒子萬禧，萬禧又傳嗣萬椿，這些萬家小男孩在成長過程中，也全部都是由老姑媽萬義顓教導扶養的。一生沒跟大男人同寢過的萬義顓活到七十多歲才撒手人寰。萬義顓的祖父萬斌、父親萬鐘，兩位哥哥萬文、萬武都為國捐軀；繼母曹氏和兩位嫂子陳氏與吳氏也都守貞數十年如一日，但他（她）們之中，最受人尊敬的、以義理為重的，還是萬義顓本人。在明朝，鄞縣的人稱萬家為「四忠、三節、一義」之門。

汝陽人劉玉，總共生了七個女兒，因家境貧寒，為了養活家人，劉玉從早到晚努力地耕田。劉玉有一次嘆說：「生女兒不如生男孩，因為女孩子沒辦法幫我扶犁頭！」老爸講這句話時，第四女跟第六女兒都聽到了，內心感到悲傷，因此發誓不嫁人，而且從此穿著短衣，協助父親耕作。等到父母相繼過世，家裡窮得無力營葬，兩位姊妹因此將父母埋在自己房子旁邊，不離開父母的身旁。一五七一年（隆慶四年），督學副使楊俊民跟知府史桂芳，特地到劉宅拜訪，當時兩位姊妹都已經是六十歲以上的銀髮族矣！

諸暨女子孟蘊許配給蔣文旭為妻，可是蔣文旭還沒來得及與孟蘊洞房就病死了。孟蘊矢志獨居，在自宅吟詠不輟，一直活到九十二歲。宣德朝時，御史把孟蘊忠貞不變的節操報上朝廷，孟蘊不僅得到旌表，而且她家的門側還立了祠廟。孟蘊的肉體雖然早已和草木同朽，可是她的聲名與詩詞卻享有不朽之名。以下拾撿她的三首作品：

〈撫瑟〉

昨夜瑤琴今夜彈，依然別鶴與離鸞；
要知妾意無他向，只在琴聲不改間。

〈畫松〉

森森老幹倚晴空，萬木參差誰與同；
自惜棟梁人已去，謾垂綵筆寫遺容。

〈閨詞〉

誰謂妾無夫？　未卜婚期夫已殂。
誰謂妾不嫁？　夫歿于官妾身寡。
誰謂妾身不見郎？　妾睹遺容若未柩。
誰謂妾不到君堂？　妾扶君櫬執君喪。
誰謂夫無配？　妾自笄年先已字。
誰謂妾心二？　妾誓終身守夫志。
妾身永作蔣家人，　夫君原是吾門婿，
豈知牛女隔銀河，　驀地參商無面會。
今生空結斷頭緣，　欲滿姻期在來世。

台州人金氏小時跟溫州人章文寶訂有婚約，但在成婚前，章文寶先娶了一位已經有妊的包氏當妾。不久，章文寶得了重病，金氏想去探病，可是她的父母不允許，但金氏這女孩還是堅持要去。後來金氏見到章文寶一眼後不久，未婚夫便病逝了。金氏不但替文寶斂棺守喪，而且還親自教導包氏生下來的兒子章綸讀書。章綸在正統元年（一四三六）考中進士，官拜禮部主事。這時章綸心裡想上疏皇帝，讓他繼承他父親的家產，可是因為他是妾生而非嫡生，怕惹金氏生氣，因此遲遲不敢上疏。金氏獲悉之後，反而安慰鼓勵章綸。章綸受到嫡母的鼓勵首肯之後，正式要求朝廷把他的名位從「庶」改成「嫡」，當為章家的後嗣。可是依照明朝的傳統，這是違法的，因此章綸差一點被廷杖打死，之後還被禁錮在詔獄中。一直等到天順二年（一四五八），章綸才恢復官職，從此照顧金氏到她天年為止。金氏室女守節，寫的詩簡妙樸實，下面是她的〈見志詩〉：

誰言妾有夫？中路棄妾自先殂。
誰言妾無子？側室生兒與夫似。
兒讀書、妾績纑，空房夜夜聞啼烏。
兒能成名妾不嫁，良人瞑目黃泉下。

根據明末清初錢謙益的考證，章綸母親金氏的〈見志詩〉一篇，是出自高季迪之手。

揚州地方有位叫做胡尚絅的人，娶了程氏為妻，胡尚絅患了重病時，妻子程氏曾刲自己的腕肉餵給丈夫，但因胡尚絅不能吞嚥，無法救活，不久就撒手歸陰。這時年紀輕輕，而且已經懷孕四個月的程氏嚎慟兩天都不想進食。鄰居親朋便勸她說：「如果生下來是男嬰的話，就可以延續胡家的子嗣，為何要絕食尋死？」程氏回答說，「我也知道這件事，但如果生的是女嬰的話，我不是白白地活了幾個月嗎？」程氏終於又開始進食，五個月之後，果然生了一個男嬰。不幸的是，男嬰生下不久，卻夭殤死亡！

為自己的嬰兒夭折而傷心至極的程氏於是又向公婆說：「當媳婦的不能再侍奉你們起居了，幸好家裡還有其他妯娌，因此我走了，公婆也不必悲傷。」程氏因此又開始絕食，兩天之後，程氏的婆婆來安慰守寡的媳婦說：「妳的娘家離這裡只有兩百里的距離，為什麼不先通知妳父母（親家），大家見見面後再訣別也不遲？」這位立意要輕生的程氏回答說：「那趕快叫我家人來呀！」之後，程氏每天只喝一湯匙的稀飯，等著她的娘家派人過來。十二天過後，她父母果然派遣她的小弟弟到胡尚絅家。可是自從跟弟弟見了面之後，這位精神恍惚的程氏又開始絕食，滴水不入口，而且慢慢地把盒子裡的簪珥收拾停當，準備辦理後事，將其餘的首飾都散發贈送給家人或鄰居嫗婦。如果人家問她為什麼這樣做，她會回答說：「我自己卜算，十八日或十九日是好日子，我將在那個日子辭世。」最後，程氏求仁得仁，死在丈夫睡過的床頭。筆者按：以現代人的社會、道德、法律、教育標準來看這樁故事，程氏的一舉一動，真是令人費解呢！

祥符的地方有一位少女陳氏，從小的時候就以互換八字（憑媒之言）跟楊瑄訂婚。但未嫁之前，楊瑄卻猝死。噩耗傳到陳家時，陳氏想自殺，但她的父母不准許，然後她再要求到楊家奔喪，父母也不准許。陳女於是私自剪下頭髮，請媒婆帶到楊家，偷偷地暗藏在死去的未婚夫的懷裡。當時訂婚的禮俗是，女方用金字寫出女孩出生的年、月、日送到男方家中，這稱為婚帖。楊瑄的母親於是將文定的婚帖跟陳氏的頭髮包裹在一塊，然後置放在楊瑄的懷裡一起埋葬。陳女從此穿著素衣素服守喪，等到她父母又另找媒人要陳氏改聘時，陳氏竟然自縊身死。五十三年以後，朱厚照（正德）當皇帝時，楊瑄的侄兒楊永康決定改葬楊瑄，俾能跟陳氏的骨骸埋在一起。結果墓挖出來時，雖然兩人的骨頭都已經腐朽，可是陳氏的頭髮和訂婚帖卻依然鮮完如故。楊永康又證實，合葬三年之後，楊、陳的墓上，甚至產出了岐穀和丫瓜，真是奇事奇聞！

胡貴貞是樂平人，出生的時候，她的父母因為某種理由，把她當作棄女，丟放在荒野之中。當時鄰里有位姓曾的媼媽，獲悉此事後，立刻前往將胡貴貞救活，帶回家中、讓她跟自己的兒子曾天福吃一樣的乳水。自此，曾媽打算等胡貴貞長大之後，就嫁給自己的兒子曾天福當媳婦。十七年後，曾天福的父母相繼過世，而且家道沒落。這時胡貴貞的生父便強迫女兒要嫁給有錢的人，胡貴貞回答說：「曾家養我長大，我從小就是曾家的童養媳婦，曾家的母子給我很多恩情，我怎麼可以因為飢寒而忘恩負義呢？」胡貴貞於是華舍單淺，小姑獨處，外邊的人無法看到她的廬山真面目。可是胡貴貞的哥哥知道曾天福未婚，於是設計把妹妹哄回家，然後拿出求聘的富家子弟所送來的一大堆金寶笄飾。當時胡貴貞知道已經無法擺脫父兄的壓力，於是偷偷地跑到房間自縊身死。

湖州魯編修之女，為貌美的才女，招贅嘉興蘧太守之子蘧公孫為夫，本以為蘧公孫為才子，沒想到丈夫文章爾爾而已，魯小姐無奈，母親與養娘勸解方稍稍寬心。蘧公孫不久因父親重病而回故里，知父親病重不起，欲接魯小姐至嘉興，魯小姐母親不肯。魯小姐明於大義地勸說母親，方得以成行。往後便於嘉興落腳，教兒子讀書，寫文章，若兒子書背不熟，便督責他念到天亮。

茂苑地方有一名端潔愛讀書的女孩子素貞，她私下跟一位男子「玉郎」訂下婚約。

可是玉郎有位姓羊的朋友，也愛上了素貞，於是千方百計在素貞母親倪夫人面前挑撥離間，說盡玉郎的壞話。倪夫人竟然聽信羊姓男子的蜚語讒言，逼素貞改適。後來玉郎死了，多情重義的素貞也隨著殉節，兩人合葬在一座虎丘供後人瞻仰紀念。素貞著有《泣鸞遺恨》，她的詩文英特超技，靈渺處還帶點古樸純真，茲抄錄五首於下：

〈月〉

坐冷碧苔濕，霜華印碧梧；

寂寥原是伴，應炤妾身孤。

〈燈〉

香寒睡鴨半黃昏，羅袖重重添淚痕。

我伴殘燈燈伴我，寂寥應是慧心人。

〈對鏡〉

修眉凝恨鎖春山，香霧淒迷著髩鬟；

何事青銅舊相識，也來一樣效愁顏。

〈落花〉

碧桃疎影半橫斜，狼籍香鈿點絳紗；

杜宇也憐春去早，夜深猶自伴殘花。

〈秋夜〉

碧梧金井伴黃昏，何處疎砧度短垣；

夜靜露凝金綉襪，空餘明月炤啼痕。

浙江餘姚有一位古姓人家，欣賞鄉里中一位有學問的年輕人史茂，因此將他招贅為乘龍快婿。幾天之後，一位名叫宋思的鄰人到古家來討債，不期然間，看到了艷美如仙子的古家姑娘，於是馬上改口說，古家欠他的錢是用來娶古家姑娘用的聘金。在雙方堅持不下的情況下，宋思就告到官裡。當時知縣馬從龍洞查出這是一件誣告的烏龍案件，於是命衙卒把宋思打了幾個大板，然後將他遣出衙門。可是等到古家姑娘要下階，而史茂想來牽扶她時，古氏因從未出過閨門，又看到那麼多陌生人站在旁邊看著，因此臉上發赧，半羞半慚地把夫婿史茂推開。古氏的這個「拒愛」動作、以及夫妻間的互動表情，恰好全部映入知縣馬從龍的眼簾。下意識的瞬間，馬從龍知縣覺察到古家姑娘根本不愛史茂這位書獃子，於是即刻改變他的判決，宣布古氏理應歸屬給宋思！

聽到這天外飛來的好消息後，宋思馬上率領一批人馬，帶著轎輿到古家迎親。等古氏的母親來看自己的女兒時，古家姑娘呼號著要求死，並且剪斷她的長髮，告囑母親交給丈夫史茂。雖然宋思家族有十多位婦人輪流用好話勸說，但古家姑娘依然不為所動，堅不上轎，最後乘機自縊而死。知縣馬從龍得知古氏自盡的消息後，大為震驚懊惱，於是下令捕捉宋思，可是宋思早已逃之夭夭。而史茂為了報答妻子對自己的情義，終身不娶。

義婢

在永樂當皇帝期間，保安右衛指揮（官階正三品，統率五千至六千名官兵，相當於現在的師長）張孟喆被調到明朝九邊重鎮之一的宣府駐防。不久流寇從北方入掠，張孟喆恰好在前方督訓軍隊，在情勢危機之下，張孟喆的妻子李氏對小姑（張孟喆的妹妹）說：「我是將軍的元配夫人，跟妳都是宦門出身的女人，我們要守義，不能讓賊寇汙辱了我們。」於是姑嫂兩人相摯投入井中。張孟喆家中有位婢女名叫妙聰（沒姓）也一起跳進去。可能因為井水不夠深，張孟喆的夫人跟妹妹都沒有立刻被淹死。這時妙聰知道女主人李氏已經懷孕，因顧慮水冷，恐怕胎兒會死在腹中，於是便用自己的臂膀背負著李氏及小姑。等到賊寇被官軍擊潰敗退之後，張孟喆和他的弟弟張仲喆很快地找到井裡的親人，便用繩索把李氏與張家妹妹救出來，可惜發現義婢妙聰已經斷了氣，一命嗚呼。

隆慶末年、萬曆初年間，明朝的朝廷出了三位有名的首輔（相當於宰相的地位），他們是高拱、徐階與張居正。在極為微妙又險惡的政爭當中，有一位綽號丹陽大俠，名叫邵方的政治販子，他先幫徐階獻策，但徐階不予理會，導致徐階在六十五歲時，受到御史彈劾而被逼退休。一般史家認為在一五七〇年時，邵方用大量的金銀，幫助高拱行賄當時內宮最有權勢的宦官馮保，高拱才能坐上內閣大學士的第一把交椅兼吏部尚書。可是隆慶皇帝在一五七二年七月四日突然猝死，兩星期後，他的兒子朱翊鈞（才十歲）登基為萬曆皇帝，高拱隨即下台，邵方因而一下子失去了靠山。張居正當權時，雷厲風行，斷然著手政治革新，他屬下的巡撫張佳胤奉旨捕殺邵方。當時邵方有個三歲的兒子名叫邵儀，由家裡的婢女（也姓邵）照顧著。等巡捕到邵家要捉走邵儀時，日已西沉，而且邵家居所大門都已關閉，於是巡捕就守在門口等候。

邵方有個女兒嫁給距自宅約五十里處的武進城人沈應奎為妻。沈應奎是位孔武義烈的男子漢，當時是一位生員。知道岳父家有災難，擔心如果邵儀有任何三長兩短，邵氏一族恐怕會斷絕香火。恰好沈應奎跟府裡的法官（明人稱推官）很要好，當天正好推官邀他吃飯，直到夜分時刻才散席。沈應奎快馬加鞭地趕到岳父家，從後牆翻入。這邵家婢女一看到沈應奎便喜極而泣，抱著小小的邵儀說：「幸好沈姑爺趕到，這孩子有救了！」婢女於是將邵儀交給沈應奎，然後跪在地上叩頭說：「邵家未來傳宗接代，完全要靠沈姑爺了！這個小孩如果能活下去，我當奴婢的將死而無憾矣！」

沈應奎果然把小邵儀秘密地藏匿起來，等到天明之後，沈應奎趕到衙門來謁拜推官。在同時間，巡捕找不到邵儀，於是對邵家的婢女出氣，將她捆綁起來毒打一頓，但邵家女婢始終不發一語。巡捕回到衙門時，有幾位捕卒指控邵儀的失蹤，應該是沈應奎幹的好事。不過跟沈應奎交情很好的推官反而替他的朋友辯白說：「這種指控應該是冤枉的吧！因為應奎昨晚跟我一起吃飯喝酒到很晚，今天一清早又因事來找我。」正好又有人為邵方開脫，這樁罪案就這樣被擱置不問了。婢女把邵儀當作自己的兒子撫養長大，一直到她年老歸天。

曹桐地方有位叫丘鏷的人，他的兒子丘禟生下來就跟一戶姓錢人家的女兒訂下了婚約。可是丘禟長大之後，患了癲癇症，而且不懂男女房事。丘家於是不敢聘娶錢家的女兒過門，而且把實情告知對方諒解。出乎意料之外的，錢家的女兒竟然不聽，而且先以她的女婢沈氏跟丘禟睡覺，來試看未婚夫是否有「性趣」，懂得房中三味，結果證明丘禥實在沒有行房能力。因此丘家再度懇求錢家解盟，別聘他人。錢家的千金聽到這消息時，竟然自經身死，不久丘禥也猝逝，錢家的婢女沈氏，因為有了那一夜的試婚，也立誓終身不嫁，為丘禥守節。萬曆三十五年（一六〇八），朝廷接到奏疏，下令禮部給錢女和沈氏頒發旌旗。

女扮男裝與有男子氣概的婦女

元朝末年，當明玉珍在四川稱霸時，有位住在保寧地方的貞女韓氏，因怕被亂賊擄掠，所以偽裝成男人，混逃於民間。可是後來卻為明玉珍的部屬徵召入伍，到處轉戰足足有七年之久，而且還沒人知道韓氏身為女性。最後，明玉珍的大軍攻破雲南，告捷回四川，韓氏巧合碰到她的叔父，才贖歸成都，並改回女兒裝扮過日子。這時從軍袍澤看到她時，都異常地驚訝。一三七二年，韓氏嫁給一家姓尹的當媳婦，成都人都稱她為「韓貞女」。

為了保持貞潔名譽而女扮男裝者，還有南京人黃善聰。黃善聰在十二歲時母親過世，她父親在盧洲與鳳陽之間賣香，叫她穿著男子的服裝，跟隨老爸到處做生意。從遊幾年之後，父親病亡，黃善聰克紹箕裘，繼續以賣香為生，並改名張勝。同行有一位香販叫李英的人，跟黃善聰搭檔好幾年，卻也都不知道善聰身為女人。黃善聰後來回南京老家省親，探望親姊姊。黃善聰的姊姊與她初見面時，也是認不出自己的妹妹，詰問良久之後，才知道原委。姊姊於是怒罵妹妹說，男女亂羣，真是侮辱了黃家的家門，因此拒不讓妹妹回家。這時黃善聰要用死來證明自己的純潔，於是請鄰居的老婦人檢驗她的身體，果然還是完美無缺的處子。姊妹終於相擁痛哭一番，姊姊叫妹妹立刻改裝，恢復女人本來面目。幾天後，李英來訪，知道相處好幾年的香販伙伴是女人家，因此怏怏不樂。回家後，李英將此事告訴母親，並央媒人到黃家求婚，可是黃善聰不答應。她認為，如果嫁給李英，社會上會有瓜田李下，莫不嫌疑的緋言。甚至鄰里親友相勸，她愈是堅決不嫁。最後官方聽到這個消息，派人來助聘，並判定李英與黃善聰為法定夫妻（但以現代人的法理、觀點來說，官方是沒有權力強逼人家結婚的）。

替丈夫、兒子出主意的女人

山陰地方有位姓葛的女子嫁給一戶姓白的人家，生了一個兒子命名白瑾。白瑾的父親早死，因此從小就由母親葛氏一手教養。長大之後，白瑾在成化年間考中了進士，而且被派到分宜縣當知縣。白瑾生來身體孱弱，有一次生大病時，恰好鄰縣飢餓的災民到處覓食作亂。當時分宜縣沒有城郭，因此當難民一下子湧進分宜城內時，縣府掌管財物、倉庫及監獄的簿丞，都倉皇地帶著他們的妻兒逃跑藏匿起來。

葛氏因知道當知縣的兒子還是臥病不能視事，因此命令衛士將倉庫及府署的財物銀子，用鐵箱子裝好，然後全數丟進池中。之後，葛氏戴著白瑾的頭冠，穿著知縣的官服腰帶，端端正正，文風不動地坐在縣衙堂。等到難民闖進縣府衙門時，他們仔細一看，發現是知縣的老母坐在殿堂時，大家先是嚇了一跳，然後一起大笑。葛氏老母發聲說：「我的兒子白瑾害了重病，沒辦法親自迎接你們，我老婦人代為主人，請跟我來視察倉庫。」一當難民看到倉庫時，倉庫內一無所有。經過牢獄時，大家都說沒興趣看，等到進了內舍，難民所看到的只不過是一些粗簡的奩具，甚至連做飯的東西都沒有。

這批難民看完內舍之後，反而向老母致謝一番，並隨即一鬨而出。難民離開後的隔天，葛氏下令捕頭去捕捉那些違法作亂的人，有些被捉到的就按照律法判罪處刑。這件事發生不久後，白瑾便過世了。葛氏扶著兒子的櫬棺回到老家埋葬，沿途中，男女老幼夾道致哀，並表達他們對葛氏的尊敬，因為有了老母的機智，才使分宜縣沒有像鄰縣一樣被洗劫一空。

下列的三位婦女是因在戰亂中替丈夫打氣、出主意，甚至犧牲生命而留名史冊。正統年間，遼東廣寧右衛指揮僉事趙忠，奉命駐防鎮靜堡的重要關口。有一次蒙古軍隊入犯，趙忠力戰不勝，敵人的圍攻非常的猛烈火急。這時候趙忠的妻子左氏說，鎮靜堡破在旦夕，她寧死也不願受辱，並且盡力勉勵趙忠繼續奮戰，說完，左氏跟著趙忠的母親，以及三個女兒一起自殺身亡。悲痛感憤之餘的趙忠，因此抱著「破釜沉舟」的態度孤注一擲，更加堅忍地扼守城堡，敵人終於無法得逞，只好解圍離去。朝廷知道這件事之後，贈左氏為「淑人」，並詔諭禮祭，賜給一面「貞烈」的旌旗來表揚左氏，之後，趙忠晉升為指揮同知。

一五一一年江西華林大盜圍攻瑞州府，當時瑞州知府出缺，工部主事姜榮調通判暫時代理知府的職務。這位才剛到任的通判，倉皇無備，所以他臨時召集的兵士根本無法抵抗來勢兇猛的盜賊。姜榮看到形勢無法守住，他自己便使出三十六計，先開溜了。他的妾竇妙善原先是京師崇文坊的樂戶人家，這裡出身的婦女以驕悍出名。當華林大盜在府中找官印時，她乘空檔將府署的印信藏在圃池中，並且穿上鮮豔衣服，上前對賊眾說：「太守帶著數千援兵出城追捕你們，你們是死定了，為何抓我的婢女呢！」賊眾認定她是太守夫人，把其他人放了，用轎子抬著押著竇氏出城。

當時被盜賊捉綁的還有姜榮的部屬盛豹父子兩人（高安人）。三位被俘的人走了數里路後，竇氏偷偷地告訴盛豹官署印信藏匿的地點，而且告訴盛豹，她已經準備以死跟盜寇周旋。竇妙善隨後向華林大盜說盛豹不會抬轎，華林大盜果然放了盛豹，可是留著盛豹的兒子當人質。等盜賊與人質走到一個叫花塢鄉的地方，竇氏騙盜賊說她口渴，想要飲水，因此盜賊便停下來，讓她走到路邊的一口井去提水。想不到，竇妙善在那一剎那間，投井自盡，從容就義！不久盜賊離開了瑞州府，當地一個僧院的主持，就自願幫竇氏的亡魂超度。七年之後，郡縣將此事報告朝廷，皇帝下詔為她立祠祭祀，題名「貞烈」。

至於不守崗位、棄城逃走的姜榮，照法理是要治重罪的。後來刑部的主事者，因考慮到竇氏的貞節俠義表現，特別網開一面，讓姜榮脫罪。可是令人不敢相信的是，在兩個月之後，姜榮又買了一個姝麗的女人當妾。當時官場裡的人，都深不以為然，不少人批評姜榮是個薄倖的負心人。果然不久，姜榮就掛冠去職，回家吃老米飯了！

一五九二年，明朝西北邊城寧夏受到數萬蒙古軍的侵擾，他們的首領是哱拜、著力兔、和卜失兔（一五六五－一六二四）。當時在李如松（一五四九－一五九八）麾下，有一名延安出身的將軍蕭如薰看守著寧夏南面的關口。由於蕭如薰的守軍很單弱，致使城裡的人心不安。這時，蕭如薰的妻子楊氏（大司空楊晴川的女兒），將她所有的儲蓄簪珥全部拿出來，當作犒賞士兵的費用，並親自率領身體健壯的婦女，協助後勤的運輸工作。蕭如薰受到妻子的鼓勵與資助，晝夜苦戰，終於逼著蒙古軍撤退。萬曆皇帝因蕭如薰立功，升他為大帥，可是蕭如薰的妻子楊氏病亡後，卻沒有獲得朝廷的特旌褒揚！

第九章

妓院與妓女

營妓、樂戶

明代早期以賣唱、賣笑、賣色、賣身討生活的女性，除舊有的樂籍婦女以及犯罪的女人之外，大多來自俘虜的女眷，和無家可歸、到處流竄的蒙古與色目妮子。《明史．劉基傳》中提到：「吳士卒物故者，其妻悉屬別營，凡數萬人，陰氣鬱結。」當元朝末年群雄割據時，劉基（號伯溫，一三一一—一三七五）是朱元璋的軍師，曾經替朱元璋擬了一份討伐吳王張士誠（一三二一—一三六七）的檄文。一三六七年九月，朱元璋的部隊攻陷蘇州，逼張士誠自殺，因而佔據了中國最為富庶的長江三角洲。勝利之後，凡是吳國投降的將士都編到軍戶，但是吳國戰死的軍士女性眷屬，則安頓在特別的婦女營。劉祁著的《歸潛志》其中有一條「盧鼓椎」寫道：「宿州有營妓」，這也證明了當時已有類似第二次世界大戰「慰安婦」的存在。自從元朝末代皇帝妥懽帖木兒（順帝，一三二〇—一三七〇）在一三六八年逃離北京之後，一般估計有七十萬到八十萬的蒙古人、色目人被明軍俘虜；或因家園破碎、或因被遺棄而成為難民，他們大部分停留在河南、河北、北京、山西、陝西、四川、甘肅和雲南。朱元璋流放了一些戰俘，包括一位蒙古親王到琉球群島，然後把流竄在京師的人編入「樂戶」，在州邑者則編入「丐戶」。

明代的良家婦女，上自官吏富人，下到一般「民戶」百姓，絕大多數都遵守著閨閣習俗，不會隨便讓外人看到她們的頭髮、顏面和身體。反之，被編到「樂戶」的，或者是「營妓」的女人，就得拋頭露面，以粉黛、胭脂等來娛樂男人求生。因當時有這麼多流離失所的女人，禮部就決定設立一個教坊司來統屬管理。《明史》卷七十四〈職官志〉規定教坊司「奉鑾一人，正九品，左、右韶舞各一人，左、右司樂各一人，並從九品。掌樂舞承應。以樂戶充之，隸禮部」。沈德符（一五七八—一六四二）在《萬曆野獲編》寫說：「禮部到任升轉；公費出教坊司。南禮堂司俱輪教坊直茶。無論私寓游宴，日日皆然。」總之，教坊司設有一位主管，還有衙署、有公座、有人役、有執行刑杖、有拿籤牌之類的雜差。教坊司的大小官員，可從他們所戴的冠、帶識別出來，但他們看見客人則不敢拱揖。至於妓女倡優如果從良，要落籍到「民戶」，也由教坊司循規承辦。

南京武定橋所設的富樂院是明代官妓的濫觴，當時負責管領富樂院的是禮房主事王迪。王迪這個人熟諳音律，又能作樂府，依照原初的設計，富樂院是高級的色情場所，院裡的女子可供官衙府第縉紳宴集、喝酒作樂之用，但只有商賈生意人可以入院宿娼，一般的文武官吏及舍人如果要出入妓院的話，還是多少有所限制。朱元璋當皇帝時，查出有一百多名財稅人員（當時叫錢穀官），曾經到富樂院宿娼。這些先侵盜課稅，然後押娼的官員，有一半被罰到（滁）州去看守城門，另一半則被遷戍到辰州去當兵。《大明律》還規定，官吏若娶教坊司的妓女為妻妾的話，除了要打六十杖以外，還強迫要與妓女離異。如果應蔭承襲父親、祖父官職的子孫，娶教坊司的女子為妻妾者，罪與官吏相同；同時要寫上所犯罪過，從父親、祖父的職位上減一等，並且發放邊疆荒陲地方任用。

沈德符在《萬曆野獲編》印證了這種法規：「宣德三年（一四二九）八月，巡按湖廣御史趙倫與樂婦姦，命戍遼東。」在這前提之下，勳戚大官仍然可以隨時傳喚教坊官妓行曲傳觴、彈琴演戲。《萬曆野獲編》又說：「山票拘集教坊妓女侍觴，則全是勳戚舉動，又非禮虐之，其持票至曲中，必云聖人孔爺叫唱，諸妓迸匿，或重賂之得免。」《堯山堂外紀》中也記載了一則三位楊姓的內閣大學士碰到一位性情巧慧的名妓的故事。三楊指的是有才氣但又重實效的楊榮，正質坦率的楊士奇，和冷靜忠實的楊溥；名妓指的是齊雅秀。當時三楊正值歌宴，召有官妓彈琴、唱歌、敬酒。在廳外的隨從拜託齊雅秀（叫做「應官身」）要想辦法讓三位德高望重的閣老開懷大笑。齊雅秀很有把握地說，只要我一進入廳內，就能逗他們笑個不停。等到這位名妓進見時，三楊齊問說，為什麼妳遲到了？承歡陪宴老手齊雅秀不假思索的回答：「看書呀！才忘了時間。」三楊又好奇地問下去：「看什麼書呢？」齊女大聲地說：「看《列女傳》呀！」三楊乍聽之下，全都咯咯地笑了起來，不過其中有一位閣老說：「母狗（bitch）真沒有禮貌！」齊雅秀也不甘示弱地回答說：「我是母狗，各位則是公猴（侯的同音）！」

明代官員狎妓的事，還可以從宋鳳翔的《秋涇筆乘》窺出狀況：「宣德年間（一四二六—三六），顧佐為都御史。……先是，不禁官妓，每朝退，相率飲於妓樓，牙牌累累，懸挂欄檻。群婢奏曲侑觴，浸淫放恣，解帶盤礴，每至日昃而後返，曹務多費。佐奏革之。」顧佐是開封府太康人，一四〇〇年中進士，曾任應天府（南京）知府（正四品）與順天府（北京）知府，一四二八年升為都察院左都御史（正二品）。顧佐執行宣德的禁娼政策果然奏效，因為「京師自宣德顧佐疏後，嚴禁官妓，縉紳無以為娛，於是小唱盛行，至今日幾如西晉太康矣。」（錄自《萬曆野獲編》，卷二十四）。顧佐在一四三三—一四三四年間生了一場大病；一四三六年退休之後，明朝禁止官吏狎玩官妓的政策就逐漸鬆弛。不到一個世紀，王世貞在他的《觚不觚錄》中寫說：「河南、淮北、山陝諸郡士夫，多仍王威寧、康德（涵）之習，大小會必呼伎樂，留連宿飲，至著三詞曲不以為怪。若吳中舊有之，則大概考察削籍不堪復收者；既而聽用在告諸公，亦染指矣；又既而見任升遷及奉使過里者，復瀾倒矣，乃至居喪，未嘗輕綠自恰，左州侯，右夏姬，以縱游湘山之間，從人指目，了不知忸。」

等到明朝衰亡時，明朝官員玩妓的風氣更是盛行，清人嚴思庵在《香豔叢書》的

「艷囮二則」中證實說：「明萬曆之末，上倦於勤，不坐朝，不閱章奏。輦下諸公亦泄泄沓沓然，間有陶情花柳者，教坊婦女，競尚容色，投時好以博貲財。」

南京的妓院

明代初葉鶯燕優娼最繁盛的地方應該是南京。南京人口大約有四十五萬之譜，當時是十四世紀世界上第一大城。曲折的南京城垣，依山臨江，氣勢雄偉。南京城外廓有座聚寶門，當時最方便的交通工具是小船，商賈遊客可乘船從聚寶門越過長江，然後沿著秦淮河東走，經過正陽門，再到東華門。也可以經大金門走到朝陽門，然後坐小船，沿著護城河南下，在通濟門換船，隨著秦淮河的流向，經過莫愁湖，然後抵達秦淮河跟長江交接口的三山碼頭（即現在的水西門）。永樂當皇帝時，為了資助鄭和下西洋，在位於南京西北三漢河（西接長江，東鄰秦淮河）附近建設了龍江寶船廠。明代中葉以還，秦淮河兩岸，妓家鱗次，比屋而居，花木蕭疏，紈絝少年或商賈嫖客，在黃昏時刻，租乘燈船，從聚寶門水關到通濟門的水關，可以看到十里珠簾，然後決定在某河房中宿夜。據說，每逢秋天全國會試時，在桃葉渡口（秦淮河與青河的交接處）的那個地方，爭渡者喧聲不絕，夜晚則火龍蜿蜒，光耀天地。

明人周吉甫在《金陵瑣事》一書中，描寫了南京妓院的範圍、以及十六間服務嫖客酒樓的地點與名稱如下：「在城內者曰南市、北市。在聚寶門外之西者，曰來賓，門外東者曰主譯。在瓦屑壩者曰集賢、曰樂民。在西門中街北者曰鳴鶴，在西門中街南者曰醉仙。在西關南街者曰輕煙、曰淡粉。在西關北街者曰柳翠、曰梅妍。在石城門外者曰石城、曰雅歌。在清涼門外者曰清江、曰鼓腹。」

政治罪犯的女眷

南京是大明帝國一三六八—一四二一年的首都，一三九九年，燕王朱棣發動「靖難」之變，點燃兵燹。自靖難內戰之後，民氣漸舒，閭閻樂業，倉庾充羡。由於社會安定，商賈雲集，又兼之「官妓」、「樂戶」數量增多，在「供」與「需」的市場機制運作下，首善之地的南京才會出現這麼多花月春風的酒色牌樓。在「供」的方面，主要的來源是一三八〇年胡惟庸案和一三九三年藍玉案坐黨的女眷，加上靖難內戰時所有擁戴建文帝的文武大臣的妻女親戚。朱棣在一四〇二年七月稱帝時，下令將所有敵人的妻子、女兒、親戚等千餘戶，全部編入「樂戶」，讓她們荼毒衣冠，醇酒淪落，喪盡節義。《南京司法記》寫說：「永樂二年十二月教坊司題：卓敬女、楊奴、牛景、劉氏合無照，依謝昇妻韓氏例，送洪國公轉營姦宿。又永樂十一年正月十一日教坊司於右順門口奏：齊泰婦及外甥媳婦，又黃子澄妹四個婦人，每一日夜二十餘條漢子看守著，年少的都有身孕，除生子令作小龜子，又有三歲女子，奏請聖旨。奉欽依由他。不到長大便是個淫賤材兒。又奏：黃子澄妻生一小廝，如今十歲，也奉欽依都由他。」

上述提到的齊泰是南京南郊深水人，任建文帝的兵部尚書，有一次齊泰在朱元璋面前，正確地說出每一個邊防重鎮指揮官的名字，並且表現出他備有相當豐富的軍事戰略、地圖、聯勤方面的知識。一四〇二年七月十三日，當燕王朱棣的軍隊攻進了南京的金川門後，南京的皇宮出現了大火，齊泰把他乘的馬用墨水塗黑，趁著夜晚逃脫，可是馬汗最後將黑墨洗脫，在安徽廣德地方，齊泰被人識出，後來縛執到京師，在七月二十五日伏誅於市。齊泰的五歲兒子齊得義遭流放，他的妻子、外甥女、媳婦，以及其他女眷全部被編入教坊司。從此，這些可憐的女人頭要戴皂冠，身上要穿皂褙子，而且出入不准穿著華麗的衣服。

靖難內戰期間，朱棣公開宣稱齊泰及黃子澄是兩大奸臣，也是他的主要敵人，因此他是絕對不會放過黃子澄一家人的。年輕的建文帝在一三九八年夏天開始「削藩」的政策，據說是出自於黃子澄的主意。黃子澄被執之後，因敢大膽地在朱棣面前，當眾批評朱棣是兇殘、不足為後嗣效法的篡位者，因此盛怒的永樂以黃子澄大逆不道的理由，即刻下令將他「千刀萬剮」。黃子澄的胸膛、腹部、手腳和背部遭到切割，讓他備受煎熬痛苦地慢慢流血死去。黃子澄死時是五十歲，留下的妻子、女兒，以及四位妹妹都要連坐受罰被逼去當「官妓」。被黃子澄牽連到的九族男親戚就被編到「丐戶」，從此要頭帶綠巾，腰繫紅褡衣，而且走路時，不許走中間，只許走道路的左右邊道。

在三年的「靖難」血腥內戰中，戰事有輸有贏。一四〇〇年夏天，燕軍圍攻濟南時，被山東守將鐵鉉（色目人，一三六六－一四〇二）打敗。鐵鉉是建文皇帝舊臣之中，少許能戰勝朱棣的將領，因立功而曾一度被升任為兵部尚書。三十六歲的鐵鉉被捕時，拒絕承認永樂是他的主人，而且還破口咒罵，說永樂篡位。鐵鉉被處死後，還被放進油鑊再一次燒爛他的屍體，可說真是最野蠻殘酷的刑罰。等到朱棣在一四〇二年七月稱帝時，便下令將鐵鉉三十五歲的妻子楊氏及鐵鉉的兩位女兒全部編入「樂戶」。明代《教坊錄》提到：「永樂十一年（一四一四），本司鄧誠奏：有姦惡家小妮子，奉欽依都由他。」

鐵鉉的妻子楊氏不久後便因神經衰弱而死，他的兩個女兒自此發誓不受辱、不接客。一四二四年，永樂的大兒子朱高熾即位時，特赦了鐵鉉的兩個妮子，同意恢復她們的「良民」戶籍，後來她們有幸嫁給朝士。鐵鉉兩個女兒的貞烈故事，可在清人筆名「來集之」（死於一六八二年）所著的《鐵民女》（又稱《俠女新聲》）的戲曲中看到。兩個騫運薄命的鐵鉉苗裔作有〈自述〉詩各一首。大女兒的詩這樣寫道：

教坊脂粉洗鉛華，一片閒心對落花；
舊曲聽來猶有恨，故園歸去已無家。
雲鬟半綰臨粧鏡，雨淚空流濕絳紗；
今日相逢白司馬，樽前重與訴琵琶。

鐵鉉二女兒寫的是：

骨肉傷殘舊業荒，出身何忍去歸娼；
涕垂玉筋辭官舍，步蹴金蓮入教坊。
覽鏡自憐傾國貌，向人羞學倚門粧；
春來雨露深如海，嫁得陶郎勝阮郎。

可是根據錢謙益的考證，鐵鉉大女兒的詩其實是吳人范昌期所作。這首詩題名為〈老妓卷〉，收編在張士淪的《國朝文纂》。

十五世紀下半葉，聞名於蘇杭地帶的大文學家祝允明著作等身，其中有三部是屬於怪異警世的作品，即是《猥談》、《志怪錄》和《語怪》。在《猥談》書中，祝允明提到：「奉化（浙江）有所謂丐戶，俗謂之大貧，聚處城外，自為匹偶，良人不與接，皆官給衣糧。其婦女稍妝澤，業枕席，其始皆宦家，以罪殺其人而籍其牝。官穀之而征其淫賄，以迄今也。金陵（南京）教坊稱十八家者亦然。」祝允明平常不修行檢，好賭好酒，經常出入聲色場所，教導粉黛優伶寫書作畫，題詩唱和，所以上述的記載應該是實況寫真的史料。《萬曆野獲編》也說：「明時浙東丐戶，男不許讀書，女不許裹足。」諷刺的是，纏足竟然變成「良戶」與上層階級婦女的特權，一般「丐民」與「賤民」的女子，反而不准纏足。此中的理由是，纏足的婦女大概就無法做粗重的工作，或是纏足象徵嚴格的階級劃分？

明代中葉以後，樂戶人數越來越多，弄得教坊司要樂戶繳納「脂粉錢」。十六世紀初，有位名叫阿克巴爾（Seid Ali Akbar）的阿拉伯人，在中國訪問旅行了三個多月，在他的遊記《中國紀行》（*Khitainameh*）（出現在一五一六年）中，阿克巴爾寫道：「每一個中國城市都設有專供娼妓活動的特殊地區，有的城市有五百家妓院，有的甚至達到一千家，這些女人大多是來自宦門，但是犯了（政治）罪的女兒。」

娼妓滿天下

出身於福建長樂的謝肇淛（字在杭，一五六七—一六二四），一五九二年中進士，之後的三十年曾經在浙江的湖州、山東的東昌、南京、北京、雲南、廣西等地當過不同職務的官職，而且到處旅遊，蒐集人情、風尚、文物等有關資料。謝肇淛的人生閱歷豐富，觀察力敏銳，著作甚多、內容廣泛，他在《五雜俎》第八卷說：「今時娼妓滿佈天下，其大都會之地，動以千百計。其他偏州僻邑，往往有之。終日倚門賣笑、賣淫為活，生計自此，亦可憐矣！」這裡大都會指的是南京、北京、揚州、大同、泉州、蘇州、杭州、淮安，廣州等地。

《五雜俎》中還說，九邊重鎮如大同、薊州、宣府，它們的繁華富庶不下江南，而婦女的美麗、衣服的款式也沒因戰爭而有所改變。其中以「薊鎮城牆」、「宣府教場」與「大同婆娘」最為出名。《萬曆野獲編》也說，在萬曆年間，以煙花巷討生活的「大同婆娘」就有兩千人，而在北京皇城內外，不隸屬於三大院的大同籍娼妓，溢出流寓，屬於明人所謂的「路岐散樂」流鶯！偏州僻邑之處指的是不隸於教坊司管轄，家居私下賣淫的「土妓」和私設「私窠子」的地方。此外，還有在路旁設立的窯子，及在船上賣淫的妓船（在廣東、福建叫做「蜒船」，在湖州稱為「六篷船」）。這種不能唸詩唱歌，不會書畫表演的妓女，通常只能出賣自己的身體，讓嫖客蹂躪來討生活。

樂戶人口以及娼妓數字逐年增加，一般人會說這是因為世風日下，道德敗壞的緣故。其實較重要的原因是明代法律的弊端百出，造成職業戶的四處流離，賦役制度的次第遭受到破壞，撫恤救濟的不健全和政治的腐化。但是在古今世界各種不同的社會、不同的人種，與不同的文化之所以全都有娼妓存在的現象，其中最重要的理由還是經濟與民生的問題。明朝歷時兩百七十多年之久，早先創立的錢幣鈔法，是一兩銀子值一千個銅錢，而且各值八十貫鈔的比例。可是在一三九五年朱元璋下令，人民不許用金銀買賣，而且還要戶部收回民間所有的銅錢，依數換成鈔幣。可是等到永樂時，文武官俸則米鈔兼給，到了一四二八年，朝廷又停止製造鈔幣，然而鈔幣的使用一直到弘治、正德（一四八八—一五二一）才漸漸地廢棄，而且在隆慶時期（一五二二—一五六七），官俸的支給還是用鈔。一五七三年之後，明朝政府改變以銀為幣，以前禁止人民使用金銀的法令終於破產。可是銀價的高低跟兌換銅錢的比例，常常因市場供需的機制，無法穩定控制，因此造成物價的飆漲以及社會的動亂。

還有更嚴重者，明代的田賦制度，也從單純的繳納米、麥及任意折色代輸，演變到後來農民需要把農產品（米、麥、絹等），先到市場去賣掉，然後再換取銀錢去繳稅。這種所謂折「金花銀」的賦稅制度，常常逼得農民要以賤價賣出他們的穀糧，然後還要用高價買銀子去納稅。一五九五年福州由於久旱不雨，米價突然漲到每斗要一百銅錢，饑民因此大譟，連續三天掠劫福州府城倉庫。當時，江南的蘇州、湖州人民相連呼應。但是窮困善良的佃農，被逼得要向財主借銀子來繳納租錢，更赤貧的人連去年的租債都還沒還完，今年還得借銀子來還去年的利息，最後實在沒辦法，只好把女兒賣到煙花巷。此外，父母因窮困病死後，失恃的女兒為了生活，不得不墮落娼門的例子比比皆是。明代劇本《焚香記》的女主角桂英傷心地講出自己的身世：

奴家敫氏，小字桂英，出自名家，頗知詩禮。不幸父母雙亡，別無兄弟，囊篋蕭然，衣棺無措，奴家豈惜微軀，忍將父母暴露？只得央媒賣身津送，卻過繼在鳴珂巷謝家為女。不料他是煙花門戶，其時驚惶痛切，竟無脫身之計。

還有《三笑姻緣》的女主角秋香，原來也是出身於官宦之家，但因小時父母相繼病歿，才被逼到南京去「賣笑不賣身」（有些版本說秋香是大戶人家的婢女）。不久之後，秋香以絲竹管弦陪客吟詩，而變成名冠一時的南京官妓。不過在此請讀者注意，秋香在南京的色情場所，能守身如玉，最後脫籍從良嫁給唐寅（字伯虎），完全是戲曲小說家將才子佳人刻意美化虛構出來的。真正的歷史並沒有這段青樓紅顏跟自稱為「江南第一才子」的愛情故事。其實《三笑姻緣》早在唐朝時就盛傳於中國社會，到了明朝時，又被改編成《彈詞》的戲曲。或者因為唐伯虎放誕不羈，頹然自放於桃花塢，於是十七世紀中葉改編雜劇的作家就張冠李戴，讓唐伯虎去風流一番，去亂點一下秋香。先是浙江會稽人孟稱舜（字子若）在他多產期間（一六二九—一六四九）寫出《花舫緣》，把秋香從「妓女」的身分改變為有錢人家的「養女」，將願意當「奴僕」的唐伯虎改變為仕紳。可是也是會稽出身的作家卓人月（字珂月）不同意孟稱舜的亂改，於是自己另寫了一本《花前一笑》的劇本，將秋香的身分又恢復為薄命的青樓美女，把唐伯虎形容為風流才子。《花前一笑》後來收集在《盛明雜劇》叢書中的第一卷（共三十種劇本），在一六二九年間，杭州人沈泰（字林宗，號福次居主人）用精裝版本，並附木刻繪圖，將它印刷刊行於世。

明代以才子佳人為主題的戲曲小說，往往忽視殘酷的社會現實，也不考量家庭、名位、經濟能力等實際問題。反之，他們把愛情幻想化、偶像化，只要男有才、女有情，天下任何難題都可迎刃而解。然而歷史並不是那樣單純，歷史上真正的唐伯虎是個窮愁潦倒、瘦弱憤世，一點都不風趣的人物。雖然唐伯虎是多產的文人，也是極有天稟的畫家，可是他所留下的詞文，並沒提到他跟名妓（或婢女，或養女）秋香的這段豔史。他的《伯虎全集》最早刻於一五三四年，以後陸陸續續增訂，包括一五九二、一六〇七及一六一四年的刊本，最後的集本成於一八〇四年。唐伯虎沒有祖產，又沒當官，平常靠賣字畫過生活，而且因為他很喜歡喝酒，因此把自己的身體搞弱搞壞，還經常伸手向朋友借錢。從唐伯虎寫給好友文徵明的三封信，我們可以看出他的悲慨與內心的痛苦哀愁。下面引述幾行唐伯虎在一五〇〇年寫的一封信：

寅白：徵明君卿，竊嘗聞之，累吁可以當泣，痛言可以譬哀，……吾弟弱不任門戶，傍無伯叔，衣食空絕，必為流俘（凍餓而死）。僕素論交者，皆負節義。幸捐狗馬餘食，使不絕唐氏之祀，則區區之懷，安矣，樂矣，尚復何哉？唯君卿察之。

怪可憐的唐伯虎有一個女兒，嫁給蘇州詩人兼畫家王寵（一四九四—一五三三）的兒子為妻。唐伯虎活到五十三歲，死於一五二四年一月七日。

生長在明代的女孩子，大概有幾十萬、甚至幾百萬人，遭遇到類似桂英和秋香的命運。吳敬梓在《儒林外史》介紹了一位名叫聘娘的女孩。聘娘是南京來賓樓的一名幼妓，大概也是因為家裡貧窮或變故，被人拐給賣入娼門。聘娘跟一位紈絝公子陳木南相交很深很久。當時陳木南還沒有兒子，因此想娶聘娘為妾，可是後來中途生變，讓聘娘非常的失望，因此陷入憂鬱寡歡。有一次老鴇責罵聘娘不好好打扮接客，聘娘受到刺激上吊自殺。雖然自殺沒有成功，但最終聘娘決定削髮出家為尼。吳敬梓並沒有交代聘娘是到哪座佛寺出家，可是一般人都知道，妓院的女人最信佛，而且經常到佛寺、佛庵參拜許願。明朝時南京香火最鼎盛的三座佛寺分別是靈谷寺、天界寺和報恩寺，次要的五大寺包括雞鳴寺、能仁寺、棲霞寺、弘覺寺與靜海寺。

也許因為六朝脂粉，早已香染金陵之地，所以明清文人載籍對南都（南京）妓院與妓女的描寫比較詳細，甚至連妓女所穿的衣服也有所記述。明朝初期，政府也規定皇族與民間婦人的禮服及常服樣式，不過之後又常有改變，一般說來，高級妓女的服裝比較講究。余懷（一六一六—一六六九），字澹心，一六四五年當滿清軍隊進佔南京的時候，他還是南京太學的學生，他對金陵地區的風情習尚最為了解。他著有三卷《板橋雜記》，其中描寫南京秦淮河妓院女孩子所穿的衣服說：「南曲衣裳裝束，四方取以為式，大約以澹雅樸實為主，不以鮮華綺麗為工也。初破瓜者，謂之梳攏；已成人者，謂之上頭；衣飾皆主之者措辦。巧製新裁，出于假母，以其餘物，自取用之，故假母雖高年，亦盛妝豔服，光彩動人。衫之短長，袖之短長，袖之大小，隨時變易，見者謂是時世妝也。」除此之外，明人對婊子裹纏的小足也有相當多的著墨，如「似玉雙鉤」、「三寸金蓮」、「纖趾」、「纖小弓彎」、「月生芽」，而稱她們穿的鞋子為「鞋盃」、「錦鞋」、「羅鞋」、「繡滿花」等代用詞。

燕雲的娼妓

相對地，有關北京青樓教坊的文獻則非常缺乏。明初的北平（一四二一年後改名北京）涵蓋八府、三十七州、一百三十六縣。北平的人口在元代末年大幅減少，例如，在一三五八年與一三五九年之間，接近一百萬人死於疾病和饑饉，十一個城門各自的門外，超過一萬具屍體無人收埋。明朝建立後，除了幾十萬軍隊駐紮軍事要地之外，大批的政府官員、農工商各行各業的人、甚至於囚犯，都遷移到北平這個地區；妓院與色情服務業的生意也隨之興隆；營妓與官妓制度隨之恢復，城內城外的娼肆窯子，自然先後林立。當然啦，政治犯（如上述的胡惟庸、藍玉、齊泰、黃子澄等）的妻女依法編入樂戶，也是營妓跟官妓的重要來源之一。一五六五年嚴嵩的兒子嚴世蕃與親信羅龍文等，都因私通倭寇及擅權貪污被處極刑，他們的九族親戚因此遭殃，被編到「丐戶」與「樂戶」。（八十五歲的嚴嵩沒被誅，但同年死於他兒子的墓旁草寮。）

明代中葉以後，兩京教坊的妓院大門大多只設半扉，而且扉的上頭都會截鈞起來。有時，打扮得花枝招展的歌姬會站在門內，露出半個身子來偷看客人。在南京妓女家門，扉多用竹篾織成，看起來特別輕巧可愛。在北京這種擺設稱為下鈞軒，傳說是元末順帝時，兩位從西域來的僧人，為了防阻他人窺覷婦人受戒，特別設立的下鈞軒，後來卻演變成南北兩都的淫室特色。

而妓女的另外一種來源，則是因家中窮困，或是被人拐騙再賣入妓院。這種情形發生在明孝宗弘治期間（一四八八－一五〇六）彭城衛千戶吳能的家。在明朝，一個衛所的「千戶」手下大約帶有一一二〇名士兵，所以當「千戶」的地位大概相當於現代軍隊團長的位階。吳能的女兒叫酒倉兒，生下後不久，就託一位張姓婦人餵乳餵粥。沒料想到，這位張媼竟把酒倉兒偷偷地賣給一家也是姓張的樂戶當養女，而且還謊說，酒倉兒是出生於高官勳臣的人家。可是這個張樂戶到了山東的臨清大運河轉運港時，又把吳能的女兒轉售給樂戶焦氏，焦氏再將她賣給也是經營色情事業的袁璘。當酒倉兒在短期間內，像是玩物般被轉賣好幾次時，吳能已經罹病去世。

不過，吳能的妻子聶氏到處追蹤尋找自己的女兒，終於在娼樓查出酒倉兒的蹤跡。這當母女第一次相見時，酒倉兒完全認不出自己的母親，也不肯承認她是吳能的骨肉。這時聶氏與她的兒子吳政（酒倉兒的哥哥）留了一些贖金，然後強自將酒倉兒奪歸。袁璘拒絕收納吳家的贖身金，向官廳訟訴。據《萬曆野獲編》所載，這場官司甚至驚動了弘治帝；弘治皇帝最後下令大理寺（明朝的最高法院）會同都察院與刑部一起勘核，經過三、四次的訊審之後才定案。從這個複雜的販賣人口案子中可以看到，這時明朝社會還是可以藉政府的公權力，使無辜的婦女跳出火坑。

第一章〈宮闈的女人〉中，提到正德皇帝最喜愛一位能載歌載舞的維吾爾女人名叫馬昂妹，而且也經常召喚色目樂妓到他的豹房獻藝陪酒。當時在北京城西北處有一座全部是來自中東、西域的色目人聚居的地方，漢人稱它為魏公村。他們的祖先大都信奉伊斯蘭教，十三世紀中葉跟隨著成吉思汗西征，得到戰功、或是被俘、或者因為其他理由，才移居到燕雲地區。他們的種族包括土耳其人、猶太人、維吾爾人、哈薩克人、塔吉克人、烏茲別克人、俄羅斯人等等。到了明朝時，魏公村人的膚色、頭髮、臉型雖然還是跟一般漢人有相當的差別，但是他（她）們都已經跟漢人同化，能說漢語，而且在經濟窘困的時候，這些所謂回回教的色目人為了餬口求生，將她們的女兒賣到妓院也是經常發生的事。明末時，南京的舊妓院有不少姓頓、姓脫的妓女，她們要不是蒙古族，就是色目人的後裔。此外，苗族和其他少數民族的婦女「淪於執巾司篋之流」者，也不可勝數。難怪一位託名梅史的人所寫的《新都梅史》中便說：「燕趙佳人，類美如玉，蓋自古艷之。」

描寫這情景的時間大概是萬曆二十五至二十八年，等於是西元一五九八－一六〇一年間。這個時候，依據潘之恆的《畫史》所載：「燕都妓曲中四十人配葉以代觥籌。東院十九人，西院四人，前門十三人。」北京東院這地方有一家妓院叫史令吾，宅裡有一名才情色藝出眾的名妓叫薛素素。據說薛素素姿態艷雅，一言一動、一笑一歌，無一不使男人魂銷眼迷。不僅如此，薛素素能詩、能寫、能畫，而且還會騎馬彈瑟。當時名人為文心艷質的薛素素所魂迷傾倒的，大有人在。因此公子哥兒皆趨之若鶩，都想要親近這位文武雙全的青樓尤物。潘之恆的《畫史》也提到，當時（一五九八年）北京妓女王雪簫綽號文狀元，崔子玉綽號武狀元，而薛素素卻是文武兼具，讓很多公卿大人拜倒在她的石榴裙下。薛素素曾是李征蠻的寵姬，也嫁過幾次人家，但都沒有成功，最後歸屬在江南一富翁家並老死。以下是薛素素的兩首詩：

〈春日過茅山〉

參差臺殿閟靈宮，句曲茅君次第逢；
洞口鶴窺曾過客，日中人上最高峯。
華陽澗水桃千樹，舊館壇碑墨幾重；
遙望金沙何處是，浮圖千尺罩烏龍。

〈雲陽道中即事〉

漂泊扁舟晚，寒烟水上生；
斷崗吳札廟，亂石呂蒙城。
莫問楚人草，猶餘漢郡名；
聊因風土賦，敢謂是西京。

一般對娼妓來源稍微有涉獵的作者，都認為北京的妓女、舞孃很多是來自山西省，特別是大同。大同位於山西最北部，毗鄰內蒙古，夾在內、外長城之間，北魏在此建都，遼、金時當陪都，自古以來都是防禦蒙古人南侵的軍事重鎮。中國的地理、種族、經濟在這個地方劃了一個分界線。在明朝，大同是南北交往、貿易、集市的中心，也是各類人種雜居的大城。山西商人、陝西商人在華北相當活躍。《茗齋集》（收集在《四部叢刊續編》）其中有一首〈采茶歌〉這樣寫道：「山西茶商大馬馱，馱金盡向埭頭過；蠻孃勸酒弋陽舞，邊關夸調太平歌。」

當時從大同到北京，有很方便的旅程路線，一般是從山西的陽原出境，經過涿鹿，然後沿著桑乾河，進了居庸關之後，不久就可以抵達京師的繁華大都會。不過，因家貧被拐騙到北京當所謂「燕姬」的婦女，時常會再被轉售，或者被良人用金子贖身。到了明末，謝肇淛的《五雜俎》（卷三）中說：「燕雲只有四種人多：奄豎多於縉紳，婦女多於男子，娼妓多於良家，乞丐多於商賈。」

明代有錢的縉紳羈宦以及好色士子，都喜歡買北京的「燕姬」以伴寂寥。俗語說：「妻不如妾，妾不如妓，妓不如偷，偷著不如偷不著。」在這些青樓婦女之中，有志節、講情義的也不乏人在。不過很多「燕姬」因成長背景複雜不正常，又好吃懶做，喜歡打扮，因此時常不能調適從良以後的生活，尤其不知如何跟丈夫的姑姨、姊妹、嫂姪相處。很多不自愛的趙燕媳婦，當了有錢人的妾不久，把丈夫家的錢財掏空，然後席捲而歸。可是不到半個月，又跟另外的男人交涉嫁娶的事情。

揚州瘦馬

以情色淫酣嫁富人為妾，然後騙取財物，洗劫丈夫一空就溜之夭夭的妓女叫做瘦馬；意思是說，瘦的馬兒可吃很多草，而且可以到處隨時遷移，去選擇湖邊的青草。明代中葉以後，若要買妾的話，大抵是到揚州來進行買賣。揚州的瘦馬又稱為「廣陵姬」，是一種職業性的人間粉黛。據載，崇禎皇帝的田貴妃原先也是一匹揚州的瘦馬呢！沈德符的《萬曆野獲編》印證說，揚州有很多仕宦豪門，蓄養這類殊色的女人來「厚糈」，多的甚至達數十家。這些女人從小就有計畫地訓練進退坐立的禮節，演習跟男人交往的應對招數，她們被教導要自安卑賤，對主母要事事承歡屈就，以及如何對付丈夫的元配等。

沈德符親自到揚州遊歷，看到鼓吹花轎載進載出，日夜不絕。他看到不少顯貴過客尋找母家眷屬的悲喜狀，也目睹買妾男人的眾生相，有的挑選會彈琴者，有的喜歡能畫梅花的，有的偏要能畫幾枝蘭竹的女人，有人偏愛能下棋的，也有找到能唱歌的，樣樣皆有。在選買小妾的過程中，有的男人試一兩次便可談妥當，有的要試探好多次才會納聘掏腰包。有些瘦馬只會寫「吏部尚書大學士」或「第一甲第一名」或「解元會元」幾個字，如果你叫她們寫其他的字，她們就寫不出來，真是奇絕！而長得平俗、面貌不揚者，一定要學習其他的手藝才能快點賣出去。沒有才藝只能用白絹向客人微笑者，一般的價錢只有艷姝的十分之三。

據說，靠瘦馬吃飯的揚州人有數百人，有意買妾的人，一旦露出風聲，牙婆就似蒼蠅附腥羶一般地纏著你不放。媒人會接踵而來，到處跟隨你，帶你到瘦馬家吃茶。等你走進瘦馬家門，牙婆會扶著白面紅衫的姑娘出來拜客，轉身走上走下，用秋水向客人睄覷，一邊稍露臂膚，一邊搖曳響裙。一隻瘦馬平常每天有五、六位男人來相親，有時甚至一人進、一人出，連續不斷。看中的男人用簪金或一隻釵插進瘦馬的頭髮，這叫著插帶。若是看不中，就出幾百個銅錢賞牙婆或瘦馬家的侍婢，然後又到別家去看。就這樣，有時候要看到五、六十人，等到後來看累了，甚至沒有主意了，就不得不遷就地隨便給一隻瘦馬插帶。這時，瘦馬的本家就會拿出一張紅單，開出需要多少綵緞布疋，多少金花、財禮當聘金，讓買客過目點閱。如果買客同意的話，就簽字批准回到客棧。常常是買客還沒抵達寓所時，奏樂打鼓的、和擔著紅綠羊酒的人，就早一步先到了買客的住處門口。不多時，花轎、儐相、小傘，還有結婚所需的種種糖餅、花果全部齊全地送來。這批包辦婚禮的職業老手（很像美國 Las Vegas 賭城那種 Shot-gun wedding）很快地讓新人拜堂，送入洞房。還不到午時時辰，這批老手討了賞錢，極有效率地急急忙忙又跑去另一家承辦類似的喜事。

揚州是大明帝國南北交通的動脈，也是東南糧米和食鹽的重要轉運站，兩淮鹽的鹽務總部就設在這裡。不少官紳鹽商在揚州金屋藏嬌，揮霍無度。大運河繞環的城東南，十里樓台歌吹繁，綠楊盈堤樓別緻，十分熱鬧，在靠近大東門的地方，就是有「小秦淮」之稱的風月煙花聚居區。朝鮮貢使幾乎都懂漢文，其中也不乏喜歡詩歌的外交官，在《朝天錄》書中，有一首〈沙門渡舟上〉的詩這樣寫道：「南商北客簇沙頭，畫鷁青簾幾處舟；齊唱竹枝聯袂過，滿城明月似揚州。」（見金地粹，《苔川先生集》）或許由於揚州的秀媚川澤，以及它特有的溫淑水氣，揚州女孩子殊色美麗，性情溫柔。加上從各地買來的處女，加以裝飾一番，然後教她們書畫琴棋，這些妮子很快地就變成舉止婉慧，可以高價出賣的瘦馬。

色情場所的女詩人

一般的婦女，除了懂得一些《女孝經》、《女訓》、《女誡》、《女論語》之類的口頭禪和典故以外，大都沒機會讀書認字。很多大名鼎鼎的學者，包括宋朝的司馬光和明朝的呂坤（一五三六—一六一八），都不贊成教女子作詩填詞。呂坤在一五九〇年出版一本四卷的《閨範圖說》，用圖畫與故事來灌輸「女子無才便是德」的思想。雖然如此，那些在教坊學藝的女子、在青樓討生活的鶯鶯燕燕，既然已經被社會認為是沒「貞」、沒「德」的薄倖花草，倒反而可以自由自在地跟著她們的才子嫖客吟風弄月，學習翰墨，做一點學問。所以在廉恥分明，注重聲教名節的明朝社會，不少女畫家、女詩人卻是出身於色情場所。也許是這種理由，王昶（一七二五—一八〇六）在《明詞綜》（十二卷）所載錄的女詩人之中，竟有二十六位曾經當過妓女。

才貌雙全的王微（綽號草衣道人）是揚州出身的名妓。王微本來出自「良民」家庭，可是小時喪父，族人便將她送到尼姑庵寄養。王微生性好奇好動，喜歡到處遊賞江湖，有一次被一個俗男子所誘失身，以致王微淪落到妓院謀生。幸好一位華亭人叫穎川君，將她從妓院中贖出來，並娶她為妾。在她的《修微樾館》詩裡，王微自敘說：「生非丈夫，不能掃除天下，猶事一室。參誦之餘，一言一詠，或散懷花雨，或箋志山水，喟然而興。寄意而止。」依照錢謙益所著的《列朝詩集小傳》中敘述：王微「字修微，廣陵人。七歲失父，流落北里，長而才情殊眾，扁舟載書，往來吳會之間。所與遊，皆勝流名士。」

王微的詩應屬第一流，可跟正人領袖相得益彰，跟名流唱和也不會遜色。王微諳佛學，而且有悟性，以下是她《遠遊篇》開草期的代表作品。

〈中秋戲賦宛叔〉

霜滿枝，月滿枝，彷彿孤衾薄，徘徊就枕遲。

年年今夜翻成恨，落盡芙蓉知不知？

〈陽台山晚步〉

上陽台兮魂已驚，

步容與兮天風鳴，

采杜若兮春有情，

眠芳草兮石未醒，

溯江皋兮暮雲生。

〈昌化道中作〉

炤返烟溪樹影斜，千山含翠暮雲遮；

年來已自多愁緒，古道無人更落花。

〈秋夜月下閱邸報〉（筆者按：邸報是明朝政府的官方通報）

此夜歸舟江月殘，不須把酒問邯鄲；
思君欲向西州路，愁聽風吹雁影寒。

〈怨梅〉

庭樹亦如昨，故人來何時？
花花自早發，偏爾獨開遲！

〈九日泛石湖〉

蒹葭秋淡石湖烟，十二雲鬟媚遠天；
野老科頭無帽落，只將漁艇傍花船。

〈秋夜舟中懷宛叔〉

秋風飛兮秋蟲咽，雁驚鳴兮傷影孑；
想玉顏兮宛在斯，憶往時兮如共說。
情彷彿兮孤枕寒，意徘徊兮燈明滅；
見無日兮愁無涯，欲自解兮返自結。

成化年間（一四六五—一四八八），南京有位林奴兒的女畫家，自號秋香亭中人，在南都妓院時，跟名畫家史廷直和王元父兩人學畫山水人物。林奴兒不僅姿色風流，冠於一時，而且她的筆力最為清潤，是女流中的佼佼者。可以想像的，愛她紅粉豔麗的嫖客有如過江之鯽！林奴兒後來從良嫁人，改名林金蘭。有一次一位舊識的客人想求見，懇求她在一把扇子上畫株柳樹，林奴兒當場拒絕，而且還提了下面的一首詩：

昔日章台舞細腰，任君攀折嫩枝條；
如今寫入丹青裡，不許東風再動搖。

明代以畫蘭出名的妓女還包括卞賽、卞敏兩姊妹。卞賽自稱京玉道人，特別善書小楷字體。她畫蘭的特色是風枝嬝娜，一落筆就要完成十幾個枝葉。卞賽的妹妹卞敏皮膚白得像玉一般，又兼風姿綽約，人看起來好像是站在水晶屏前一般似的。卞敏也很會畫蘭，她喜歡簡簡單單地描畫篠竹蘭草兩三朵，不像她姊姊的縱橫枝葉、淋漓墨瀋。這對姊妹之間，可以說一位是以多見長，一位是以少為貴，各有千秋，各極其妙。

明代的南京是騷人墨客、風流才子聚居的好地方。其中有一位叫陳魯南的書法家，閒或尋花問柳，在南妓院碰到一位名叫朱斗兒的妓女，陳魯南一時為這位青樓美女傾倒，就授以筆法，教她畫山水小景，而且替她取了一個新的名字叫朱素娥。跟陳魯南的交往期間，朱素娥留有一對聯詩：「芙蓉明玉沼，楊柳暗銀堤。」朱素娥後來聽說陳魯南考中進士，並被選入翰林院任史官，於是就把平日跟魯南往來的詩畫全部緘封寄到北京給陳魯南，並且附上一對頗為風流儒雅的詩句：

昨日個錦囊佳句明引勾，
今日個玉堂人物難親近。

有一位鳳陽人劉望岑，因聽到朱素娥的名氣，想一親芳澤，可是素娥拒不見面。後來劉望岑寫了下載的詩句，央人投遞給素娥，這位金陵老名妓才欣然接見。劉望岑的絕句寫道：

曾是瓊樓第一仙，舊陪鶴駕禮諸天；
碧雲縹緲罡風惡，吹落紅塵四十年。

王世貞在《藝苑卮言》談到正德年間妓院有一種拋擲骰子的遊戲，凡是輪到拿骰子的時候，就需喝一杯酒，然後應聲吟詠。一位妓女拿到骰子時唱說：「一片寒微骨，翻成面面心，自從遭點污，拋擲到如今。」還有一位風塵女子尹春，也留有下錄的一首〈醉春風〉：

池上殘荷盡，籬下黃花嫩，重陽還有幾多時？近、近、近！

曾記舊年，那人索句，評香鬬茗；
望斷蕭郎信，懶去勻宮粉；蝦鬚簾外晚風生，陣、陣、陣！
雙袖生寒，一燈明滅，博山香爐！

一般說來，良家女子除非不得已，還是不願當人家的妾。吳敬梓在《儒林外史》提到常州（明屬江浙行省）沈瓊枝，本以為嫁人做正室，但實與揚州宋為富做妾。沈瓊枝的父親告官，但官府被宋為富買通，沈瓊枝夜半扮作老媽子逃往南京，求助杜少卿及其夫人。此案曲折經兩縣官審理後，沈瓊枝因押父逼親，自寫認狀，要求宋家在自己生子後即扶正，隨入宋家為妾。但宋為富人已中年，沈瓊枝難以得子，便轉而求助活佛神仙，所以生了一個兒子。正房聽到嬰兒哭聲，想要有自己孩子而悲切，因此病重抑鬱而死。沈瓊枝因此得以扶正，不久，宋為富再納一妾，為了重振雄風，服用春藥而死，沈瓊枝辦理喪事，並將宋家叔侄為遺產而生之紛爭處理妥當。

萬曆年間有位提倡戲劇藝術的人名叫張汝霖（號肅之，死於一六二五年）。張汝霖在一五九五年中進士，但喜歡蓄養戲班聲色自娛，後來這個戲班就傳給他的兒子張耀芳（一五七二—一六三三）以及孫子張岱（字石公，號陶庵一五九七—一六八四）。張岱本人也喜愛梨園，而且跟娛樂界人士的交往頻繁，所以相當了解妓院的笙歌軼聞。在他所寫的《陶菴夢憶》卷四，張岱生動逼真地描繪揚州娼業的盛況如下：

廣陵二十四橋風月，邗溝尚存其意。渡鈔關，橫亘半里許，為巷者九條。巷故九，凡周旋折旋於巷之左右前後者什百之。巷口狹而腸曲，寸寸節節有精房密戶，名妓、歪妓雜處之。名妓匿不見人，非嚮導莫得入。歪妓多可五六百人。每日傍晚，膏沐薰燒，出巷口，倚徙盤礴於茶館酒肆之前，謂之「站關」。茶館酒肆岸上紗燈百盞，諸妓掩映閃滅於其間。皅盩者簾，雄趾者閾，燈前月下，人無正色，所謂「一白能遮百醜」者，粉之力也！遊子過客，往來如梭，摩睛相覷，有當意者，逼前牽之去，而是妓忽出身分肅客先行，自緩步尾之。至巷口，有偵伺者向巷門呼曰：「某姐有客了！」內應聲如雷，火燎即出；一一俱去。剩者不過二、三十人。沉沉二漏，燈燭將燼，茶館黑魆無人聲。茶博士不好請出，惟作呵欠；而諸妓醵錢向茶博士買燭寸許，以待遲客。或發嬌聲唱《劈破玉》等小詞，或自相謔浪嬉笑，故作熱鬧以亂時候。然笑談啞啞聲中，漸帶淒楚。夜分不得不去，悄然暗摸如鬼，見老鴇，受餓、受笞、俱不可知矣……。

熟悉這種行業的明清騷人墨客，一般都稱揚州的娼女為「廣陵姬」，稱北京的青樓女性為「燕姬」，而叫南京秦淮河畔操賤業的女子為「南都姬」或「金陵姬」。在千千萬萬明代的妓女當中，必然會有各種不同的遭遇和下場。妓院各門戶雖然爭妍鬥勝，使出各種招數來吸引顧客，但是他們幾乎都要拜奉一種叫「白眉神」的妖神。妓女們每逢初一、十五，便會用手帕針線刺「白眉神」的臉，接著下跪虔誠地禱告，這種儀式叫做「撒帕」。沈德符的《萬曆野獲編》提到：

坊曲白眉神長髯偉貌，騎馬持刀，與關（公）像略同，但眉白眼赤，京師人相罵人曰白眉赤眼兒，即相恨成仇，妓女初荐枕，必同拜此神，乃定情。南北兩京皆然。

俠姬

明代著名妓女除「南都姬」、「燕姬」與「廣陵姬」之外，還有一種不分地域的、具有俠義風格的妓女稱「俠姬」。譬如說，有一位客居北京的戴綸被判下獄，把身上帶的三千金委託給一位娼婦邵金寶代為保管。十年後，戴綸出獄，邵氏拿出四千金還給戴綸。嘉靖年間，婁江（江蘇太倉）有一位名叫孫太學的人，跟某位妓女很要好，兩人山盟海誓，準備嫁娶，可是孫太學不會理財，又遭家變，於是家裡益窮，無法結婚。這位娼婦日夜工作，省吃儉用，把自己存的錢都埋在孫太學家的一個穴地。如此十餘年，孫太學終於能用這批錢跟她享受小康的家庭生活，走完人生的旅程。

此外，《萬曆野獲編》載述了一位叫劉二的「俠妓」故事。劉二的相貌不很白皙，而且身體纖瘦弱不勝風。沈德符第一次認識劉二時，她才十九歲，但是擁有一座喬木蔽日，有荷塘，有假山，有江南特色的新買第宅。跟沈德符一齊到劉二家吃酒聽曲的人中，有一位浙江鄞縣人叫范仲子。這范仲子雖是名家子弟，但為人薄倖，相識不久之後，便用甜言蜜語朝夕誘惑劉二，終於兩人訂了白頭偕老之約。想不到，范仲子是個吃軟飯、沒用的男人。用盡劉二的私蓄之後，范仲子還逼劉二賣掉田園幾萬金，房屋三千金，以及所有的首飾簪珥供他花費。在此同時，范仲子又在別處藏匿了一個娼婦，生性憨厚的劉二最終投繯而死。

萬曆年間，江夏營妓當中有一名知詩詞、會彈琴，而且還會畫蘭花的妓女名叫呼文如。當時有一位姓丘的西陵人，以民部郎調職到廣東，途經黃州旅次，在客棧遇到呼文如，兩人一見傾心，相愛定情。丘生向他父親要求，要一齊將呼文如攜帶到廣東上任，可是丘父不許可。丘生不得已寫信給呼文如，跟她委婉解釋，呼姬讀完信時，慟絕不能自已，用針刺血，並寫一封血詩回覆，以表誓死不渝。

長門當日嘆浮沉，一賦翻令帝寵深；
啟是黃金能買客，相如曾見白頭吟。

過了一些時候，丘生因公務需要趕赴北京，於是又順道經過湖北，專訪呼文如於武昌，兩人相見當然非常的高興。這時呼文如在餐館庭院的一棵石榴樹下，賦詩一首，交給丘生，詩的下端出現了蓋有印章的八個字：「丘家文如，瀝酒樹下」。接著呼文如對丘生說，「妾所不歸君者，如此石矣！」最後，兩人分別時，呼文如哭著請求丘生給她一個「絲蘿之約」的訂婚信物。丘生答應說，等他升官時，就是文定的日子。呼文如聽到之後，答說，依你的性格脾氣，我看你不是宦海中的人，你要散髮，我要結髮的日子，應該不會太遠呢！之後，丘生調到閬州，果然罷官回家。知道這個消息的呼文如於是加緊寫信，催促丘生趕快跟她訂于歸之約。然而，丘生的父母親照樣作梗反對這樁婚事。丘生只能每天思念遠在三百里外的意中人。

當年的冬天，寒冷肅殺，當丘生登樓撫檻，正在徬徨凝望湖北的方向時，突然聽見樓下咿啞雜聲。下樓一看，原來是呼文如。又驚又喜的丘生問心愛的人為何在這寒冷的冬天跑來找他，呼文如說，她的養父貪圖一位商人的金錢，要將她賣給這位商人當妾，因此她在情急之中，租了一條船，半夜逃到陽邏，白天又將自己的首飾金釵變賣，換了一匹馬，昨天趕到亭州；又再度換船，如果稍慢了一天，落到商人手中的話，她一定是死路一條！呼文如講完她的艱辛逃亡細節之後，兩人相抱慟哭。第二天，丘生寫信告訴父親，不管如何，他已決定要跟呼文如結為連理。夫妻兩人從此遍遊名山，彈琴賦詩，以終其身。湖北人丘齊雲（字謙之）是隆慶當朝時的進士，後來把呼文如與丘生寫的書信跟詩文編成一個小冊子，命名《遙集編》。

柳如是

最後要談的是一位不具典型的「俠妓」名姝柳如是（一六一八－一六六四）。柳如是，原名叫楊愛，本來是吳江（在蘇州府的東南）周孝廉家的愛姬，主人喜歡她的聰明伶俐與懂得奉承，因此常抱她在膝上，教她文藝詩詞。可是柳氏放縱不羈，竟然跟僕人私通，因此大概在一六三二年間，被周家主人趕出家門。之後，柳如是靠著她綺淡雅淨的美色才華，在松江、嘉定、嘉興、杭州一帶的煙雨樓台，跟社會名流廝混交往。依據陳寅恪所著《柳如是別傳》，柳如是應該是在一六四一年底離開杭州，打扮成儒生士人的模樣，坐船到江蘇常熟，要向當時名滿江南的大詩人錢謙益「投刺」請益。錢謙益曾經是東林黨的領袖，也當過明朝的禮部尚書，寫的詩沉穩瑰麗，又非常喜歡買書和藏書。明朝時期，常熟可說是中國物產最富庶的一府，在常熟的西北方有座虞山，而在虞山的山頂，錢謙益蓋了一座名為「半野堂」的房子。柳如是趁著錢老失意的時候，下了船，坐抬轎，到錢宅投謁。這時錢謙益大概是五十九歲左右的銀髮族，而柳如是雖然經歷了將近十年的流浪，臉上也露出幾許風塵憔悴，不過究竟她只有二十三歲左右，而且還有黑溜溜的頭髮與狼虎之年的姿色。

柳、錢初次相見的情景，坊間有不同的說法。有的說，錢老因妻子陳氏（死於一六五八）還健在，起初不願見她，故意躲到他處，可是後來看到柳如是寫的詩，微露色相，相當艷媚引人，因此才趕緊追到柳如是的坐船，看到的果然是一個美人胚子。之後兩人整天絮語，互傾愛慕之意，老詩人對柳如是說：「我愛你白者面黑者髮。」年紀差錢老三十六歲的柳如是回說：「我愛你白者髮而黑者面。」曾經公開說非才學像錢謙益不嫁的柳如是，在一六四一年七月一四日嫁給了錢老當妾，作為一生的歸宿，隔年替錢謙益生了一個女兒；再一年，錢謙益在虞山北麓築樓五楹，當作錢家藏書的圖書館，並命名為「絳雲樓」。可是結婚四年之後，滿清江南統帥多鐸在一六四五年六月八日夏天攻陷了南京，再侵入浙江。這時當過明朝大臣的錢謙益決定向滿清投降，而且還留起薙髮。據說當時柳如是勸錢老：「是宜取義，全大節，以副盛名。」可是沒有骨氣的錢謙益不聽。

錢氏所藏的書籍極為豐富，而且都經他親自精選；錢謙益後來就同柳如是住在絳雲樓，可是絳雲樓在一六五〇年被大火燒掉。絳雲樓災後，柳如是移居紅豆小莊，晨夕酬唱，娛樂錢老。還有，一六四七年，錢謙益因涉嫌藏匿明代遺臣而坐獄四十天時，柳如是替他多方奔走打點，才使錢老得以早日獲得自由。錢謙益一直活到八十二歲（一六六四年六月十七日）才過世，可是因為生前跟他的族人相處不和睦，所以等他死後，姓錢的族人聚集一百人向官府訟告，說錢謙益欠他們錢，逼錢老的未亡人交出家產。這時錢謙益的長子錢孫愛很害怕，躲著不敢露面，柳如是先是拿出千金分給族人，遣送他們回家，後來在她丈夫喪葬的那一天，等要送葬的族長都入座以後，柳如是令僕人把前門鎖緊，自己則關在木樓，一邊讓來送葬的客人等候，一邊通知官方來捉人。柳如是在錢謙益死後的四個星期（即一六六四年七月十二日）自殺，表明她對錢謙益的忠義磊落。下面是柳如是的代表作品。

〈清明行〉

春風曉帳櫻桃飛，繡閣花驄麗晴綺。
桃枝柳枝偏炤人，碧水延娟玉為柱。
朱欄入手不禁紅，芳草紛甸自然紫。
西冷窈窕雙迴鸞，蕙帶如聞明月氣。
可憐玉髩茉莢心，盈盈艷作芙蓉生。
明霞自落鳳窠裡，白蝶初舍團扇情。

丹珠泣夜涼波曲，夢入鶯圍漾空淥。
斯時紅粉飄高枝，荳蔻香深花不續。
青樓日裡心茫茫，柔絲折入黃金牀。
盤螭玉燕情可寄，空有鴛鴦棄路旁。

〈西泠〉

西泠月炤紫霞叢，楊柳絲多待好風；
小苑有香皆冉冉，新花無夢不濛濛。
金吹油壁朝來見，玉作靈衣夜半逢；
一樹紅梨更惆悵，分明遮向畫圖中。

以現代人的觀點來看，上面舉例的幾位「俠妓」，雖然出身青樓，卻懂得愛情，所以不顧一切「倒貼」男人。因此，這裡就引導出了妓女的收入，以及明人進行皮肉交易的代價等等問題。可以想見的，明朝初年，人民用鈔、銅幣買淫賣淫的價格（娼妓事業說穿了，就是一種買賣的特種行業），應該是以鈔、以銅錢來計算。可惜的是，有關這方面的資料相當匱乏。《梅圃餘談》提到北京皇城外私設窯子的妓女，會做種種淫穢之態引誘屋外的浮梁子弟，上鉤的男人只要投錢七文，就可選擇一位裸女，攜手登牀。

這種價格比起《金瓶梅》中男人嫖妓的費用低了很多。譬如說，有錢人西門慶初到麗春院，出手即為五兩銀子。還有一名叫花不如的名妓，她「身價頗高，不與庸俗往來，惟與豪俊交接。每宿一夜，費銀六、七兩方得。」

用銀子當作色情交易的錢幣媒介應該是明朝晚期的事。此外，大部分有關妓女的戲曲小說，作者所標榜的也是較高級或昂貴的名妓與妓院。馮夢龍所著的《醒世恆言》的第三卷有「賣油郎獨佔花魁女」的故事。杭州花魁女王美娘十四歲（虛歲）破瓜（第一次跟男人睡覺）的價錢是十二兩銀子，此後，跟嫖客每度一夜便索價十兩。老實節儉的賣油郎秦重於是努力賣油，每日賺分文，每天積存一分錢或兩分錢，這樣存了三年，終於可跟花魁女獨處一個晚上。這個故事其實也是屬於「俠妓」的範疇，因為王美娘最後決定嫁給秦重時，帶來了五、六只皮箱，箱裡頭裝了十四封的銀子，每一封都是五十兩，加上金珠玉環首飾，總共有三千餘金。

馮夢龍的另一則名妓倒貼情人的故事是「玉堂春落難逢夫」（編在《警世通言》第十四卷）。這故事的男主角是王景隆（字順卿），女主角是來自大同的美女玉堂春（堂班裡的人稱她蘇三）。長州（屬蘇州府）出身的馮夢龍一生跟科舉無緣，一直到五十七歲（一六三一年）才補了一個南京太學監生的名位。可是馮夢龍卻是一位觀察力非常敏銳的戲劇小說家，在一六二〇—一六二七年間，他編寫了一百二十則宋朝人和元朝人留下的「話本」通俗小說，分別集在《古今小說》、《警世通言》與《醒世恆言》，每部各含四十卷。馮夢龍用他的生花妙筆描寫玉堂春的天姿如下：「鬢挽烏雲，眉彎新月，肌凝瑞雪，臉襯朝霞。袖中玉筍尖尖，裙下金蓮窄窄。雅淡梳，妝偏有韻，不施脂粉自多姿。便數盡滿院名姝，總輸她十分春色。」

當時才十七歲的王景隆在北京準備科舉考試，遇到玉堂春時，一見鍾情。可是不到一年光景，王景隆就將他父親王瓊（當時在南京任職）給他的三萬兩銀子全部花光，繼而流落在一間破舊的關王廟當乞丐。這時，有情有義的玉堂春發誓不再接客，而且乘機坐轎，親自到關王廟探望情人，並贈王景隆兩百兩銀子，囑他好好唸書去考進士。玉堂春是典型的「俠妓」故事，也是家喻戶曉的才子佳人愛情小說。不過對歷史有興趣的讀者，大概想了解一下當時名妓的身價如何。馮夢龍說，「梳櫳送一百財禮，銀兩尺頭，初會之禮，二十兩碎銀。」又說，妓院的老闆娘收了販馬的商人沈洪兩千兩銀子，就將玉堂春賣給他當妾。此外，胡文楷所寫的《柳如是年譜》透露，在一六三〇年代，如果有文人嫖客想一親江南名妓柳如是的芳澤，必定要先送三十金去買通鴇母。當然，此後跟柳如是遊賞或再進一步的交往時，費用將更為昂貴。

小說虛構的花魁女與玉堂春，以及歷史人物呼文如與柳如是，都是具有俠義風格的婊子。她們一往情深，從良嫁人之後，能重新做人，過著正常的家庭生活，讓人感動，也令人喝采。然而她們畢竟是千萬明代妓女中的極少數幸運者；絕大部分賣春的女人，尤其在職業與階級分明的明代社會，大致都要忍受過著貧窮、受人歧視的痛苦生活。寫小說、戲劇的文人，可大吹大擂，美化娼妓的高超情操，可是幾乎沒人提到，當這些賣色賣肉的年輕女子，如果不小心懷孕，或者染上性病、婦女病、肺病時，她們的下場如何？因墮胎死去的娼妓應該不可勝數？當她們年紀大了，變成殘花敗柳、或人老珠黃被男人遺棄時，她們要過著什麼樣的日子？她們的「職業生涯」幾乎不能超過二十年。以花魁女、玉堂春為例，她們都是在十三歲左右破瓜，開始接客人。如果一般的婊子能持續工作二十年的話，她們也才只有三十三歲呢！因此，如以常理推斷，她們要不是無法維持青春貌美，就是不能持久固定地賺錢，要不然就是早死！當然啦，一直到一七〇〇年時，西洋人的平均壽命才只有二十五歲；明代正常人平均也活不到三十幾歲，何況操皮肉生涯的青樓女子，她們應該是屬於苦命、薄命、又短命的一群女性吧！

第十章

女伶與名姬

現代人娛樂的方式很多、很廣，很自由地可做選擇，諸如電影、電視、看球賽、聽CD、影帶、唱片、卡拉OK、音樂晚會或歌仔戲等等。相對之下，明代人娛樂的方式就受到種種主觀與客觀環境的限制與束縛。從十四世紀到十七世紀，能使鄉城皆知、雅俗共賞的就是傳奇戲劇，上自帝王將相，下至乞丐賤民，他（她）們最喜愛、最能享受聲色娛樂的就是看戲聽曲。然而，在主觀上，由於男女授受不親的文化，以及涇渭分明的兩性差別待遇，男女俳優演員在很多場合還是不能廝混，也不能同台演戲，甚至連男女觀眾也要分開隔離。至於劇情與主題內容，依然要受到當時代的倫理道德所規範。譬如說，有關同性戀、亂倫的飲食男女，以及敗壞風俗之類的題材劇本都不容易存在。在客觀環境方面，當時舞台的設備、照明、服裝、布景、道具、音響效果（明人一般所稱的砌頭、行頭）等，當然都還是很原始、很欠缺的狀態。而且因為電燈還沒發明，晚間演戲就成了問題，同時在沒有汽車、火車、飛機等捷便交通工具的年代，一團戲班要從茶樓酒館轉到鄉村廟台，也不是那麼簡單的事，遑論從江北的一個城市換到江南的另一個城市。

在這困難度很高的時空背景，明代人娛樂的方式主要是靠固定的戲班和職業性的梨園俳優來承奉。難怪陸容在《菽園雜記》第十卷寫說：「嘉興之海鹽、紹興之餘姚、寧波之慈谿、台州之黃巖、溫州之永嘉，皆有習倡優者，名曰戲文子弟，雖良家子亦不恥

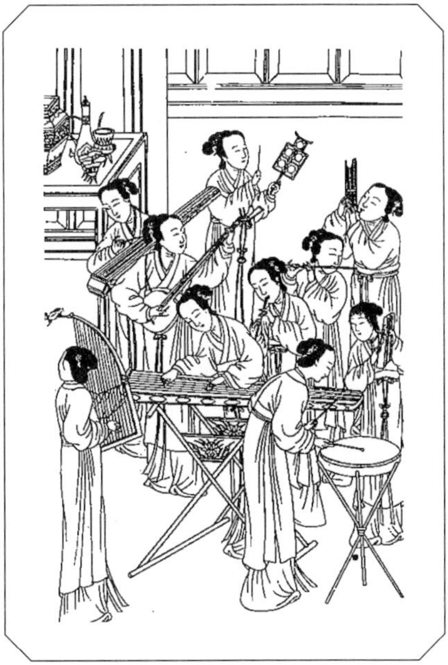

● 明代女樂伎服飾（出自：明萬曆刻本《琵琶記》）

為之。」在這些戲文子弟背後，懂演技、能唱歌、會跳舞、靠耍武術謀生的女人，更是無法統計。不過雖然明代的良民「不恥為之」，儘管她們已經被編入「樂戶」，而且貼上「賤民」的標籤，可是如果沒有這批優伶藝人的話，明代的人又怎麼能獲得聲色娛樂的享受呢？

其實帶頭提倡戲曲的正是明朝的統治者！明朝皇帝，特別是他們內宮中眾多的嬪妃、宮女以及太監，平常最喜愛的娛樂就是看演戲。史載，明朝開國皇帝朱元璋就是個戲迷，他最喜歡看高明（一三〇五—一三六八）寫的《琵琶記》（男主角是忠正儒雅的蔡伯喈）。朱棣在北平（一四二一年後改稱北京）當燕王時，凡是遇到生日、佳節、慶典，照例會請戲班到王府演戲。朱見深當皇帝時（成化憲宗）在內宮訓練一隊專門演戲的閹人宦官，有一次憲宗在看戲時故意裝著打瞌睡，一會兒突然聽到舞台上的演員大聲唱說：「皇帝駕到！」憲宗一聽，豁然站起身子，正好看到主管西廠的特務頭子汪直進場。當時弄得全場觀眾大笑，讓皇帝和太監汪直尷尬得不能自已！

還有，熹宗天啟帝（朱由校）特別喜愛岳飛忠武的武戲，他的同父異母弟弟朱由檢（明朝末代皇帝崇禎）則是熱愛《西廂記》的文戲。史載，崇禎五年（一六三二），正值皇后千秋節，皇帝手諭明末最有名的沈香班進宮，在御前獻演五十六齣的《西廂記》。之後，在崇禎十四年（一六四二），再召沈香班戲團進內廷獻演兩齣《玉簪記》。

朱元璋即位之後就設有「鐘鼓司」與「教坊司」，專門負責內廷的娛樂演戲。此外，他還特地送給每一個兒子（親王）各一千七百多種詞曲，並且飭令在京城設立十六樓供官伎樂戶居住和演練。好歌、好色的朱元璋甚至還想讓女樂優伶進入內廷禁宮演戲。後來由於監察御史周觀政的激烈反對與及時阻止，這種想法才沒有實現。反正，明朝內宮豢養了那麼多聲音尖嫩、半男半女的閹人宦官，他們可以很容易地抹臉「裝旦」，男扮女裝，演艷婦、裝小丑或瘸子去娛樂他們的主人。

朱有燉對雜劇的貢獻

在朱元璋的眾多子子孫孫當中，第五子周王朱橚（一三六一—一四二五）的大兒子朱有燉（自號老狂生，一三七九—一四三九）和第十七子寧王朱權（一三七八—一四四八，分封在熱河的大寧），對於提倡傳奇戲劇以及改善南曲、北曲的伴奏，做出最大的貢獻。朱權本人總共蒐集了六百七十八套元朝到明初之間的雜劇和散曲。朱有燉成長在開封府，從小就很會書法跟畫圖，長大之後，更是熱衷於音樂和戲劇。從一四〇四—一四三九年間（等於是永樂朝到宣德朝），朱有燉總共寫出三十二種雜劇劇本，收集為《誠齋雜劇》，其中包括膾炙人口的《復落娼》、《桃源景》、《香囊怨》和《煙花夢》。

朱有燉著的雜劇劇本，不受元代雜曲千篇一律「四幕一唱」的嚴格限制，他劇本裡所用的散文對話，也比元朝雜曲用的詩詞更受一般戲迷的歡迎。他不但常把劇本延伸為五幕的劇情，而且每幕主唱的生（男主角）或旦（女主角）也不限制一人。不僅如此，雖然他的劇情配樂仍然依北曲中所謂的「弦索官腔」為主軸，可是他開始利用箏和琵琶等樂器來穿插南曲的伴奏。一般說來，北曲中主要的樂器是絃，而南曲則用管。準此，大凡用南曲伴奏時，樂隊會採用笛子和笙，再配上琵琶、三絃、月琴、簫、小鼓，以及拍板。十六世紀中葉，有位江南的崑山人魏良輔，就把這些樂器發出的聲調，混合配成崑曲。同樣也是崑山出身的梁辰魚（字伯龍，號仇池外史，一五一〇—一五八二），就嘗試寫一部叫《浣紗記》的劇本，配以魏良輔的音樂，結果觀眾的反應熱烈。梁辰魚於是又寫了《紅線女夜竊黃金盒》，自此以後的兩百年，崑曲便成了中國人最喜愛的戲劇娛樂方式。可以想見的，演紅線女的優伶女主角，一定是相當優秀的「樂戶」女子！不過有時候，演員也可跟作者溝通，交換如何演出，才能有效地表達出作品原本的精神。沈德符的《萬曆野獲編》第二十五卷〈梁伯龍傳奇〉裡寫有一段話：

浣紗初出，梁（伯龍）游青浦，時屠緯真（隆）為令，以上客禮之，即命優人演其新劇以為壽。每遇佳句輒浮大白酬之，梁亦豪飲自快。演至出獵，有所謂擺開擺開者，屠厲聲曰：此惡語當受罰，蓋已預儲洿水以酒海灌三大盂，梁氣索強盡之，大吐委頓。次日不別竟去。屠凡言及必大笑，以為得意事。

多才多藝的朱有燉死後還遺有兩卷的《樂府》短篇散曲，以及一百首的《元宮詞》詩抄。除了綽號「誠齋」和「老狂生」之外，朱有燉還有另外一個綽號叫「錦窠道人」。不過，一般熟諳戲劇的職業演員都要尊稱他為「周憲王」。「周憲王」死時沒有兒子，死前曾上書正統皇帝（朱祁鎮），懇求皇帝不要讓他的未亡妃子為他殉節，強迫她們要跟他一起埋葬。可惜慢了一步，朱有燉的元配王妃鞏氏、連同他的六位愛妾，全部都已經上吊死亡。不過可能由於朱有燉死前誠懇、有力的請求，朱祁鎮自己死時（一四六四年二月二十三日）留下的遺詔，毫不含糊地命令，朱家皇室從此要廢除殉葬的惡例。朱有燉應該可以含笑九泉，因為他關懷女性、尊重女人生命的作風，使得無數無辜的妃嬪自此可以免受殉葬的迫害。

傳奇戲劇的大眾化

明代較受一般大眾歡迎的傳奇劇本，除了上述的幾種以外，其餘的當然是歷代流傳下來的故事。譬如說，改編羅貫中（可能死於一三七〇年後）的名著《水滸傳》和《三國志演義》小說裡較出名的情節故事，如《林沖夜奔》、《群英會》；十五世紀初流行的《藍采和》版本、《武松俠記》、《麒麟記》、《白兔記》、《連環記》、《玉環記》、《荷花蕩》；邵璨（字子明）在一四七〇年寫十二世紀初葉一位北宋儒生故事的《香囊記》；徐渭（字文長，一五二一—一五九三）寫的《雌木蘭替父從軍》與《女狀元辭凰得鳳》（均強調婦女的能力）；張鳳翼（冷然居士，一五二七—一六一三）著的唐朝愛情故事《紅拂記》；徐復祚（三家村老，一五六〇—一六三〇）寫的《一文錢》

和《紅梨記》，以及葉憲祖（一五六六—一六四一）改編關漢卿原作的《金鎖》，荊軻刺殺秦始皇的《易水寒》和四種愛情故事《四艷》等。當然最古典的《昭君出塞》、《西廂記》，以及明朝快要崩滅前出現的馮夢龍的《玉堂春》，和湯顯祖（一五五〇—一六一六）在一五九八年完成的傳奇鉅作《牡丹亭還魂記》，都是明人，尤其是婦女，最喜愛風靡的劇本。

比湯顯祖年輕二十八歲的沈德符在《萬曆野獲編》（詞曲）提到，當湯顯祖的《牡丹亭》問世之後，家傳戶頌，把《西廂記》的身價減低了很多。明代戲迷看到女主角杜麗娘（宋朝南安太守的女兒）在春日遊園後感傷成夢，夢見跟一位英俊文雅的書生在牡丹亭幽會，可是夢後害了相思病，竟一病去世。這時台下的觀眾大多是眼淚直流，哭紅了雙眼。不過死後三年，杜麗娘又還魂，再度與書生柳夢梅相見，而且由於柳生的純情濃愛，使得杜麗娘能起死回生，復活後跟柳生結婚，有美好的團圓結局。這時觀眾由悲轉喜，從愁變樂，如痴如醉，全場爆出歡笑快樂的聲音。整部五十五齣的才子佳人愛情劇本，扣人心環，讓人喘不過氣。據說，湯顯祖在《牡丹亭》演出時，經常親臨觀賞，熱情指點扮演杜麗娘的女主角，叮囑名伶要依他的原本，才能達到原著的情趣。《湯顯祖集》卷十八有一句詩，說他本人往往「自掐檀痕教小伶」。

湯顯祖的匠斧神工，細膩動人的情節真是讓人心動神馳。明代末年，相傳揚州有一

●男女定情於西園紅樓（出自：《西園記》）

位才藝出眾、明眸皓齒的美貌女子馮小青，因家道貧寒，還不到十六歲就嫁給一位浮躁的公子哥兒當妾。不幸嫁後受到飛揚跋扈嫡配夫人的忌妒虐待，因此馮小青總是悶鬱憂憤，悲傷度日。不到兩年，空虛寂寞的小青染上疾病。馮小青感嘆自己紅顏薄命，總共遺有十二首有血有淚的詩，其中一對絕句如下：

冷雨幽窗不可聽，挑燈閑看《牡丹亭》；

人間亦有癡如我，豈獨傷心是小青。

明代較次要的男女私媟傳奇劇本還包括瞿祐（一三四七－一四三三）短篇小說《剪燈新話》（共四卷二十篇）的〈金鳳釵記〉、〈翠翠傳〉、〈綠衣人傳〉，以及附錄一篇〈秋香亭記〉。〈秋香亭記〉記述元末一位商生與已婚、且生了孩子的表妹采采相愛的痛苦。〈金鳳釵記〉述說一位少女興娘因思念未婚夫崔生而病死，可是又藉著自己妹妹的軀體和崔生結合。〈翠翠傳〉描寫劉翠翠與丈夫金定因戰亂而被迫離散的愛情悲劇。十七世紀的戲劇家袁聲將它改編為《領頭書》。〈綠衣人傳〉敘述南宋賈似道的一個侍女，死去陰魂不散，用愛情的力量，打破生死的界限，與天水男子趙源發生戀愛。後來周朝俊所作的傳奇劇本《紅梅記》以及崑劇《李慧娘》都是從這個故事取材。此外，李昌祺（一三七六－一四五二）在《鳳尾草記》記述南京一位姓龍的儒生愛上表親三姑娘的愛情悲劇。陶輔在弘治年間（一四六五－一五〇五）成書的《心堅金石傳》

●劉智遠夫妻團圓（出自：《白兔記》）

（後來改成劇本《霞箋記》）描寫張麗容對男主人李彥直的專情以及她用死抵禦強暴的堅貞行為。還有宋懋澄（一五六九—一六一九）所著的《負情儂傳》改編成傳奇劇本《杜十娘怒沉百寶箱》，揭示紈綺子弟李某的卑劣品行，同時肯定落籍從良妓女杜十娘的剛烈與忠貞品格。

傳奇戲場的腳色

明代傳奇戲場腳色的名目與多寡，大多因劇本的長短情節有所不同。嘉靖年間徐渭蒐集六十五種宋、元傳奇編入他的《南詞敘錄》，當時他所載錄的南戲角色名目主要是「生、旦、外、貼、丑、淨、末」七種，但在「外」的名目之下，又有「小生」，而且還有「外旦」、「小外」等。這裡的「外」是配角的意思，譬如在《西廂記》裡頭，扮演崔鶯鶯的母親或父親的角色都歸屬於「外」。在《紅拂記》劇中的虬髯客一角，也是由「外」的角色飾演。「生」或「正生」當然是男主角，「旦」或「正旦」是女主角，不過「小生」（又稱「貼生」）和「小旦」（又稱「貼旦」）則是生跟旦的副角。乾隆末年，李斗（字北有，號艾塘）蒐集了大約有一千種詞曲，編在他的《揚州畫舫錄》

（共十八卷，一七九五年刊印），其中第五卷列舉了「江湖十二腳色」，包括正生、貼生（小生）、正旦、小旦（貼旦）、老旦、外、小外、末、淨、丑（又稱中淨）、文丑（副淨）和小丑（小淨）。傳奇的腳色有相當的伸縮性，在大的劇團因為人多，所以每一個人固定扮演一個角色。反之，如果戲團人手不足的話，同一個人可兼演兩個或三個角色。譬如說演文丑的人，可同時扮演酒保、車夫、書僮、船伕等角色。還有，因為主唱的角色「生」和「旦」是劇團的台柱，所以往往劇團的老闆也會招「正生」為婿，或是娶「正旦」為妾。明朝中葉以後，男女演員一齊合演的情形愈來愈多。等到明末時，清一色全部由女伶人組成的「女梨園」，更是常有的事。

靠演戲過活的女人

明代傳奇的腳色，男性伶人可扮演「生」，也可扮演「旦」，同樣地，女性俳優也可演「生」和「旦」的角色。至於其他的角色，因靠化妝、演技之助，男女均可勝任。規模較小的戲班，往往由家庭成員當基礎組成，因此，夫妻、父女、母女十多位演員全是自家人，都一齊跑碼頭，四處演戲，遊食討生活。可是大型的職業戲班則是要招收梨園子弟，作有計畫的長期訓練。明代出名的尤物女俳優很多，有些是自小由父親教導成為美秀而潤的名旦，沈德符在《萬曆野獲編》卷二十五提到著名北曲女優傅壽（字靈修）是「其親生父家傳」，那種絕招技藝再也不教第二人。一五九二年中進士的浙江嘉興人李日華（號九疑，一五六五—一六三五），生平喜歡寫日記，不過只有一六〇九—一六一六年間所記的八卷《味水軒日記》遺留後世。在《味水軒日記殘本》第三卷裡，李日華記述一六一二年的兩位著名女伶王鳳生和傅生如下：

（陰曆）三月二十八日，赴鉏雨歧招賞芍藥。女優王鳳臺演戲，頗足觀……。十一月十一日，梨園女旦傅生，年十七歲，風致翩翩。金壇富人麾五百金，圖為側室。生鄙其為人，一夕遁去，亦可兒也。

明代後葉，有專一駐地的大規模職業戲班，為了吸引觀眾，提高票房收入，務必要擁有一兩位色媚豔麗、演技超群、音色出眾的女性名伶。著名尤物如宜黃班的宜伶吳迎最會唱《紫釵記》，杭州女伶商小玲特別擅長演《還魂記》；專唱「調腔戲」的女優伶包括朱楚生和陳素芝等等。

元代的戲曲演員大多由娼妓兼任，明代因戲子的專業化，所謂的勾闌名伶也大部分出自倡門。娼妓原本以賣笑、賣身當職業，但其中不少會唱、愛戲劇，甚至會背誦詩文的人。另外一種理由是，娼妓除了在妓院內的酒席敬酒陪客之外，她們經常要外出當「應官身」（一般人所稱「出勤」或「外陪」）；諸如官衙府第有宴會排場，這些高官富賈為了增添娛樂氣氛與情趣，往往召喚教坊樂女到場陪宴。在陪宴的過程，尋找刺激的男人免不了會要求陪妓獻唱、或吹笛、或彈琴、或跳舞。所以有「身價」，常「外陪」的娼婦，多少都得學會唱幾首詞曲，以備不時之需。有姿色又有演藝的南京舊妓尹春，就是屬於這種類型的樂伶，她不但專工戲劇排場，也能扮演生或旦。

私人蓄養的「家樂」

第九章提到紹興人張岱出身富貴家庭，祖父張汝霖，父親張耀芳都是明末高官，家裡蓄養聲伎，教習小伶，提倡戲劇。張岱的叔父和兄弟都喜歡粉墨登場，張岱本人更是喜愛華服美食、麗孃美女、花鳥、音樂、聲光、燈烟之類的布景。一六四五年，明朝淪沒之後，魯王朱以海以紹興為中心，自封為監國。朱以海親自造訪了張岱在家裡設立的戲院。一六四六年七月清兵佔領紹興，張岱在倉皇中，挑選家中藏書三萬卷，逃入山中，從此過著流浪的生活。就在這段流亡的漫長日子，張岱寫了五卷《西湖夢尋》的回憶錄，八卷的《陶庵夢憶》與六卷的《瑯嬛文集》等作品。在《陶庵夢憶》第七卷，張岱載錄了下段妓女演戲的情景：

> 南曲中，妓以串戲為韻事，性命以之。楊元、楊能、顧眉生、李十、董白以戲名。屬姚簡叔期余觀劇，傒僮下午唱「西樓」，夜能自串。傒僮為興化大班，余舊伶馬小卿、陸子雲在焉。加意唱七齣戲，至更定……，楊元走鬼房問小卿曰：「今日戲，氣色大異何也？」小卿曰：「坐上坐下者余主人，主人精賞鑑，延師課戲，童手指千傒僮到其家謂『過劍門』。焉敢草草！」楊元始來物色余。「西樓」不及完，串「教子」。顧眉生：周羽；楊元：周娘子、楊能：周瑞隆。楊元膽怯膚慄，不能出聲，眼眼相覷，渠欲討好不能，余欲獻媚不得，持久之，伺便喝采一二，楊元始放膽，戲亦遂發。

明代俳優的另一種來源是自家蓄養「家樂」，把僮僕訓練成伶人樂僕。教他（她）們演奏管絃樂器，唱歌，背台詞。明朝做官的士大夫，或者做生意的商賈，不論在官場應酬、文士宴集，都經常用演戲來助興取樂。這種風氣特別在明末的江南最為流行。歸有光在《震川先生集》第十九卷〈朱肖卿墓誌銘〉載說：「昔日有沈元壽者，慕宋柳耆卿之為人，撰歌曲，放僮奴為俳優，以此稱道於邑。」明代縉紳家中蓄養優伶數十人者不乏人在，其中很多是有才、有色、有藝的俳優，就連舊院的娼妓也都相形遜色。蓄養家樂的大官包括一五六二年中進士的翰林大學士申時行，禮部尚書兼文淵閣大學士的王錫爵（太倉人，一五三四—一六一一），出身大地主背景，南京太學貢生的何良俊

（號青溪漫士，華亭人，一五〇六—一五七三），一五七四年中進士的大富豪、光祿寺丞沈璟（吳江人，一五五三—一六一〇），國子監祭酒馮夢禎（字開元，一五四六—一六〇五），一六一六年中進士、任光祿卿以及南明福王兵部尚書的阮大鋮（號石巢，一五八七—一六四六），以及錢岱（號秀峯，一五四一—一六二二）和屠隆。

以錢岱和屠隆為例，可以知道明代後期士大夫蓄養家樂伶人是一種「雅事」，也是一種不恥做官的反射行為。錢岱雖然在一五七一年中進士，但在一五八二年罷官回到常熟老家的四十年歲月，經常寄情於山水，以聲色自娛。他建了一座「百順堂」，招買十三位標緻、會歌舞的女優人，在他別出心裁所設計的「山滿樓」，每個月演出兩次或三次的戲。屠隆三十五歲才中進士，但因生性放誕，所以官只做到知縣和禮部主事。總共做了六年官就罷職的屠隆，離開北京時，幾乎是一文不值。之後就靠寫墓陵碑文和喜賀對聯過日子。可是他對於戲曲的愛好，卻沒有因經濟的窘困而中斷。屠隆的短劇《曇花記》（兩卷五十五齣）在一五九八年刊行，接著出版了《白榆集》（八卷詩加二十卷散文）和《婆羅館清言》。一六〇三年，屠隆到福建，居住在福州附近的烏石山，後來在蘇州住了一年，所到之處都跟文士名流賞演戲曲，如吳越名士馮夢禎、鄒迪光等。屠隆雖沒有錢，但很多慕他名的優伶自願到屠氏梨園排演《曇花記》、《明珠記》、《雙珠記》、《拜月亭》等劇。屠家梨園優伶可在湖舟表演，也可在沙灘排戲，還經常在樓船、酒館、山廟娛樂屠隆的相知朋友。

除了士大夫蓄養家樂之外，有錢的商賈地主也學著挑選容貌端正的奴婢，訓練成樂僕，在社交方面附庸風雅一番。黃卬《錫金識小錄》中的「優童條」便記述了一些出色的樂僕如下：

前明邑搢紳巨室，多蓄優童……，馮觀察使龍泉童名桃花雨，苗知縣生菴童名天葩，陳參軍童名玉交，曹梅村童名大溫柔、小溫柔，葛救民童名大姑姑、小姑姑，朱玉仲愛奴稱六姐，可謂名妖而主人放逸極矣。

何良俊在《四友齋叢說摘抄》（收入《記錄彙編》），說他認識一位名叫沈小可的有錢人，每次請朋友吃頓晚餐，總要帶二十名家童當隨從。何良俊本人蓄養了一批能歌善舞的女優伶，史載，一五六二年時，有一次何良俊在蘇州宴客，拿出南京名妓王賽玉穿過的一雙「纖趾羅鞋」當作酒杯，要求每一位客人喝一杯含有王賽玉趾鞋餘香的美酒。此外，王延喆（字子貞，一四八三—一五四一）在蘇州西郊建了一座大房子，蓄養了相當多的優伶美女；前面的廂房大廳是供戲班子演戲所用，後面的房子則是備藏嬌之用。還有著名作曲家徐霖（自號九峰，一四六二—一五二一）定居在南京秦淮河岸的武定橋附近，開闢好幾甲的土地作為蓄養梨園子弟的「快園」。他自己編樂曲訓練他的演員，當時演藝圈的人稱他為「髯仙」。一五二〇年正德皇帝在南京停留九個月（從元月中旬到九月二十三日）期間，曾經兩次親自造訪徐霖的「快園」，其中有一次是晚上乘船到訪。

明人稱私人蓄養的優伶為「家樂」、「家僮」、「侍兒」、「家優」、「家伎」、「聲伎」等名號。因為長期跟隨主人、娛樂奉承主人，很多女伶不期然間會跟主人發生更進一步的親密關係，甚至變成主人的姬妾。有的主人還把「家樂」視為自己的財產，時時加以防護監視。張岱在《陶庵夢憶》卷二記載了一位名叫朱雲崍的人，以及他跟他眾多女優的互動關係：

> 雲老好勝，遇得意處，輒盱目視客，得一讚語，輒走戲房，與諸姬道之，傯入傯出，頗極勞頓。且聞雲老多疑忌，諸姬曲房密戶，重重封鎖，夜猶躬自巡歷，諸姬心憎之。有當御者，輒遁去，互相藏閃，只在曲房，無可覓處，必叱咤而罷。殷殷防護，日夜為勞，是無知老賤，自討苦吃者也，堪為老年好色之戒。

這種衣冠中人的風氣影響所及，就連發橫財的店鋪老闆也要東施效顰。《金瓶梅詞話》第二十四回寫道：

> 西門慶自從娶李瓶兒過門，又兼得二、三場橫財，家道營盛，……把金蓮房中春梅、上房玉簫、李瓶兒房中迎春、玉樓房中蘭香，衣服首飾，粧束出來。……教樂工李銘來家，教演彈唱。春梅琵琶，玉簫學箏，迎春學弦子，蘭香學胡琴。

西門慶命他的女婢學習樂器，所需用的場地空間大概不至於太大。可是錢岱建「山滿樓」讓他的女伶每個月表演，這種規模應該更加龐大。清初著名戲曲家孔尚任（自號雲亭山人，一六四八—一七一八）「一句一字，抉心嘔成」，經過三次的修稿之後，在一六九九年的春天，完成了膾炙人口的四十四齣《桃花扇》。孔尚任曾透過朋友楊文驄（號龍友）的訪問兵部尚書阮大鋮，才有辦法在第四齣「偵戲」真實地描繪阮大鋮在南京寓所的演戲場所：

（末巾服扮楊文驄上）……今日無事，來聽他燕子新詞，不免竟入。（進介）這是石巢園，你看山石花木，位置不俗，一定是華亭張南垣的手筆了。（指介）「風入松」花林疏落石斑斕，收入倪黃畫眼。（仰看，讀介）詠懷堂，孟津王鐸書。（贊介）寫的有力量。（下看介）一片紅氍鋪地，此乃顧曲之所。草堂圖裡烏巾岸，好指點銀箏紅板。

阮大鋮自己養有李姓優伶等人，他私人演戲場所的規模跟設計大概很少人能望其項背，理由是，他本人是位寫戲本的人。阮大鋮生前寫了《十錯認》（又名《春燈謎》）、《燕子箋》、《牟尼合》、以及《雙金榜》，後來董康將它們合編成《石巢四種》。不過明朝留下的文獻，有蛛絲馬跡可循，證實士大夫階級以及富賈商人慣例雇用戲班到他們私宅花園演戲作樂。舉例來說，一四三七年四月六日，內閣大學士楊榮在他北京宅第「杏園」宴請八位朋友，所留下一幅《雅圖集》，以及戶部尚書周經（號松靈，原籍山西陽曲，一四六〇年中進士）慶祝他六十歲生日（一四九九年六月十二日）所刻的七片木雕《竹園壽集圖》，都在在顯示，除了喝酒、吟詩之外，戲曲的演唱也是他們歡愉作樂不可或缺的一部分。此外，大富豪安國（號桂坡，一四八一—一五三四）在老家無錫附近建造的一座「菊樂園」和陳與郊（號玉陽仙史，一五四四—一六一一）在浙江海寧所蓋的「隅園」，都特別設計有演戲的場地。

甚至到現在，遊客進入保留完整的蘇州「拙政園」（明代御史王獻臣的宅院）時，很快就可以看到花園西邊一幢四面廳式的兩組花館和鴛鴦館。在兩館中間，是主人宴會、聽曲、看戲用的地方。在館的四角都設有耳室暖閣，是供女眷看戲別出心裁所設計的。換句話說，主人的母親、姑、姨、妻、妾、女兒、媳婦、姪女、甥女、女賓，可以從十八曼陀羅花館及三十六鴛鴦館看戲，可是男性客人和演戲的人卻看不見她們在那裡。

「氍毹」式的私家演戲

不過，一般地主、士紳、商家還是沒有那麼多錢可以蓋類似「拙政園」、「快園」、「隅園」、或「菊樂園」那麼宏大富麗的花園宅第。可是他們依然喜歡看戲，也是要雇一團戲班到自宅來做生日，或慶祝其他的好事。在此情況下，他們通常會在廳堂中挪出一塊空地，在地上鋪紅色錦繡地毯，在酒席筵前裝設一個名叫「氍毹」的小舞台，然後在廳堂的兩側掛起內帘，開左右兩門，當作入相、出將上場下場的門道。戲沒開始前，大廳上的玳筵整齊，優伶則到廳堂兩旁的廂房化妝，塗上鉛華粉墨，準備衣帽、鞋褲、帽幟、把子、髫鬚、假髮，以及檢驗各種伴奏用的樂器。等到酒菜端上桌席，演員開始在氍毹上表演，這時坐在地毯兩旁或對面的男性觀眾一邊飲酒吃菜，一邊看戲，而且廳上的布幃或簾子立刻下垂，所以女眷可以用簾子隔著欣賞戲曲。

這種所謂「氍毹」式的私家演戲其實相當普遍，明末清初詩人余懷曾經身歷其境，他在《板橋雜記》詳細地記述了私家演戲的一般情況。他寫道：

歲丁酉，尚書（龔芝麓）挈夫人，重游金陵，寓市隱園中林堂。值夫人生辰，張燈開宴，請召賓客數十百輩，命老梨園郭長春等演劇。酒客丁繼之、張燕筑及二王郎，串王母瑤池宴。夫人垂珠簾，召舊日同居南曲，呼姊妹行著與燕。李大娘、十娘、王節娘皆在焉。時尚書門人楚嚴某，赴浙監司任，逗遛居樽下，褰簾長跪，捧卮稱賤子上壽，坐者皆離席伏。夫人欣然為罄三爵，尚書意甚得也。

除了家宅氍毹戲之外，明代傳奇的戲班也經常到鄉村表演「社戲」，以及為各種祠廟節慶助興。明朝統治的中國，本質上是個農村社會，它的農耕時序和迎神祭祀是全體民眾的主要活動，而這些活動通常缺少不了演戲的助興，難怪當時中國有很多各式各類的戲班。史載，有一次為了慶祝整治淮河成功，地方里老請了五十多班的戲子沿著淮河的鄉鎮演戲。據此加以推理，靠演戲過活的女人應該很多，這種所謂社戲有時可吸引成千上萬的男女老幼觀眾。明代中葉以後，江南的戲班劇團很多，演的主要是江蘇的崑腔和浙江的海鹽腔，海鹽腔最初流行於嘉興、湖州、台州、溫州一帶，在嘉靖末年傳入江西，崑腔則在萬曆末年開始在江西以北的城鎮流行，甚至連北京都擁有五十班的蘇浙腔班子。因此，從江南到全國各地去演戲謀生的女伶人最少應有幾千、幾萬人。到了明末，開國皇帝朱元璋釐訂的職業戶分類變成具文，政府對「教坊司」的管理已經沒有公權力，社會上對妓女與優倡的看法有了相當大的改變，成了所謂的笑貧不笑娼的新價值觀。難怪陸容在《菽園雜記》自嘆說，江南各都城都有很多「習優倡者，名曰戲文子弟。」等到朱由檢當末代皇帝（崇禎）時，天下遍布娼妓，其中，色藝兼具者，就多了一種出路，稍稍學習演唱，就可搖身一變，當優伶歌姬。

另一種演戲的場合就是鄉裡一年一度的祠廟慶典。由於道教衍生出來的各種神明、廟宇，諸如關帝廟、炎帝廟、岳王廟、東岳大帝，甚至於巷廟土地公，這些神明每年都要做生日。這種酬神、賽神的風俗免不了要演幾場戲了事。有些祠廟的戲班要求演「寡婦征西」或「昭君出塞」等名目，可是優伶人手不夠多，於是時常要雇用妓女當臨時演員。一場戲演下來，這種支援助陣甚至需要高達三、四十名娼妓幫忙。

還有，在人口集中的城市都會，男人養成到客店和酒館看戲的習慣。茶房酒肆為了待客迎賓，就準備鑼鼓樂器，雇用幾位粉頭老鴇兒來清唱或搬演短劇娛樂顧客。張岱在《陶庵夢憶》第四卷的「泰安州客店」碰到演劇的情形，他說：

客店至泰安州，不敢復以客店目之。余進香泰山，未至店里許，見驢馬槽房二三十間；再近有戲子寓二十餘處；再近則密戶曲房，皆妓女妖冶其中。……店房三等……，賀亦三等：上者專席，糖餅、五果、十餚、果核、演戲；次者二人一席，亦糖餅，亦餚核，亦演戲；下者三四人一席，亦糖餅、餚核，不演戲，用彈唱。計其店中，演戲者二十餘處，彈唱者不勝計。

樓船演劇

明代一般士人過客免不了會在酒館茶坊看戲，可是豪紳巨富要不是在自己家裡的廳堂或花園招待來賓吃飯看戲，就是到船舫宴客觀劇。這種所謂「樓船演劇」（像西洋人在yacht開party）在江南最流行。華北的主要河流黃河，除了局部流域可通舟楫外，不若長江與大運河的暢道無阻。僅長江流域內支流就有四十一條，再加上諸多大湖小澤，船不只是江南民眾的主要交通工具，更是他們生活文化不可或缺的特徵。有錢的人，如萬曆年間的包涵所、鄒迪光、范長白等人，都很懂得享受，於是標新立異地建造樓船當作演戲的劇場。先是包涵所在西湖把大小三艘船連併在一塊，「大小三號：頭號置歌筵、儲歌童，次載書畫，再次待美人。」命他蓄養的美女馬氏三姊妹在船上演《西廂記》，來飲酒作樂；接著是其他的文人雅士，包括張岱的父親張耀芳，也建造樓船。張耀芳建的樓船恰好在陰曆七月十五日中元節落成，所以隨即以木排數里搭台演戲，城中人以及附近村落漁家聽到這個消息，乘舟來看戲的大小船有一千多艘。最誇張的是，有時在橋的兩端，有兩座樓船同時演戲，一邊演《玉玦記》，另一邊演《紅葉傳奇》，而且兩邊的優伶歌姬隔船同時奏曲唱歌。樓船演戲的季節不分春夏秋冬，往往是從正午開始，一直玩到夜分才散席。樓船的演員除了船主蓄養的優伶以外，職業演員也偶爾會被請到船上助陣。余懷的《板橋雜記》有一則記載說：

> 嘉興姚壯若，用十二樓船於秦淮，招集四方應試知名之士百餘人，每船邀名妓四人侑酒，梨園一部，燈火笙歌，為一時盛事。

明代的江南，湖泊連綿，港津棋布，有錢的商人和懂得享樂的名士，往往自己買船蓄舟，船中設有樂器，而且召來幾位名姝藝妓，喝酒唱歌，在湖中泛浮蕩漾。黃宗羲在《思舊錄》中提到，他有一次碰到明末名士陳繼儒（號眉公，一五五八—一六三九）在西湖遊閑。江蘇華亭出身的陳繼儒與名畫家董其昌是忘年之交，但懂得逍遙人生，備有三隻畫舫當湖中浮宅，自由自在地隨水波流盪。

一般遊客自己沒有畫舫，也可以用租的方式乘船到處行樂。例如從杭州北上，經富陽、蘭溪、衢州，到常山的六百里之間，每個渡口都有各式各類的畫舫出租。客人上了船之後，就有一兩位，甚至三、四位爭妍鬥豔的女妓陪同。這些粉白黛綠的畫舫都有很芳雅的船名；在吳縣地帶，往來渡用的船叫作「盪河船」，而把槳駕船的人要不是巧笑倩兮的垂髫少女，就是風流有趣的半老徐娘。這些靠搖槳櫓過活的女人會依照客人的意願，帶他們到樓船看戲，或者到渡津各地遊樂。

上述的氍毹式家宅演戲，酒店或樓船的演戲，無論在戲臺、戲房，或者看席的規模與設備，當然都比不上固定的「勾闌」公演。所謂「勾闌」（或「構欄」）指的是一邊當妓院，一邊當劇場的教坊。這又印證了明人所稱的「優」即是「娼」，「娼」和「樂」不分的意思，所以妓女跟樂戶通通歸「教坊司」管轄。男人興致一來，想遊樂的地方就是到勾欄（闌）、妓院。首先看了幾齣戲之後，興頭一來，就召個標緻的小娘兒到戲臺旁邊的酒肆小屋，去一起喝酒劈腿。有時候，朋友來訪，乾脆就帶他到勾欄裡，找婊子嫖耍一番。

既然妓院是一種色情交易的場所，身價高檔的妓女除了供給客人色、肉之外，還需供給才與藝。反過來看，優倡要求的是錢、喝采、捧場，但是常常還要求男人送禮物，以及愛情。在此情形下，勾闌的戲場就是一種激發兩性情愛（warm-up arousal）的場合。才子佳人在交往的過程，免不了要經過這段前奏曲。明末遺留下來的一本《嫖經》（收在張夢徵編的《青樓韵語》）有這麼一段指示：

> 調情須在未合之先，允物不待已索之後：風月之中以情為先，軍伍之內以操為最，情未調而求合，譬之三軍未曾操練馴熟而臨大敵，其敗必矣。嫖之凡物如魚之設餌，不得餌則他往，妓索物不得物則他求，後總與之，亦何益矣？

《嫖經》又說：「客與妓，非居室之男女也，而情則同。女以色勝，男以俊俏伶俐勝，自相貪慕。」

妓院如果要牟利賺錢，一定要把戲演好，一定要找名妓來演「貂蟬」的角色、來唱「楊貴妃」的組曲。這些優倡竄紅之後，慕名的宦門子弟、商賈名士就會接二連三地召喚她們到客店、酒館或茶坊去表演。明代很多出名的優倡都是因為具備有音樂歌舞的技藝，經由這種背景熬出來的；譬如說，專攻戲劇排場、兼演生旦角色的南京舊院妓女尹春。余懷在《板橋雜記》中記載，尹春在《荊釵記》中扮演「生」的角色王十朋，演得「悲壯淋漓，聲淚俱迸，一座盡傾，老梨園自嘆弗及。」此外，陳圓圓、李香君、董小宛也都是由唱戲而名滿天下的。《板橋雜記》說，董小宛「鍼神曲聖，食譜茶經，莫不精曉。」又說李香君「從吳人周如松受歌，玉茗堂四傳奇，皆能妙其音節，尤工琵琶詞，與雪苑侯朝宗善。」寫《陳圓圓傳》的陸次雲說，陳圓圓的聲「甲天下之聲」，她的色「甲天下之色」。

余懷還記述了一位比董小宛、李香君更有才藝、更具姿色的優倡，她的名字叫顧媚（字眉生），以下是《板橋雜記》所載：

顧媚又名眉，莊妍靓雅，風度超群，鬢髮如雲，桃花滿面。弓彎纖小，腰支輕亞。通文史，善畫蘭，追步馬守真，而姿容勝之。時人推為南曲第一。家有眉樓，余嘗戲之曰：此非眉樓，乃迷樓也。人遂以迷樓娘稱之。當是時，江南侈靡，文酒之宴，紅妝與烏巾紫裘相間，座無眉娘不樂，而尤艷顧家廚食品……，以故設筵眉樓者無虛日。

說穿了，眉樓即是高級妓院，又是勾闌小劇場，是追逐風花雪月的有錢人作樂、找刺激的場所。顧媚後來從良，嫁給明末兵科給事中龔芝麓（合肥人）為妾。

馬湘蘭

錢謙益在《列朝詩集小傳》中說，名姬馬湘蘭（一五四八—一六〇四）「教諸小鬟學梨園子弟，日供張燕客，羯鼓琵琶聲，與金縷紅牙聲相間。」馬湘蘭，字月嬌，在南京秦淮河舊院經營妓院，愛好戲曲，而且偶爾會客串唱一兩齣，以善畫雙鉤墨蘭聞名。成名之後的奇女子馬湘蘭，喜歡以紅妝季布打扮，步搖條脫，結交俠義，又時時揮金如土，並贈送錢物給美少年。一六〇四年，江南著名大書法家王穉登（字伯穀，蘇州人，一五七三—一六一二）到南京時，與馬湘蘭重逢。因為他（她）們是老相好，而且曾經有一度論及嫁娶，所以馬湘蘭在「飛絮園」替王穉登做他六十九歲的生日；唱歌、吟詩、演戲，總共熱鬧了一個月。不久之後，馬湘蘭生病死時，燃燈禮佛，沐浴更衣，端坐而逝，走完她五十六年的多采人生。

馬湘蘭畫的蘭花仿效趙子固，灑金方牋著色，大部分都是一花數葉，給人有不勝弱態的感覺，而且在蘭花旁邊，陪襯著篠竹瘦石，氣韻絕佳，清芬瀉幽谷。她在一幅雙鉤墨蘭小軸上題詩：

幽蘭生空谷，無人自含芳；
欲寄同心去，悠悠江路長。

馬湘蘭的畫不僅受風雅人士的喜愛收藏，甚至聞名海外，包括來自暹邏（泰國）的外交大使，都要收購她的畫扇當珍品藏物。

李香君

比馬湘蘭更具姿色、更會唱戲的秦淮河優倡，是侯方域（一六一八－一六五五）的情人李香君。被稱為明末「四公子」之一的侯方域，才氣縱橫，風流倜儻，著有《四憶堂詩集》。一六四〇年侯方域創立「雪苑社」並組了一團梨園子弟，在一六四四年明朝亡國之際逃到揚州，不久在南京的秦淮河畔愛上一名嬌小玲瓏、多情善感的名妓李香。因當時妓院的稱呼，喜歡在名字的後面再加一個君字，後來李香就被稱為李香君。侯方域是出身東林黨的家庭，跟曾經權傾一時的魏忠賢閹黨是政治上的死對頭。前文提到，崇禎皇帝在煤山上吊之後，他的堂兄弟福王（朱由崧）逃到淮安，被馬士英、阮大鋮、高傑等人迎立到南京當監國，稱號弘光。阮大鋮雖是魏忠賢的餘黨，但因為迎立福王有功，升任為兵部尚書。為了拉攏名播四方的侯方域參加南京的臨時政府，阮大鋮拜託侯方域的好友楊文驄（號龍友）送奩資給李香君，沒料想到，李香君竟然把贈物退還給阮大鋮。阮大鋮老羞成怒，決定向侯方域報復。當時南京政府尚有史可法、左良玉等名將督師防衛江北，侯方域因此順利逃往河南避難，可是卻留下李香君獨居在南京。

阮大鋮獲悉此消息之後，即派人強迫李香君改嫁，可是香君企圖撞柱自殺，以示為對侯方域的忠貞恩愛。這時，幸好楊龍友在場，救了她一命，不過香君猛力碰柱時，臉部受傷，鮮血沾滿了她手中的一柄團扇子。楊龍友後來用畫筆在扇子加以點畫，竟然畫成了一枝桃花。侯方域雖然逃回河南的故鄉，但十一年後就病歿，只活了不到三十七個年頭。前文提到，侯方域去世的四十四年後，孔尚任借美人桃花，託公子香扇，譜出南明亡國的悲慘情景。而李香君的命運呢？從她在南都後宮私寄給侯方域的一封書信，我們知道，阮大鋮真的把她選入朱由崧的宮中當歌伎：

落花無主，妾所深悲。飛絮依人，妾所深恥。自君遠赴汴梁（開封），屈指流光，梅開二度矣！日與母氏相依，未下胡梯一步。方冀重來崔護，人面相逢，前度劉郎，天台再到，而乃音乖黃犬，卜殘燈畔金錢，信杳青鸞，盼斷天邊明月。已焉哉！悲莫悲於生別離。妾之處境亦如李後主所云，終日以眼淚洗面而已。比聞燕京戒嚴，君后下殿，龍友（楊文驄）偶來過訪，妾探詢音耗，渠惟望北涕零，哽無一語，嗚乎！花殘月缺，望夫方深化石之嗟，地坼天崩，神州忽抱陸沉之痛。由甲申迄今乙酉，此數月中，烽煙蔽日，鼙鼓震空，南都君臣遭此奇變，意必存包胥哭楚之心，子房復韓之志，臥薪嘗膽，敵愾同仇。

……妾以卻奩夙恨，幾蹈飛災。所幸龍友一力斡旋，方免欽提勘問，然猶逼充樂部，供奉掖庭，奏新聲於玉樹春風，歌燕子之箋葉雅調，於紅牙夜月，譜春燈之曲。嗟嗟，天子無愁，相臣有度，此妾言之傷心，公子聞之而疾首者也。雖然我躬不閱，遑恤其他，覩星河之耿耿，永巷如年；聽鐘鼓之遲遲，良宵未曙。花真獨活，何時再鬥芳菲？草是寄生，惟有相依形影。乃有蘇髯（崑生）幼弟，柳老（敬亭）疎宗，同為菊部之儔，共隸梨園之隊，哀妾無告，憫妾可憐，願傳紅葉之書，慨作黃衫之客。噫！佳人雖屬沙吒利，義士今逢古押衙。患難知己，妾真感激涕零矣！遠望中州，神飛左右，未裁素紙，若有千言，及拂紅箋，竟無一字。回轉柔腸，寸寸欲折。附寄素扇香囊并玉玦金鈿各一。……妾之志固如玉玦，未卜公子之志能似金鈿否也？弘光二月，香君手緘。

後來清兵渡江，南都陷落，李香君逃出宮廷，跑到蘇州，依靠過去秦淮河名妓卞玉京為生。不過，香君仍時時刻刻地思念著她的愛人。一般相信她在蘇州將死之前，一位梨園界的朋友柳敬亭來看她，告訴她侯方域的下落，不過才子佳人仍然無法團圓。（《桃花扇》結局寫侯方域與李香君兩人分別入道當道士。）

董小宛

現在要談的是充滿神秘傳奇的女伶名妓董小宛。董小宛原名董白（一六二五—一六五一），字青蓮，余懷在《板橋雜記》說她「天資巧慧，容貌娟妍……少長，顧影自憐……。性愛閒靜，遇幽林遠澗，片石孤雲，則戀戀不忍捨去。」明朝最後幾年，董小宛在南京當妓女時，就以才情色藝出名。根據如皋人冒襄（一六一一—一六九三，號巢民，字辟疆）寫的《影梅盦憶語》所述，他（冒襄）第一次與董小宛認識，大概是一六四一年；那時才十六歲的小宛是「面暈淺春，纈眼流視，杳姿玉色，神韵天然，嬾慢不交一語。」冒襄（祖先是蒙古人）又驚又愛，當時冒襄的父親在襄陽做官不順遂，所以兩人只有交往，並沒做進一步的打算。三年之後，冒襄的母親過世，喪事辦完，冒襄到南京應試，方始在桃葉渡口寓館跟董小宛纏綿。後來由於冒襄元配妻子（明人稱荊人）相成相許的雅量，於是在一六四三年，冒襄以贖金買小宛為妾。據冒襄自述，他的妻子很賢淑，一點都不吃醋。雖然冒襄把小宛看為如意寵物，他的妻跟妾卻相處如水乳一般融洽。

董小宛從良之後不久，明朝的末代皇帝就自殺，江南地區盜賊四起，如皋縣因南臨長江，北有大運河，交通發達，也因此城內城外跟著陷入無政府狀態的混亂局面。白天人殺人，晚上到處有搶劫，一六四五—一六四六年間，冒襄全家於是搬到浙江省的海寧鹽場避難。在離亂時期，董小宛繼續讀書寫字，她蒐集有關閨幃的軼事，編了一本《奩艷》的冊子，而且在她丈夫三次重病時，湯藥手口交進，無形無聲，日夜照料。在當時的家庭傳統習俗，董小宛不僅要歡娛冒襄，還得要侍候冒襄的元配妻子。或許由於過度的操勞，以及長久的拱立承旨，這位柔肌纖質的明末美女兼才女，竟在順治八年（一六五二）農曆正月二日與世永訣，總共只活了二十七歲。

董小宛死後名氣卻愈來愈大，原因有二，一是她丈夫留下的《影梅盦憶語》，逼真又細膩地描寫他們之間的纏綿恩愛和生死患難。另一種原因是坊間傳說董小宛被清朝第一任皇帝福臨（清世祖順治）看上，召喚入宮等繪聲繪影的艷聞。雖然冒襄追述小宛言行，包括飲食細節，器物使用，都極意縷述，不過卻沒有交代小宛病時是如何狀況，永訣時交代了什麼話，以及死後如何埋葬，葬在何處等等情景。《影梅盦憶語》僅說：「今幽房告成，素旐將引，謹卜閏二月之望日，安香魂於南阡。」幾句話。因為有這些疑點存在，《紅樓夢索隱》作者國光紅才會推理說，董小宛是在清兵南下時將她俘虜，經過輾轉入宮，被年輕的順治皇帝看上，大被寵眷，詔令用滿州姓稱小宛為董鄂氏。冒襄怕這件醜事外揚，對他、對小宛的名譽都有損害，於是佯稱小宛被清軍俘虜的那天就是小宛的忌日（順治八年正月二日），這種障眼法手段雖是出於不得已，但果然有說服力，因為順治八年時，福臨還未滿十四歲，應該不可能納娶一位年紀大他兩倍的漢族婦人為妾，而且董鄂妃（小宛）後來還替皇帝生了一個兒子。

但話又說回來，名花可以傾國，請看清初詩人吳梅村〈題董白小像〉詩第七首寫道：

亂梳雲髻下妝樓，盡室倉皇過渡頭；

鈿合金釵渾棄卻，高家兵事在揚州。

吳梅村的第八首又說：

江城細雨碧桃村，寒食東風杜宇魂；

欲弔薛濤憐夢斷，墓門深更阻侯門。

如果董小宛那時真的已經病死，那麼「侯門」要作何解釋呢？因為按照明清法律規定，當人家小妾的，死後所葬的墓地，不可能會「深阻侯門」！

也有可能董小宛死後好幾年，冒襄帶好友陳其年去看的影梅庵，並不是小宛真正葬身的墳墓！吳梅村的〈清涼山讚佛〉詩，暗指董妃（小宛）逝世後，順治皇帝感傷過甚，因此遁居到山西的五台山出家修行，庵居於安子山紫霄峰，自號竹林大士。董小宛到底如冒襄所說，是夭死在他家呢？或者真正是被順治的叔父豫親王多鐸（一六一四—一六四九）所俘，然後帶到北京獻給皇帝，再變成董鄂妃呢？甚至到現在，仍然有不少人認為這是一件歷史的疑案。雖然包括陳其年等清初文人，寫了不少輓悼董小宛的詩文，但他們對小宛的死，還是隱約其詞。後來孟心史著〈董小宛考〉，也極力替冒襄申辯，可是依照邏輯與常識判斷，當時二十七歲的董小宛是女人最成熟、最有生命力的年齡，何況她又長得如花似玉，滿清將軍的耳目偵探知道有這種仙女似的艷姬的話，是絕對不會錯過機會的。不過，假如因為一名寵妃去世，皇帝就要出家當和尚的話，這會是一件令人感到不可思議、也不是政治現實可能發生的事呢！不過話又說回來，歷史上的真正董鄂妃是死於一六六〇年九月二十三日；從此傷心頂透的福臨就非常信奉佛教，四個半月以後，他就嗚呼哀哉，死時是一六六一年二月五日，距離董鄂妃死期僅四個半月。

陳圓圓

另外一位家喻戶曉，美到能傾國傾城的女伶是陳圓圓。陳圓圓本名陳沅，小時在蘇州長大，離落教坊。因為她的「聲甲天下之聲」，她的「色甲天下之色」，於是在玉峯地區竄紅為名歌妓。有位宦門人家周奎把陳圓圓帶到北京，想將她獻給崇禎皇帝，可是崇禎沒有興致。當時由武舉人出身的吳三桂已經從團練總兵晉升到遼東總兵，愛慕陳圓圓的名氣，想用重金娶她為妾。可是一名姓田的宗室早了一步，已經把陳圓圓買到手。坊間的版本有的說這個人叫田宏遇，也有說是田畹（或者是同一個人，名宏遇，字畹）。總之，當闖王李自成的軍隊迫近京畿時，姓田的人可能為了政治考量，決定把陳圓圓贈送給山海關的防衛司令吳三桂。吳三桂匆匆離家時，將陳圓圓留給父親吳驤照顧。一六四四年四月底，李自成佔領北京之後，捉吳驤當人質。史載，這時的平西伯吳三桂已經準備要跟李自成合作，不過當他在灤州聽到闖王已經將愛妾陳圓圓搶走時，他「衝冠一怒為紅顏」，致使「痛哭六軍皆縞素」（出自吳梅村的《圓圓曲》）。還沒有學好合縱連橫政治手腕的李自成，竟然親自率領二十萬大軍往東去攻打吳三桂，逼得吳三桂不得不投入清將多爾袞的懷抱。一個月之後，李自成的軍隊潰敗。一六四四年六月三日闖王趕回北京，放火燒掉九個城門，不過，多爾袞的八旗軍還是在三天之內進駐到紫禁城，開始大清的新朝代。

把闖王李自成趕出北京之後，在動盪戰亂的往後日子，陳圓圓是完完全全屬於吳三桂的了。較可信的結局是陳圓圓最後跟吳三桂到了雲南，被封為平西王的吳三桂據說有意冊立陳圓圓為王妃，不過圓圓辭不承命。陳圓圓從此屏謝鉛華，跟著姥媽邢太太獨居別院，證明她縱使歷盡滄桑，但內心真正所愛的人依舊是吳三桂。不過，陳圓圓是否剃髮為尼，或者選擇成為女道士，則又是眾說紛紜，莫衷一是。陸次雲的《陳圓圓傳》並沒提到這件事。鈕玉樵所著的《觚賸》與沈虬的《圓圓偶證》都說，邢太太窺出吳三桂潛蓄異謀造反，以齒暮請為女道士，而且陳圓圓還勸告吳三桂，不可以受部眾的慫恿而起兵反清。

一六七三年十二月二十八日吳三桂殺死雲南巡撫朱國治，隨即自稱「天下都招討兵馬大元帥」。一六七八年春天，吳三桂在湖南衡州稱帝，定國號周，可是在同年的十月二日死於瘧疾，聽到這消息的陳圓圓，在商山寺內投蓮花池而死。可是依照清代歷史家徐鼒（一八一〇—一八六二）的考證，有關陳圓圓在雲南的生活情形，以及她是否成為女道士、或者投蓮花池自殺，卻完全沒有歷史的根據（徐鼒著有二十卷《小腆紀年》與後續的六十五卷《小腆紀傳》）。甚至連下錄的一封信或許也有人存疑。不過為了讓讀者有機會自己做個判斷，請看以下陳圓圓寫給吳三桂的一封信，解釋李自成逼迫她成親的事件：

妾承將軍垂愛，貯之金屋，寵之專房，則妾固為將軍有，豈得為闖賊有哉。闖賊於四月朔，冠冕旒，衣赭袍，肆然御乾清宮，逼妾承偽旨。妾念及將軍恩義，奮不顧身，戟指罵賊，滿拚一死，以謝將軍。乃闖賊忽掩兩耳，充如不聞，指揮偽宮嬪及一偽侍衛，仗劍迫妾入後宮。妾偶回盼，不禁竊喜，蓋此偽侍衛，即將軍之舊部施保住也。保住揮劍示意，欲言仍噤，夜漏三下，聞窗格彈指聲，急啟樞，則保住竄身入，問妾不忘舊主，將何為。嗟嗟，妾尚何為哉？此身可留，則固為將軍之身；此身不可留，請待將軍於地下。唯將軍圖之。

有才、有藝、有姿、有色，又富有感情義氣的李香君，董小宛，和陳圓圓，如果是生長在現在的社會，她們的命運又將是如何？或許她們會讀藝術專科大學或文學博士學位，或許會當電視節目主持人，或許會走紅變成國際知名歌星、電影明星，或者會嫁給億萬富翁，或許……。當然這些臆測都合乎常理，也都有可能。不過有一點我們可以肯定的，那就是：她們不會纏足，可以跟男生受相同的教育，她們有婚姻自主權，不會被賣給有錢、有勢人家當小妾，她們也不會為夫殉節！

明代歷朝皇帝一覽表

死日	登基日	年號・在位期間
6-24-1398	1-23-1368	洪武 1-23-1368—2-5-1399
7-13-1402?	6-30-1398	建文 2-6-1399—7-14-1402
8-12-1424	7-17-1402	永樂 1-23-1403—1-19-1425
5-29-1425	9-7-1424	洪熙 1-20-1425—2-7-1426
1-31-1435	6-27-1425	宣德 2-8-1426—1-17-1436
2-23-1464	2-7-1435	正統 1-18-1436—1-13-1450
	2-11-1457復辟	天順 2-11-1457—1-26-1465
3-14-1457	9-22-1449	景泰 1-14-1450—2-11-1457
9-9-1487	2-28-1464	成化 1-27-1465—1-13-1488
6-8-1505	9-22-1487	弘治 1-14-1488—1-23-1506
4-20-1521	6-19-1505	正德 1-24-1506—1-27-1522
1-23-1567	5-27-1521	嘉靖 1-28-1522—2-8-1567
7-4-1572	2-4-1567	隆慶 2-9-1567—2-1-1573
8-18-1620	7-19-1572	萬曆 2-2-1573—8-27-1620
9-26-1620	8-28-1620	泰昌 8-28-1620—1-21-1621
9-30-1627	10-1-1620	天啟 1-22-1621—2-4-1628
4-25-1644	10-2-1627	崇禎 2-5-1628—1-27-1645
5-?-1646	6-7-1644	弘光 1645（南京）
10-?-1646	7-29-1645	隆武 1646（福州）
6-?-1662	11-20-1646	永曆 2-5-1647—1661（肇慶）

姓名	廟號	生日
朱元璋	太祖	10-21-1328
朱允炆	惠帝	12-5-1377
朱棣	太宗	5-2-1360
	成祖	10-3-1538謚
朱高熾	仁宗	8-16-1378
朱瞻基	宣宗	3-16-1399
朱祁鎮	英宗	11-29-1427
	9-1-1449—9-20-1450 被俘	
朱祁鈺	景帝	9-11-1428
朱見深	憲宗	12-9-1447
朱祐樘	孝宗	7-30-1470
朱厚照	武宗	11-14-1491
朱厚熜	世宗	9-16-1507
朱載垕	穆宗	3-4-1537
朱翊鈞	神宗	9-4-1563
朱常洛	光宗	8-28-1582
朱由校	熹宗	12-23-1605
朱由檢	思宗	2-6-1611
南明		
朱由崧	安宗	12-12/1607
朱聿鍵	紹宗	5-25-1602
朱由榔		11-?-1623

明朝皇室母系傳宗接代一覽表

生卒年	尊謚	葬地
1332-1382	孝慈高皇后	孝陵（南京）
1362-1407	仁孝文皇后	長陵
死於1442	誠孝昭皇后	獻陵
死於1462	孝恭章皇后	景陵
1428-1468	孝莊睿皇后	在裕陵附近
死於1507	貞惠景皇后	金山
1430-1504	孝肅睿皇太后	裕陵
死於1518	孝貞純皇后	茂陵
死於1476	孝穆純皇后	茂陵
死於1522	孝惠聖皇太后	茂陵
死於1541	孝康敬皇后	泰陵
死於1535	孝靜毅皇后	康陵
死於1538	章聖皇太后	顯陵（安陸）
死於1528	孝潔肅皇后	襖兒山谷
死於1548	孝烈聖皇后	永陵
死於1554	孝恪聖皇太后	永陵
死於1596	孝安聖皇后	昭陵
死於1614	孝定聖皇太后	昭陵
死於1613	孝靖聖皇太后	定陵
死於1613/14	孝和聖皇太后	慶陵
死於1615/16	孝純聖皇太后	慶陵
死於1644	懿安皇后	德陵
死於1644	莊烈愍皇后	思陵

后妃名·號	丈夫	兒子
高皇后	朱元璋（洪武）	朱棣
徐皇后	朱棣（永樂）	朱高熾
張皇后	朱高熾（洪熙）	朱瞻基
孫皇后	朱瞻基（宣德）	朱祁鎮（收養）
錢皇后	朱祁鎮（正統）	無子
汪皇后	朱祁鈺（景泰）	夭殤
周貴妃	朱祁鎮（正統）	朱見深
王皇后	朱見深（成化）	無子
紀宮女（瑤族）	朱見深（成化）	朱祐樘
邵宸妃	朱見深（成化）	朱祐杬
張皇后	朱祐樘（弘治）	朱厚照
夏皇后	朱厚照（正德）	無子
蔣興獻后	朱祐杬（興獻王）	朱厚熜
陳皇后	朱厚熜（嘉靖）	無子
方皇后	朱厚熜（嘉靖）	無子
杜康妃	朱厚熜（嘉靖）	朱載垕
陳皇后	朱載垕（隆慶）	無子
李貴妃	朱載垕（隆慶）	朱翊鈞
王恭妃	朱翊鈞（萬曆）	朱常洛
郭皇后	朱常洛（泰昌）	朱由校
劉淑女	朱常洛（泰昌）	朱由檢
張皇后	朱由校（天啟）	無子
周皇后	朱由檢（崇禎）	朱慈烺

明代的女人

2009年10月初版　　定價：新臺幣320元

著　　者　蔡　石　山

發 行 人　林　載　爵

出　版　者	聯經出版事業股份有限公司	叢書主編	簡　美　玉
地　　址	台北市忠孝東路四段555號	校　　對	馮　蕊　芳
編輯部地址	台北市忠孝東路四段561號4樓	封面設計	陳　文　德
叢書主編電話	(02)27634300轉5049	視覺構成	陳　文　德
總　經　銷	聯合發行股份有限公司		王　思　驊
發　行　所	：台北縣新店市寶橋路235巷6弄6號2樓		
電話	：(02)29178022		
台北忠孝門市	：台北市忠孝東路四段561號1樓		
電話	：(02)27683708		
台北新生門市	：台北市新生南路三段94號		
電話	：(02)23620308		
台中分公司	：台中市健行路321號		
暨門市電話	：(04)22371234ext.5		
高雄辦事處	：高雄市成功一路363號2樓		
電話	：(07)2211234ext.5		
郵政劃撥帳戶第0100559-3號			
郵撥電話	：27683708		
印刷者	世和印製企業有限公司		

行政院新聞局出版事業登記證局版臺業字第0130號

本書如有缺頁，破損，倒裝請寄回聯經忠孝門市更換。　ISBN 978-957-08-3481-9（平裝）

聯經網址：www.linkingbooks.com.tw

電子信箱：linking@udngroup.com

國家圖書館出版品預行編目資料

明代的女人／蔡石山著．初版．臺北市．
聯經，2009年10月（民98）；360面．
14.8×21公分．
ISBN 978-957-08-3481-9（平裝）

1.女性傳記 2.明代

782.226　　98018394